此心安處

My Heart Feels Secure:

美國十年

Ten Years in America

余杰

Yu Jie

目錄

第三卷　知人論世

第四卷　與兒同行

附錄

自序

脫支難，入美更難

二〇一二年一月十一日，我們一家三口在多名國保警察的監視下登上從北京飛往華盛頓航班。飛機起飛後，我頓時有了一種從即將淹沒我的洪水中掙扎上岸的輕鬆感。

幾年後，有國保警察讓老家親友帶話給我：「歡迎回家看看，絕對保證安全。」我一笑置之，並一口回絕：如同余英時先生一樣，我沒有鄉愁，在中國亦無家，我的家在美國。

在離開那一刻，我心中發誓說，只要中國在共產黨統治下，絕不再踏上這片黑暗暴虐的土地。除非，中共政權崩潰，我的出生之地四川獨立為蜀國，或作為蒙古人的我看到南蒙古與蒙古共和國合二為一，那我願意回訪這兩個地方。即便如此，我不太可能回去定居。未來若干年我將在美國生活，逐步適應美國的風物，成為第一代美國新移民。

羅馬尼亞作家馬內阿（Norman Manea）在奔赴美國時，口袋中放著一條早已爛熟於心的信條：「我將不為我不再相信的事物服務，無論它稱自己為我的家、我的祖國還是我的教堂。」他選擇離開，拒絕成為純粹的納粹小說中的人物，他接受了這樣一個事實：「我將不會死在我出生的地方。」這也是我的選擇。我一出生就自動有了戶籍和國籍，我有權放棄和斷絕它們，去爭取新的國籍和身分認同。

二〇一二年一月十一日的離開，是身體意義、空間意義、物理意義上的離開。飛機在太平洋和美洲大陸上飛行十三個小時，這是離開所需要的時間，比摩西和族人離開法老爲王的埃及所需的時間少太多。然而，接下來還要經歷精神和心靈的離開——那是一段更長的過程。

舊約聖經不僅是歷史，更是現實。當初，以色列全會眾在曠野向摩西發怨言說：「那時我們坐在肉鍋旁邊，吃得飽足。你們將我們領出來，到這曠野，是要叫這全會眾都餓死啊！」他們在曠野中流浪四十年，到達流淌著奶與蜜的迦南地的，不是他們，而是下一代。今天很多海外華人也是如此，身體離開中國，在美國買房、生娃、入籍，但內心並沒有歸化美國，心還在中國。

一位名叫「皮皮蝦」的北美華人網路寫手，在一篇題爲〈印度人接管矽谷的十大法寶〉的文章中，分析了印度裔比華裔在美國更成功的原因：印度裔對美國忠誠，且努力融入主流社會，他們從未想過回去，有在新大陸當家作主的心態；他們更擅長作美國人，認同美國主流文化。

印度總理莫迪訪美時，川普陪同他一起去見在美印度僑胞，場地是德州一個能容納幾十萬人的露天體育場，場面宏大，人頭攢動。莫迪發表演講，句句讓川普及美國民眾高興和滿足——他呼籲印度裔美國人「要好好建設美國，把美國建設得更加繁榮」。態度決定一切，既然認定美國是子子孫孫的地盤，印度裔美國人安營紮寨，積極參與政治、投票、創業、投資、職場打拚、養育子女，一切都不遺餘力。

與之相比，很多在美國的華人卻「心繫祖國」。中國領導人訪美時，會見華人名流，不會鼓勵他們「要好好建設美國，把美國建設得更加繁榮」，而是希望他們幫助實現「中華民族偉大復興」，參與「千人計畫」，偷竊美國核心技術，雙方一起發大財。長久以來，華人被視爲對美國最不忠誠的少數族裔，不是沒有理由的。他們整天抱怨遭受美國主流社會種族歧視，卻從不反省自己的假宣誓、不忠誠——看一看美國的中文媒體、聽一聽美國的中文電台，哪一個不是在辱罵美國和諂媚中國？

某華人教會有一位長老，是腰纏萬貫的大商人，移民和入籍美國已大半生，兒子在美國出生。有一次，我們討論到中美發生戰爭的可能性。他激動地說：「如果中美發生戰爭，我一定回國爲祖國而戰。」我大吃一驚，反問他兩個問題：第一，你當年入籍美國時，曾宣誓效忠美國，你的宣誓是假的嗎？作爲基督徒，應當宣假誓嗎？第二，你的兒子是土生土長的美國公民，肯定會爲美國而戰，若你爲中國而戰，父子要在戰場上彼此廝殺？他無言以對。

我不會作這種「卑賤的中國人」。我發誓在精神和心靈上「脫支入美」，「脫支」不是脫脂牛奶那種「脫脂」，而是徹底擺脫中國文化和思維方式。唯有如此，才能得到鄭南榕說的

「百分之百的自由」。「脫支」如同刮骨去毒那樣痛苦和艱鉅。如何「脫支」？我制定六條規則，在日常生活中實踐。

第一個「脫支」規則是：基本斷絕與中國國內人士的聯繫。路遙知馬力，日久見人心，在不同的環境中生活，時間長了，彼此的分歧越來越大。原來的大學同學，在宿舍裡徹夜長談時，談六四，談民主，快意恩仇；但當他們成了政府官員、媒體領導，「屁股決定腦袋」，立刻官話連篇，各爲其主（我的主是上帝，他們的主是共產黨），所以相見不如不見。當我成爲美國人之後，更是與那些自以爲代表中國國家利益的「愛國賊」一刀兩斷——他們明明是低端人口，偏偏爲中南海操心，將我視爲罪該萬死的「賣國賊」。其實，強拆他們房子的不是我，餵他們孩子喝三鹿奶粉的也不是我，但對他們來說，罵罪魁禍首很危險，罵遠方的「叛徒」無須付出任何代價。

第二個「脫支」規則是：不強迫孩子學中文。在美國，不少華人家庭強迫孩子學中文，說「中國人要懂中文，要守住文化的根。」他們的孩子從小學到高中，長達十二年，每個週末都去上半天中文課，苦不堪言。到了大學，孩子們終於如釋重負，迅速放棄和忘記中文。更關鍵的是，美國大大小小的中文學校，教授的不單單是文字和語言，還包括灌輸來自中國的有毒文化。大多數中文學校都是中共使領館的隨附組織，中共使領館免費提供洗腦教材。

千辛萬苦逃離中國來到自由世界，卻自願送孩子去中文學校被共產黨洗腦，這不是腦殘嗎？有朋友問我：「你是用中文寫作的作家，難道不想讓孩子長大後讀你的著作嗎？」我回答說，這種想法是自私的，孩子不是父母的私有財產，孩子沒有義務承擔父母的使命，孩子有他獨立開拓的精彩人生。我希望孩子自由快樂地長大，成爲單純、陽光的美國青年，如魯迅所說：「只能先從覺醒的人開手，各自解放了自己的孩子。自己背著因襲的重擔，肩住了黑暗的閘門，放他們到寬闊光明的地方去；此後幸福地度日，合理地做人。」

第三個「脫支」規則是：不用微信或抖音等中國社交媒體，不用淘寶等中國網購平台，除非因寫作時需要搜集批判素材，否則不看中國影視等娛樂節目。那些東西，只會降低人的智商、痲醉人的良知。我在離開中國前夕就發誓，到了美國，絕不使用中國的社交媒體——因爲缺乏言論自由；也不再使用推特中文圈——因爲缺乏有質量的言論。我到美國後吃驚地發現，微信、抖音和淘寶等，在短短幾年間幫助中國「統一」了數百萬北美華人的思想，將他們重新拖回虛驕專橫、謊言肆虐的牆內。幾乎找不到幾個海外華人不使用此類社交媒體，很多人對中共散佈的假新聞和法西斯意識形態照單全收。比起美劇來，他們更喜歡看中國的垃圾影視，將自己變成垃圾的一部分。

第四個「脫支」規則是：盡量不購買「中國製造」的產品。我在美國生活的十年，恰好是「中國製造」席捲美國的十年，美國製造業被掏空、數百萬工作機會消失、鏽帶（Rust

Belt，指工業衰退的地帶）在絕望中掙扎。中國加入世貿後，挾其數億奴隸勞工之優勢，讓華爾街、矽谷、好萊塢、迪士尼、波音和沃爾瑪向其下跪，發大財的是中共權貴集團和美國東西兩岸的無良菁英。川普崛起，正是對極權主義結合權貴資本主義之全球化的否定和反彈。川普入住白宮後，常常在白宮舉辦美國製造的產品的博覽會，鼓勵美國人買美國貨。我撰文批判僞全球化、反民主自由的全球化、中國化的全球化，並身體力行：盡量不買中國產品，買美國製造和在地製造的產品，即便後者稍貴一些。每次購買商品，我都會仔細看產地。

第五個「脫支」規則是：不參加形形色色的華人社團（包括同學會、同鄉會及所謂「海外民運」團體——我懷疑眞有「海外民運」嗎？）。我奉行君子不群、君子不黨之處世原則，一個人寫作、一個人戰鬥——當然我有很多朋友，我交朋友，是生命個體與生命個體的聯結和碰撞。我早就看到「海外民運」內部的紛爭傾軋及中共特務的嚴重滲透，很多口頭上反共的人，本質上跟中共「精神同構」。相當多「海外民運」團體捲入靠爲偷渡客辦理假政治庇護賺錢的「生意」，喪失了反共所必須的道德高度。當有人將我稱爲「中國民運人士」時，我立即澄清：我不是「中國民運人士」，既非「中國」，也非「民運」；我是一名獨立作家，用華語寫作的的美國作家。

第六個「脫支」規則是：離開華人教會。相較於中國本土、香港和台灣的教會，北美華人教會的屬靈狀態最差，大部分會友對聖經眞理不感興趣，只是將教會當做少數族裔俱樂部和沙龍——這是我拜訪了數十家北美華人教會之後的整體感覺。到美國後，妻子在一間華人教會作過幾年傳道人，我在教會帶查經和上成人主日學。隨著時間流逝，我越來越有一種陷入沼澤地的感覺：教會像是賊窩，牧師像官僚和商賈，會眾熱衷於家長裡短、流言蜚語，人們研讀COSTCO（好市多）折扣券比研讀聖經更有熱情，共產黨特務滲透教會，長執會淪爲共產黨黨小組。於是，我與妻子邁出「脫支」的最後一步，脫離華人教會。邁出這一步，一夕之間，沉重的精神壓抑，全部解除，如同去掉枷鎖，海闊天空，神清氣爽。

我對野蠻卑賤的中國與海外浸淫在中國文化中的華人圈子充滿鄙夷和厭惡，正如法國作家左拉（Emile Zola）所說：「恨是聖潔的。出自強有力的心靈，對平庸愚蠢的厭惡。恨就是愛，去感覺靈魂的溫暖，去遠離可恥的事物。如果我有任何價值，那是因爲我不合群，而且我恨。」我也欣賞跟俄羅斯一刀兩斷的作家納博科夫（Vladimir Nabokov），他到美國之後自我定位爲「道地的美國人」，「道地得像亞利桑那州的四月天」。他厭惡俄國的一切，「對無救贖的邪行罪孽念念不忘，對時下能令一位具愛國情操的蘇聯人感動的任何東西徹底無動於衷」；他跟在美國的俄羅斯異見者、難民群體十分疏遠，即便他們口頭上說反對布爾什維克暴政；他告訴蘇聯當局派來遊說他「回家看看」的代表說，不僅是醜陋的城市和工廠，他對俄國的農場和森林都沒有興趣——如此，對方無計可施。

「脫支」很難，難於上青天，比蜀道還難。「脫支」之後「入美」更難，很多華人在美國住了一輩子，仍然是中國人而不是美國人，如同一滴油浮在水面而不是一粒鹽融入水中。美國文化（清教秩序）與儒法互補、佛道支撐的中國文化水火不容。用中國文化的觀念去認識美國，往往是指鹿爲馬、夏蟲不可語冰。比如，中文將 White House 翻譯成「白宮」，「白宮」與「白屋」一字之差、謬之千里——美國沒有皇帝，當然沒有宮殿，總統住的地方與我這樣的一介平民住的地方，都用 House 這個單字。又比如，中文將 State 翻譯成「州」，也是不倫不類。美國的每一個 State 都是一個共和國，所以美國才叫「合眾國」，而「州」是中央集權模式之下的地方政府。

在此之前，我有超過十次訪問美國的經歷，但畢竟是過客心態，對美國的觀察和理解不無片面和膚淺。等到眞正在美國定居下來，我才發現自己宛如闖入瓷器店的公牛，宛如進入文明社會的野蠻人。我必須時時洗滌過去三十九年在中國生活、自己身上被這口大醬缸熏染上的「陰溝中的氣味」——捷克作家克里瑪（Ivan Klima）說過，凡是在獨裁專制社會生活過的人，身上都有這種「陰溝中的氣味」。很多時候，兒子成了我的一面鏡子，成了我的老師。比如，在餐廳吃飯時，我說話的聲音大了，兒子便提醒我，要小聲，不能干擾鄰座的人；開車上路時，偶爾情不自禁像在北京那樣無視行人、加速而行或按喇叭，兒子便提醒我說，要讓行人先走、不要按喇叭……每一次，我都深感慚愧且感謝兒子的提醒。雖然是生活中的小事，但生活習慣背後隱藏著大觀念，顯示著文明與野蠻的距離。要成爲貨眞價實的美國人，絕非口頭上說說而已。

某些常年居住在美國的所謂中國民主人士，得到美國的庇護，卻恩將仇報，變臉對美國破口大罵。他們對美國的仇恨，緣於美國是個平等社會，美國不會將他們當做人上人，不會將他們像菩薩一樣供奉起來，美國不歡迎那種不願靠勞動養活自己的「巨嬰革命家」。於是，他們由失望轉爲怨恨，比仇恨中國還要仇恨美國。他們四體不勤、五穀不分，肩不能挑、手不能提，自以爲是、顧影自憐，上也上不去，下也下不來，永遠成不了美國人。

我也認識一些迅速適應和享受美國生活的朋友。他們在中國時是教授、律師、工程師、醫生等「菁英」階層，到了美國，審時度勢，迅速轉換職業跑道。有人當裝修工，有人當空調修理工，有人開長途大卡車，有人當護士……百舍重繭、沐雨櫛風，自食其力、養家餬口，自由而快樂。在美國當藍領工人沒有什麼丟臉的，靠勞動掙錢光明正大，這才是眞正融入美國、成爲具有牛仔氣質的美國人——只要到美國人的車庫中看看，裡面擺放著多少各種工具，就知道美國人有多麼聰明能幹了。

美國當然不是天堂。從中國移居美國，並不意味著從此過上高枕無憂、享用從天上掉下來的餡餅的生活，另一場硬仗等著我參與其中，那就是左與右的觀念大戰。我在美國生活的十年，前四年是美國社會急劇左轉的歐巴馬時代，後兩年是極左派更猖獗的拜登時代（拜登不是合法當選的總統，是靠舞弊竊取國家權力的盜賊，是一個犯罪家族的大家長，也是「深層政府」操縱的傀儡），只有中間四年是撥亂反正、生機勃勃的川普時代。在百年左禍的驚濤駭浪中，在美國和西方面臨的內憂外患中，我完成了《大光：宗教改革、觀念對決與國族興衰》系列和《西方左禍與自由危機》系列，爲美國辯護，爲憲法辯護，爲保守主義辯護，爲清教秩序辯護，同時與企圖侵蝕、毀壞、顚覆美國根基的中共及美國內部的左派黑暗勢力抗爭。經濟學者、評論人何清漣在爲《大光》所寫書評中指出：

余杰與我一樣，來美國的年代是美國保守主義迅速衰落的時代，當時，我們對美國的認知還是托克維爾描述的「美國式民主」——地方自治加三權分立的基督教國家、大陸制憲會議與憲法的神聖、雷根時代。但二〇一五年西方難民潮之後，我們深刻感知西方世界的變化，開始關注美國國內政治、經濟與社會的變化。余杰的《清教秩序五百年》，涉及到自歐巴馬當政以來的時間段不過十三年，放在五百年當中非常短促，但余杰卻非常敏銳地捕捉到各種本質的變化，並尖銳地指出這些變化與清教秩序——上帝選國各種不可調和的衝突與矛盾。

在這本《此心安處：美國十年》中，我記載了我的「美國夢」，我的自由、平淡、充實、快樂的美國生活，我在美國觀賞到的風景、往來的人物、讀的書和看的影視，我與兒子一起學習的經歷，以及我對柯克（Russell Kirk）所說「美國秩序的根基」的領悟與思考。剛到美國的前四年，我親身體驗到歐巴馬的胡作非爲給美國造成的傷害，但美國政治和美國問題尚未成爲我思考和寫作和重要部分。直到川普的出現和崛起，美國社會乃至全世界都因川普主義而分裂爲兩大陣營，美國與中國進入「新冷戰」狀態，我才開始關注並參與這場生死攸關的觀念對決之中，並猛然驚覺某些原來誤以爲是朋友的人，其實在觀念秩序上是不共戴天的敵人。

二〇二〇年十一月八日凌晨，我在臉書上發出一則感想：「今夜，我發現與很多老朋友在世界觀上的差異何止十萬八千里。大概他們也覺得無法理解我基於基督信仰的古典自由主義或保守主義思想吧！沒有在共產國家受過折磨的人，很難擺脫左膠的誘惑。即便在共產國家受過酷刑的人，也有可能繼續沉淪於左膠的醬缸之中。」這一天，是美國的國恥日，竊國集團對美國的傷害比九一一的恐怖分子還要大。此後，美國陷入一九六〇年代以來最嚴重的困厄與混亂之中。左派思想和左派狂徒如龍捲風來襲，所到之處，一片蕭瑟。壞人不在國境之外，壞人在白宮、在國會議場、在最高法院、在常春藤大學的教室、在攝影棚、在報紙頭條，甚至在教堂的講壇。但我深信，美國終將從泥沼中站起來，再度偉大，因爲，在美國公民中，愛美國的人畢竟比恨美國的人多，支持自由市場經濟的人畢竟比擁抱社會主義的人多。我批判中國，也批判美國。我對中國的批判，是出於對中國的恨與厭；我對美國的批判，是出於對美國的愛與惜。

我的「美國夢」與建國者和立憲者們的「美國夢」是一樣的：這是一個讓勤勞者和聰慧者承受地土的國度。喬治・華盛頓（George Washington）說：「合眾國將以一個民族國家的形式存在，如果它的公民不能獲得完全的自由和幸福，那完全是他們自己的錯。」毫無疑問，這個新國家不同於舊世界——喬治・華盛頓如果在英國軍隊裡，絕無可能升到上校軍階以上；約翰・亞當斯（John Adams）很可能不過是一名鄉村律師；亞歷山大・漢密爾頓（Alexander Hamilton）身爲私生子，永遠沒有機會展示其天賦才能。每當美國人談到有人能夠「拉著鞋帶把自己提起來」並終於成功地「白手起家」時，他們總是充滿了敬愛之意，正如羅伯特・貝拉（Robert Bellah）所說：「顯然，對大多數美國人來說，生命的意義就是要成爲一個完全屬於自己的人，恨不得自己生出自己來……只要你能完全抗拒加入群體，你就能成爲一個眞正値得別人景仰與愛戴的好人。」

作爲一名普通的新移民，我在這個自我選擇歸化的國度裡，自由地生活、思考和寫作，這就是一個寫作者最大的成功和滿足。我感激美國，心甘情願地爲美國而戰，無論是用筆，還是用槍——我的書桌抽屜裡，就放著一把自己購買的手槍，這是我成爲美國公民之後，妻子給我的禮物。美國總統和美國政府絕不可能以「抗疫」爲名，實施中國式的「封城」政策，不准千千萬萬美國人出門，因爲很多美國公民跟我一樣，家中都有槍。

寫於二〇二二年赴美十週年紀念日

美利堅合眾國維吉尼亞共和國費郡綠園群英堂

謹以此書獻給我的妻子
在風雨雷電中相濡以沫
在陽光普照中如鼓琴瑟

第一卷
重生十記

二〇一二年一月，余杰全家來到美國，《紐約時報》發表長篇報導。

晚清文人沈復原本寂寂無名，卻以薄薄的自傳式散文《浮生六記》被後人懷念。「浮生」二字的意思是「虛無的人生」，語本《莊子・刻意》：「其生若浮，其死若休。」《浮生六記》分爲〈閨房記樂〉、〈閒情記趣〉、〈坎坷記愁〉、〈浪遊記快〉、〈中山記歷〉、〈養生記道〉六篇（後兩篇後人多認爲是僞作）。清末文人王韜讀後說：「筆墨間纏綿哀感，一往情深。」作家林語堂歎道：「芸，我想，是中國文學上一個最可愛的女人。」

沈復其人，頗有魏晉名士的風度，他描述與友人相處的暢快情景如在讀者目前：「遊人見之，莫不羨爲奇想。杯盤狼藉，各已陶然，或坐或臥，或歌或嘯。」與妻子芸娘的恩愛，在其筆下更繪聲繪色：「芸卸裝尚未臥，高燒銀燭，低垂粉頸，不知觀何書而出神若此，因撫其肩曰：姐連日辛苦，何猶孜孜不倦耶？遂與比肩調笑，恍同密友重逢。」芸娘在去世前抒發的願望是：「若布衣暖，菜飯飽，一室雍雍，優遊泉石，如滄浪亭、蕭爽樓之處境，眞成煙火神仙矣。」這何嘗不是我和妻的願望？

我若生在太平盛世，寫《香草山》的續集，必定是《浮生六記》式的兒女情長、纏綿悱惻。然而，在北京居住二十年之後，我們的生活迎來一場突如其來的劇變，酷刑的折磨與活埋的威脅，讓我與妻子作出帶孩子離開中國的決定。接下來，在美國有「免於恐懼的自由」的生活，如畫卷般徐徐展開。我以〈重生十記〉來記載這十年生活的點點滴滴，將生活中的酸甜苦辣娓娓道來。

二〇〇三年十二月二十四日，我在北京一個家庭教會受洗成爲基督徒，這是我眞正「重生得救」之日；二〇一二年一月十一日，我們一家「出中國、入美國」，則是另一種意義上的「重生」——逃離野蠻暴虐的「動物農莊」，進入星條旗飄揚的自由沃土。當然，美國不是人間天堂，美國仍有無處不在的黑暗和邪惡。對我而言，以筆爲刀的戰鬥還將繼續下去，如古龍所說：「歌女的歌，舞者的舞，劍客的劍，文人的筆，英雄的鬥志，都是這樣子的，只要是不死，就不能放棄。」

住房記雅

我相信孟子所說的「有恆產者有恆心」，有了自己的房子，才能安心讀書、寫作和生活。抵達美國之後，我們立即著手找房子，在一個月內就買好了房子、搬了進去。

在美國買房的故事值得一寫，尤其是跟在中國買房的經歷對應，可看出兩個國家的制度與文化大不相同。

二〇〇〇年，北大碩士畢業之後，我和妻子在北京東北角的望京買了一套兩居室、近一百平方米的房子。遷入新居後，我在一份雜誌上發表了一篇名為〈築巢記〉的短文，摘錄其中的幾段如下：

念大學時，最痛苦的莫過於學生宿舍的陰暗和擁擠。北大的宿舍、食堂和澡堂這些生活設施真是「一塌糊塗」——北大學生因北大有一棟塔（博雅塔）、一個湖（未名湖）和一個圖書館，戲稱北大為「一塌（塔）糊（湖）塗（圖）」。

本科生是六個人一間宿舍，研究生是四人一間。研究所上到一半時，我搬離宿舍，在校外租了一套小房間，在當時的風入松書店的對面，隨時就可去逛書店。然後，又搬到海淀圖書城附近稻香園社區，與友人蕭瀚合租一套兩居室。我的愛人寧萱就是到這裡來「投奔未來」，我們在此住了一年多。再後來，妻子到國貿附近上班，我們轉移到光華東里一棟老舊居民樓，租了一套小公寓。

我們租的房間裡，電路老化時常斷電，馬桶早就壞了，需要把手伸到水箱裡去拉繩子。我與妻子最大的夢想是早日擁有屬於自己的家。

我們經常留意報刊和電視上的房產廣告，看了好幾次房展會。我們預購了北京東北角、四環外望京入口處方舟苑小區的一套兩居室，正好在中央美院隔壁。這是期房，要等將近一年才能交房。然而，交房時才發現，原來宣傳畫上的綠地都不見了，變成更多的樓宇。但房地產商是大型國企首創集團，誰都惹不起。

入住之後，我們發現，小區的物業管理一塌糊塗，很多業主拒絕繳納物業費，並與物管多次爆發衝突，每次都有業主被保安打傷，媒體卻不報導。當四年後我們賣房搬走時，物管斷水斷電，還放下大門的欄杆攔住搬家公司的卡車，逼迫我們交完物業費才能離開，物業公司儼然就是欺凌業主的黑幫。

我們在北京買的第二棟房子，在東南五環外的萬科青青家園，離北京城區很遠，比較安靜。萬科是名牌房地產公司，它的房子和物管多少有些保障。但是，隨著我在中共眼中的危險性日漸升高，小區的保安聽命於國家政治安全保衛部門（簡稱國保），每當我在小區內散步時，就有保安寸步不離地跟蹤我。我寫了一封給萬科和王石（萬科物業創始人）的公開信表示抗議。第二天，北京萬科物業管理公司總經理親自上門致歉，從此萬科的保安不再參與國保對我的監控工作，國保改為聘請協警（公安機關警務輔助人員）在我家樓下或樓道中設點監控。

在中國，業主買了房子，卻沒有土地所有權，只有七十年使用權。房子算不上私有財產，不能成為庇護所。尤其對我這樣的異見人士來說，家的門戶形同虛設，警察隨時可能闖入抄家和抓人。

我最終選擇離開基本人權和人身安全得不到保障的中國。我能在美國營造一個「風能進，雨能進，國王不能進」真正的家嗎？

我們賣掉北京房子的錢，足以在華府郊區的北維州購買一套「別墅」——一般美國人所說的「獨棟屋」。美國人住的房子大致分為三大類：公寓、聯排屋和獨棟屋。獨棟屋的室內面積和土地面積都相對較大，前面有草坪，後面有院子，除了少數的豪宅之外，大多數都是普通工薪階層、中產階級能承受得起的房子。若非少數大城市和黃金地段，大部分地方一棟房子的房價大致相當於工薪階層五到八年的薪水。

美國是真正的地大物博，美國人享有全世界最好的居住條件，所以林語堂說，人生最大的享受是住美國的房子、娶日本的太太、請中國的廚子。林語堂在美國居住了多年，享受過美國的大房子，卻請不起私家廚子。而對普通的美國人來說，吃並不重要，住得寬敞更重要。自從上個世紀五、六十年代美國人的居住方式走向郊區化後，大部分美國人遷入郊區的獨棟屋。而且，美國上市交易的房子，不會是「毛胚屋」（完全沒有裝修、根本無法住人的房子），通常全部裝修完畢，且配置了各類大型電器，如冷暖中央空調、冰箱、烤箱、洗碗機、洗衣機等，完全可以「拎包入住」。

在美國買房，比在中國簡單得多。首先，所有上市房屋的資訊，都能在幾個大型房地產網站上免費查詢，還能較差對比，沒有資訊不對等的問題——在中國，如果你委託某一房地產仲介公司幫你買房，等於讓這家公司壟斷房子的資訊，中國沒有可以查到所有上市房屋資訊的公共平台。

其次，買賣雙方有各自的房產仲介，房產仲介受過專業訓練，負責帶客戶看房、與賣家談判、交訂金、簽買賣協議、完成最後交屋。其中，還有一個「房屋檢查」環節，由買家挑選專業的房屋檢查員，對房子進行全面檢查，將房子存在的各類問題以報告形式提出。買方以此爲憑據，要求賣方整修、解決，若賣方不願整修、解決，買方可取消合約。這個環節是對買方權益的有力保障。

第三，美國沒有中國式的「房產證」或「房本」，房產買賣完成後，買家擁有該房產的唯一證明是政府登記的房屋所有權，可上網查看，可列印一張出來，就是「房產證」。在產權轉換完成之前，買房款項會進入一家律師事務所的帳戶。當購房款轉入賣家帳戶時，政府登記的產權所有人名字立即更換，當日起新的所有人也成爲房產稅繳納者。

朋友爲我們介紹了一位仲介，與我們一起看了幾個不同區域的房子之後，我們從社區環境、房價和學區等多方面綜合考量，劃定在威廉王子郡蓋恩斯維爾市及周邊區域購買房子。這是一個新興區域，大多是最近十多年興建的新社區和商業中心，離華府一小時車程左右，房價相對便宜，位置在通往華府的六十六號高速公路一側，交通便利，生活機能較完備。

我們看房大約花了三個半天，一共看了不到十棟房子，就看中一棟銀行拍賣房。所謂銀行拍賣房，就是原房主因破產或其他原因無法按期支付銀行按揭，銀行將房子收回，以稍低於市場價上市，爲的是迅速脫手、回籠資金。我們了解到，原房主是一位韓裔美軍軍官，他在金融危機之前買了多套房子投資，金融危機爆發，本地區房價猛跌四成，他苦苦支撐一段時間，無法支付銀行貸款，遂宣告破產，房子被銀行收回。

這棟獨棟屋，建於二〇〇六年，土地面積零點二英畝，室內面積（三層，含步出式地下室）五千多平方英呎（五百平方米），雙車庫，一樓有開放式廚房、早餐廳、正餐廳、客廳、家庭活動室、洗衣房和書房；樓上爲四間臥室；走出式的地下室，有一個大廳、兩個可住人的房間（有窗戶）及一個家庭電影室。這棟房子所在的社區有兩百戶居民，屬於中型社區，社區內設有游泳池、健身房和孩子的遊樂場。

我們看中這棟房子，請仲介立即下單。次日，擁有這棟房產的銀行，接受了我們的訂單。幾天之內，雙方就完成過戶手續，我們拿到鑰匙，正式成了美國的房主——擁有這套房子完整的產權，擁有房子和院子、草地的土地所有權，土地下面若挖出金銀財寶，也屬於私人所有。在美國，私有財產（包括房產）神聖不可侵犯，除了手持搜查令的警察，任何人不得侵入，房子相當於人身體的延伸。對於在中國經常遭遇警察侵門踏戶、有過切膚之痛經歷的我來說，這一點尤其重要。

我們在這棟房子中住了五年，孩子漸漸長大，又考慮搬家了——此處學區尚可，但我們希望搬到更優質的學區。我與妻子先是自行研究準備搬去的區域，確定初中和高中名列前茅。確定學區之後，就開始看房。

美國房市有一個獨特的銷售模式：新上市的房子，賣方經紀人一般會安排在上市的第一個週末為「開放日」，通常是在週六或週日下午一點到五點之間。潛在的買家無須經紀人帶領、不用七天前預約，就可直接推門進去看「開放房」（Open House）。賣方經紀人會在房內接待參觀者，向參觀者提供房子的基本資料、回答參觀者的各種問題。我們在正式聘請經紀人之前，在半年多時間裡，利用每個週末的「開放日」，看了大約七、八十棟房子。房子看多了，有了經驗和眼力，一棟房子有什麼優點和缺點，一眼就能看出來。加上在自己房子中實際居住的體驗，有了個人喜好，明確喜歡哪種類型的房子及社區，選擇起來就有的放矢。

最終，我們在離華府僅半小時車程的費爾法克斯郡的某大型社區看中了一棟獨立屋。這個社區建於一九八九年，社區內有高爾夫球場，到處古樹參天、綠草如茵、繁花似錦。社區內有兩千多戶人家，分成獨棟屋、聯排屋和公寓等幾個不同區塊，在社區內散步，若走一圈，大概需要一個多小時。

我們看中的這棟房子，面積跟我們的第一棟房子差不多，三口之家，綽綽有餘，偶爾接待一家客人也能應付。房主是一對白人退休醫生夫婦，他們在社區剛建好時就購房遷入，住了整整二十八年，在此養育長大三個孩子。他們對房子細心呵護，前幾年重新整修。白人中產階級的房子，通常打理得比華人和其他族裔更好，講究每一處細節的打磨，從一盞吊燈到一個水龍頭，都頗有美感和整體協調性。那是經過幾代人的富庶生活培養起來、融入日常生活的審美品味。華人過去一直掙扎於求得溫飽，生活狀況在最近二、三十年才有改觀，很難擁有這種精細的生活美學。我的經驗是，在美國買二手房，最好買白人中產階級的房子，而且沒有經過太多次轉手及出租的房子，房主長期居住其中，通常不吝於在房子上花錢，將室內的設施和裝修升級。

我們在不到兩個月時間內完成賣舊房和買新房。二〇一七年夏，我們搬入新家，順便購買了原房主的一些精美家具。

這棟房子的結構分區合理而緊湊，內部裝修雅緻精細。我整天在家中工作，希望有一個美麗而溫馨的家，即梁實秋所說的「雅舍」。

原來的房主，賣掉房子後搬到南卡的海濱養老。就在我們搬來這個社群不到五年，我們家所在的街道上，有二、三十戶白人老人賣房搬去溫暖的南方。陸續搬來的，多半是亞裔家庭，因爲學區很好，來的亞裔就會很多。原來幾乎是純白人的社群，亞裔已接近一半。

我喜歡郊區的生活，各剪自家門前草。鄰居之間除了見面行禮如儀地打個招呼，基本沒有深入往來。我們剛搬來時，對面一位白人老太太敲門送來一盒自家烤製的巧克力蛋糕，這是美國人歡迎新鄰居的傳統方式，但僅此而已。我不喜歡童年生長的工廠大院，鄰居隨時敲門進來，沒有隱私可言，家長裡短、流言蜚語，成爲人們生活中僅存的樂趣。我不能忍受個人的空間和時間被他人侵入，那種老北京大院、胡同的生活方式，對我來說亦如地獄一般。我天生就是美國人，跟他人保持相當距離，在界限之外，彼此才是安全的。

我們剛到美國、搬入上一個房子時，買了不少宜家（IKEA）家具，這家店在世紀初紅遍北京。但在美國生活久了，生活情趣和審美都有了變化和提升，我們不再喜歡宜家過於簡約甚至「一次性」的風格，而傾向於厚重古樸的美式家具。我與妻子常常去逛古董店，從古董店中淘到不少家居用品，從裝飾畫到書架上的小擺設，從檯燈到手工木雕的椅子，漸漸地將家裝飾得典雅而溫馨。

我們家中最獨特的「寶物」，是一些師友贈送的字畫。比如，書房中掛著一個用木板所刻胡適題寫的「寧鳴而死，不默而生」，那是天安門母親丁子霖的先生、已過世的美學教授蔣培坤親手製作的。蔣老師有一雙巧手，從北京郊區鄉下找到一塊廢棄門板，切下一塊，將胡適的題字刻上去。我離開中國時，將它隨身帶著，這八個字是我不變的信念。書房掛的是經濟學家周德偉的兒子、紫藤廬主人周渝寫的「自由在茲」。客廳中有余英時教授和流沙河先生題寫的字，兩位老先生都仙逝，再不可能有他們的題字了。客廳中也有老朋友、油畫家丁方畫的〈聖母〉和〈三博士來朝〉，以及台灣攝影家、牧師馮君藍爲妻子拍攝的肖像。

在美國，住帶院子和草地的獨立屋當然很舒服，隨之而來的問題是，要花很多時間打理院子和草地（如果有足夠的錢，也可付費請通常是拉丁裔的園丁）。我一般自己動手，既可活動筋骨，也省下一筆錢。主要工作是夏天和秋天修剪草坪，我買了一部電動割草機，通常半小時就可剪完草；另外還有換季時的施肥和除草（除掉雜草）。我們家前後院各有兩棵比房子還高的參天大樹，秋天需要掃除落葉，樹葉會裝滿三十袋半人高的大型紙袋。每隔兩三年就要剪樹枝，特別是靠近房子的樹枝，需請專業人士處理。很多華人或來探親的父母，喜歡在後院種植蔬菜水果，美國土地肥沃，稍微照料即有大豐收。我在縣城長大，沒有幹過農活，且皮膚容易過敏，不敢輕易嘗試種菜種花。

我在家工作，一天二十四小時都享受家的寬敞舒適。每天早上七點起床寫作，窗外已是鳥語花香。院子裡常常有鹿光臨，還有野兔和狐狸出沒，我曾親眼看到一幕慘烈的謀殺案在後院大樹下發生——一隻毛髮火紅的狐狸，咬死和吞吃了一隻松鼠，兒子在窗口看得目瞪口呆。

居住在「雅舍」，豈能不努力工作？在美國十年，沒有獨裁暴政的騷擾迫害，沒有人際關係的干擾，我平均每年寫作一百萬字，十年寫了超過五十本書。

有人說我是「旅美作家」，我會立即糾正說，我不是「旅美」，我是住在美國，已在美國扎根，美國是我的家園、我的祖國。除了英文不夠好之外，我是百分之百的美國人。我愛我的家人、我的房子、我的土地，我愛美國的自由與秩序。

飲食記美

在北京生活那些年，我常常與劉曉波、包遵信等師友一起吃飯，從川菜到江浙菜，從高級西餐廳到路邊的蒼蠅館子，來者不拒，拿到稿費就吃點好的，手頭拮据就一切從簡。我們假裝生活在自由之中、誠實地寫作和生活，我們也假裝看不見隔桌坐著神情陰鬱的便衣警察。

被中共當局視為「資產階級自由化」代表人物的包遵信先生，六四後被捕入獄，罪名是「反革命煽動」，他開玩笑說：「我沒有中國心，但還有中國胃。」曉波則實踐徹底的思維方式和生活方式：「我連中國胃都沒有了。」他的「全盤西化」連食物亦不例外：他喜歡吃西餐超過中餐，將麥當勞和肯德基當做人間美食，最愛的飲料是可口可樂。每隔幾天，他都饞漢堡、炸雞和可樂，要找來大快朵頤——這個飲食習慣，倒是跟經常大啖麥當勞大麥克而被主流媒體譏諷為「飲食品味太差」的川普總統驚人相似。曉波若到美國，一定與川普相見歡。而作為四川人的我，對西餐及洋快餐沒有太大興趣，「我有四川胃」，對川菜百吃不厭——人最喜歡的食物，還是與童年記憶有關的飯菜，還是媽媽做的飯菜。

「民以食為天」，到了美國，一方面要滿足和慰藉「四川胃」，另一方面也要調整和擴充「四川胃」對其他種類食物的接受度，既不能太苟且，也不能太固執，變與不變都是應當的。我沒有經歷過父母親那一代人吃不飽飯的時代，從小在飲食上雖不如梁實秋《雅舍談吃》中所寫的「食不厭精，膾不厭細」，但也被各種美味美食（即便是小吃）環繞。到美國之後，很難吃到家鄉的味道和媽媽的味道，但我能體驗到另一種「飲食之美」，既是「美國」之「美」——在美國這個多民族的移民國家，「美式食物」很難找到一種或幾種代表物，而是百花齊放、百味爭鳴；也是「美味」之「美」，很多時候，美味是自己在廚房中料理出來的。

正如一位評論家所說：「對於一個移民來說，在一個突然歪斜的世界裡，做飯可以是一種讓自己穩住的方式。」我選擇居住在哪裡，飲食是需要考量的要件之一。

美國能吃到最正宗的中餐（包括川菜）的地方，是東岸的紐約和西岸的加州。紐約和加州有足夠多華裔，人多商機多，就有最好的中餐館。但喜愛安靜、享受孤獨的我，不喜歡擁擠、吵鬧、華人太多的地方。

紐約和加州被我視爲「不宜居住之地」：首先，它們是左派當道的「深藍地帶」（民主黨代表色爲藍色）。其次，它們太擠了。紐約車水馬龍、喧囂騷動，我每次到紐約，感到頭都要炸裂，睡覺亦不安穩。華人聚居的老唐人街和皇后區法拉盛，雜亂無章、骯髒惡臭，比中國西部的小縣城還不如。走在汙水橫流、垃圾飛舞的街道上，很難相信這是在美國——爲什麼到了如此美麗的地方，中國人也能將其搞成一處龐大的垃圾場？第三，我喜歡生活在綠色覆蓋的地方。紐約是鋼鐵森林；加州雖號稱「陽光之州」，卻到處是光禿禿的山丘，樹木草地都是黃色而非綠色的，過去二十年，我受夠了北京的乾燥，對同樣乾燥的加州沒有好感。

不過，也不能住在華人太少的地方，若華人太少，必定連一家具有一定規模的亞洲超市都沒有，若買不到一些基本的食材、佐料，在家做一頓簡單的中餐都很困難。有些住得比較偏遠的華人，需要驅車數小時才能到另一個城市找到亞洲超市，購買常用的食品和佐料，或吃上一頓像樣的中餐。

大華府地區（尤其是北維州）正好適合我的要求：華人不多不少，大概一、二十萬，有若干亞洲超市，也有一定數量中等水準的中餐館，在飲食上不至於「孤立無援」。

我居住的北維州費郡，亞裔人口差不多佔到四分之一，這個人口基數保證了在驅車十五分鐘距離內有多家亞洲超市。

我常去福建人開的大中華超市（Great Wall Supermarket）購買食品。這是一家遍布全美的連鎖超市，可買到郫縣豆瓣、老乾媽油潑辣子、漢源花椒等佐料，有了這些佐料，就能在廚房「點石成金」。這裡也有美國主流超市買不到的蔬菜和食品，如豆苗、豆芽、豆腐、豆腐乾、豆腐絲、白蘿蔔、萵筍、山藥等，如果沒有這些豆製品和蔬菜，就「巧男難爲無菜之炊」了。這裡還可買到活魚活蝦，我若做魚，一般會到此買活鱸魚，挑中等大小的鱸魚，請超市員工幫助處理，切成小塊，帶回家做豆瓣魚或酸菜魚。當天買的活魚，跟冰凍很久的魚相比，味道完全不同。

大中華超市的廣式燒臘也是我的最愛。我常買琵琶鴨，琵琶鴨比普通燒鴨更乾、更瘦，肉質更緊實，也更入味。有時，我也會買一盒烤乳豬，若有烤乳豬的豬頭，也會切上幾大塊，用來煮蘿蔔湯或山藥湯，味道絕佳。

大中華超市在維吉尼亞只有一家，不愁沒有客源，形成老大心態，服務不佳。記得有一次我請思想史家張灝教授到我家吃火鍋，張先生喜歡吃川菜，發現我家使用的電火鍋不錯，問我在哪裡買的，我告知是在大中華超市買的。張先生去大中華超市買了一個，但用兩三次就壞掉了，他拿去退換，超市不予退換。張先生說，美國商店退換貨品是基本服務，超市嗆聲說：「這裡是大中華，是中國，不是美國。」學富五車的老先生，真是秀才遇到兵，有理說不清。

慶幸的是，大中華超市一家獨大的情形被打破了。二〇二〇年夏，離我家更近的地方（驅車只需六、七分鐘）開了一家九九大華超市（99 Ranch Market），這是台灣人開的連鎖超市，裡面乾淨整潔，還有更多台灣出產或生產的水果、食品、零食，如兒子喜歡的百香果果凍、我和妻子喜歡的台灣高麗菜、巨峰葡萄、蛋捲、台灣土雞、台灣魚丸等。九九開張之後，我成了它的常客。

另外，我偶爾會去兩家韓國超市，一家名爲樂天（Lotte Plaza Market），另一家名爲韓亞龍（H Mart）。韓國超市商品的價格略高於華人超市，但食材更新鮮，購物環境更明亮舒心。韓亞龍在短短一代人的時間內崛起，成爲美國最負盛名的亞洲超市，《紐約時報》在一篇題爲〈一家韓國超市如何俘獲美國人的心〉的長篇報導中寫道：「應有盡有是這裡的主題——辣椒從大拇指般短粗到巫婆手指般細長的都有，一箱箱的魚丸，在藍色水缸中孵化的活龍蝦，種類繁多的豆腐。顧客們在購物籃裡放入一根根檸檬草、風乾銀鳳尾魚、蝦片和猶如花瓣般精美的和牛切片。」該超市集團第二代掌門人布萊恩・權（Brian Kwon）說：「買食物是一件有感情的事，你不想待在一個讓你覺得自己在受委屈的地方。」

韓國超市一般附設烘焙店，我常去購買麵包、蛋糕、蛋塔等點心，這些點心比美國店和中國店的更美味。美國點心太甜，甜得「驚心動魄」乃至難以下嚥；中國店的糕點太過粗糙，比如蛋塔連雞蛋的腥味都未能處理掉。

對我家而言，除了華人超市和韓國超市，附近再有一家美國主流超市——好市多（Costco）——就足夠了。從我家驅車五分鐘就有一家好市多，我一兩個禮拜去一趟，購買肉類、水果、牛奶、橄欖油、盒裝雞湯等，這裡的牛肉、羊肉、雞肉，以及蘋果、橙子、葡萄、藍莓、草莓、紅莓等，質量和價格都優於亞洲超市。

既然可以買到滿意的食材和佐料，我在美國便可如法炮製做各種川菜，如粉蒸肉、回鍋肉、芋兒燒雞、麻婆豆腐、水煮魚、紅燒排骨等。我傾向於做簡單、可迅速上桌的菜餚，不再像在中國那樣，在廚房中耗費過多時間。

在家做菜，要照顧妻兒的口味。妻子是揚州人，口味比較清淡。兒子從小在美國長大，在學校的午餐是西式食物，與所有美國孩子一樣，對披薩、炸雞和義大利麵等美式食品百吃不厭。我們家的晚餐主要是中餐，兒子大都能接受，他比較喜歡吃牛肉和雞肉，不喜歡豬肉，爲了遷就兒子，我們家吃豬肉的次數越來越少——宮保雞丁當然用雞肉，但魚香肉絲、香干肉絲等則將豬肉改用牛肉。

生活在美國，在食物上作出的調適遠不僅如此。比如，我喜歡吃川味涼麵，經過幾次實驗，發現用義大利麵條做，比中式麵條更美味。義大利麵的麵條更有韌性，久放而不坨。我用郫縣豆瓣、老乾媽油潑辣子、漢源花椒油、胡麻油、福建料酒、山西老陳醋、金蘭醬油、花生米、芝麻、胡椒等佐料調味，還會加入黃瓜絲和維吉尼亞本地蜂蜜燻肉切成的肉絲，由此成爲招牌的「余家麻辣涼麵」。每逢有大型聚會，這道菜必定是老少咸宜，很快被瓜分一空。

又比如美式廚房，家家都有大型烤箱，美國人可以不生明火做飯，卻沒有一日能離開烤箱，烤是美式料理中最常用的方式。中式廚房大都沒有烤箱，我們在中國生活時，從未在家烤製食物。剛到美國時，我們甚少使用烤箱，後來慢慢發現烤箱有諸多妙用。我發明了一道川味羊排，使用在好市多購買的澳洲羊排，盡量選偏瘦的，先用辣椒粉、孜然粉和鹽等佐料醃製半天，再用錫箔紙包裹，放入烤箱用華氏四百五十度烤一小時左右即可享用，香氣撲鼻，羊肉軟嫩入味，就連維吾爾朋友都讚不絕口。

我還使用烤箱製作燕麥餅乾，作爲一道減肥的營養早餐：以燕麥爲主料，加核桃、南瓜子、蔓越莓乾、雞蛋、牛奶、少許麵粉和黃油等，不加糖和蜂蜜（儘管稍稍影響口感，卻更健康）。先做成雞蛋大小，再放入模具，壓平，最後放入烤箱，以華氏三百五十度，烤四、五十分鐘即可。早上每天吃兩塊燕麥餅乾，配以菊花茶或苦瓜茶，既充飢又有足夠的營養。

生活在什麼事都需要個人親手解決的美國，也需要學會做若干餐點、小吃，以滿足自己的味蕾和腸胃。好在有了網路，不必買厚厚的食譜，直接在網上就能看到民間高手現身說法，現場教授用最簡單的方法做美味菜餚。這些年來，我逐步學會做醪糟（米酒）、四川泡菜、牛肉乾、餃子等食品，有些堪比外婆或媽媽的手藝（如醪糟），有些則只能勉強入口，比如我做的麵食（如餃子）無法跟北方人的手藝相比。

我家周圍，好吃的中餐館有限，價格亦較貴，而且必須開車一、二十分鐘，外出吃一頓飯需勞師動眾。這一點，跟在台灣邁步出門，往往三、五分鐘就能找到多家美味小店，一碗滷肉飯或牛肉麵即可充飢解饞的生活舒適度，不可同日而語。我們家外出吃飯，常去少數幾家質量較好的中餐館——兒子最喜歡吃的中餐是北京烤鴨，美國作家安德魯・柯伊（Andrew Coe）在《雜碎：美國中餐文化史》一書中寫道：「似乎全世界的人都喜歡北京烤鴨，這實在是始料未及的。」在我家附近，北京烤鴨做得好的中餐館屈指可數，倒是有好幾家港式燒鴨還不錯。

大部分中餐館都美國化了，正如柯伊描述的那樣：用餐顧客仍舊需要觀察一項重要指標，才能了解一家餐廳如何發展——華人與非華人用餐顧客的比率，比率最高的顧客族群勢必對餐廳的菜色和用餐方式產生最大的影響，畢竟餐廳老闆要討生活啊！如果沒有看到任何移民或移民後代到餐廳用餐，就可知道它的餐點會以美式口味爲主，有宮保雞丁、酸辣湯、蛋捲、西蘭花炒牛肉和左宗棠雞。有點辣，但不會太辣，還要有點甜，肉最好是炸過的——我們家不會喜歡吃此類美式中餐。

美國的立國根基是一元的——美國是清教徒創建、具有清教秩序的國家，後來衍生出的「多元」，也是一元之下的多元，但美國的飲食文化卻眞正是多元的、跨族裔的。中餐早已不是我們唯一的選擇。我們常常拓展其他類型的口味。我的四川胃變得開放而寬容，不再「非辣（麻）不可」。

這些年，我常去台灣訪問，我們家對台菜頗有興趣，除了滷肉飯、牛肉麵、鹽酥雞等「小吃」之外，客家小炒、菜脯蛋也是我們的最愛。大華府地區有好幾家台灣餐廳，馬里蘭比維吉尼亞更多，因為早期台灣移民多居住在馬里蘭，有時經過馬里蘭，就會去那邊的台菜餐廳吃一頓。

我們家也喜歡義大利菜，兒子尤其喜歡披薩，我和妻子則喜歡義大利香腸、海鮮義大利麵等。我家附近有一家祖傳幾代的義大利餐廳，現場製作的披薩，麵香和肉香濃烈，兒子喜歡夏威夷口味，是鳳梨與鹹肉相配，算是美國化的義大利披薩，大概類似於美式中餐裡「左宗棠雞」的入鄉隨俗。

我家附近有一個韓國城，那裡有一間數千人的韓裔教會——由此可知韓裔居民多麼密集。不錯的韓國餐廳有好幾家，我們常去一家韓國烤肉店，八十美金左右的兩人套餐，夠我們一家三口吃，可以吃到六種不同部位的牛肉，年輕活潑、眼疾手快的韓裔女服務生現場幫忙烤製，還配有各種免費小菜、蛋花湯和紫米飯等。

我們也愛上以泰國菜和越南菜為主的東南亞料理。泰國菜中用綠咖哩和紅咖哩做的牛、雞、鴨，以及炸豆腐，都是兒子的必點菜。越南河粉早已紅遍美國，越戰之後逃到美國的南越難民靠著開一家越南河粉小店即可安身立命。只要是越南人開的店，通常都有質量保證，不像中餐館，每到一家新店，都宛如一場冒險，很可能讓你敗興而歸（有了顧客點評網，先看網上點評，就能心中有數）。若開車遠行，路上比較有保障、價廉物美的用餐選擇就是越南河粉。同樣的河粉，按各自的口味喜好，可點不同配料，如不同部位的牛肉、牛筋、內臟等，亦可自行加入店家自製的辣醬。另外，符合我本人「政治正確」的是，越南河粉店的老闆通常是堅決反共和支持川普的南越移民及其後代，不像很多中餐館老闆，明明經歷千辛萬苦逃到美國，卻支持中共政權，那樣的店，即便再美味，我也不願去光顧。

我們還有一個新發現，就是口味濃烈的美國南方菜，頗類川菜。美國南方菜大量使用醬料、辣椒，無論是豬肉、牛肉還是海鮮、玉米、馬鈴薯，都有一種剛烈粗獷之風格。南方的「靈魂菜」別有風味，德州烤肉亦很不錯，眞的是「大塊吃肉」。

英美菜系總體上平淡簡單，有一篇文章寫美國五十個州的代表性食品，大都是炸雞、炸薯條、烤肉之類。這或許跟英美清教秩序所形成的生活方式有關：清教徒不重口腹之慾，過著節儉刻苦的生活。英美世界的公民享有言論自由等各種基本人權，將大部分時間精力用在公共生活和精神領域的探索上；反之，在「吃」上面最有貢獻的法國人、義大利人和中國人，都長期生活在專制暴政之下，沒有言論自由，連接吻的自由都沒有，剩下的只有吃了——我在《火與冰》中，曾探討嘴巴的三大功能：說話、接吻和吃。當前兩大功能都被剝奪或限制時，吃這方面就花樣翻新、層出不窮。

美國人在廚房的時間相對較少。過去，美國人吃太多高熱量的快餐，營養失衡，胖子及心臟病患者比例全球最高，如今營養與健康逐漸成爲美國社會對飲食的基本要求。

在美國生活久了，我們家的一日三餐愈來愈簡化。在家做晚餐，我一般在半小時內做好一葷一素一湯；若到外面的餐廳吃飯，一家三口通常會點三樣菜，即便是他人請客，也基本是點到為止，不會有中國人請客吃飯的那種饕餮盛宴、鳳髓龍肝。生活在美國，飲食上不可能像在中國及若干亞洲國家那麼花樣翻新，但至少可以避免吃到有毒食品和地溝油。食物的美味，需要自由的舌頭和自由的心去品味。

讀書記悅

離開中國前，我心中最惦記的就是書房中的藏書。

二〇一〇年冬，我聯繫一家廣東的海運公司，將部分藏書運到一位美國友人家中。這些運到美國的書，是我從上萬冊藏書中精挑細選的兩千多本，選哪一本、不選哪一本，反覆掂量、煞費苦心。選中裝箱的，是運到美國、很快就能跟我重逢的書；未選中的，是留在中國、送給朋友、或許一生再也不能見面的書。這項工作花費了幾個禮拜才完成。我將評估為重要的、會經常閱讀和參考的書，分裝成六十個紙箱，再加上其他一些有紀念意義的物品，海運到美國，花費近一萬美元——書的運費跟書本身的價格亦差不多了。

在美國，有了更大的房子和更寬敞的空間，可容納更多書。從中國運來的兩千多本書，不能滿足我的閱讀和參考之用。我又開始大量買書，重建私家圖書館。台灣是我買書的目的地。台灣是華語圈唯一有出版自由的地方，出版業之水準不亞於歐美，出版的書從內容到裝幀設計都讓人愛不釋手。我除了在博客來網站買書，更喜歡到台灣的實體書店買書；除了到誠品、金石堂等大型連鎖書店買書，更喜歡到有個性的獨立書店買書；除了買新書，更喜歡到二手書店淘舊書——我不是藏書家，很少買價格昂貴的老版書乃至絕版書，我買書不是為了收藏，而是爲了閱讀、學習、增進智慧、寫作時作爲參考資料使用。

每次訪問台灣，我都會購買數百本書，不可能隨身帶回美國，只能請朋友幫助安排海運到美國。沒有到台灣訪問時，我託朋友幫我安排買書和運書，一般半年一次。五至十箱書一般會先運到費城附近的基督使者書房，我再驅車近兩百英里取回來。每次取書回家，是我家的一個隆重節日。

我和妻子皆嗜書如命，我們也以書爲媒——我們的愛情故事，我寫成長篇自傳體愛情故事《香草山》。我們讀的書大部分都迥異：妻通常閱讀小說、詩歌等純文學，我則由文學轉向歷史、政治、法律。

我和妻子不是虎爸虎媽，我們固然重視孩子的教育，但方式與一般華人家庭不同。一般華人家庭，即便孩子缺乏音樂、繪畫、體育等方面的天賦，也要強迫孩子上若干才藝班，將本來是享受的藝術和體育變成孩子的沉重負擔；他們還一定讓孩子學奧數等一系列競賽項目，更有如同雞肋一樣的中文課。我家孩子沒有上那麼多才藝班，但我們引導孩子從小熱愛書。剛到美國時，帶孩子去社區圖書館讀書和借書，從繪本讀起，上初中時他已能讀莎士比亞原著了。每個週末，我們都帶孩子去圖書館，這是全家一起出行的重要活動。兒子一次會借一、二十本書，當他讀完一個圖書館中適合他讀的藏書，又轉戰其他圖書館，周邊驅車二十分鐘之內的七、八個社區圖書館，我們統統都去過。即便是暑假在台灣訪問時，我們也辦一張台北市立圖書館的圖書證，帶兒子去借書時，乾脆帶上有輪子的行李箱，一次裝滿一箱書。在捷運上，兒子手不釋卷，跟周圍個個都在滑手機的青少年大不相同。有一次，我拍攝兒子在捷運上讀書的照片，發佈在臉書上，獲得了開通臉書以來點讚的最高數字。

北美華人大都不讀書，北美基督徒更不讀書。我們曾去聚會的一家華人教會，有一位執事，是中國名校畢業、又在美國讀了理工科博士的工程師，我送他一本我寫的新書，他一方面說謝謝，一方面又誠實地說多年沒有讀過專業以外的書。他讀的最後一本「閒書」，是大學時所讀金庸的《射鵰英雄傳》。我無言以對。這或許就是傳說中的「博士文盲」？很多北美華人基督徒連聖經都不常讀，改用「聽」。對我來說，一日不讀書，即面目可憎；長期不讀書的人，必然言談無味、話不投機。

我們一家三口都是愛書人，晚飯後的時光，是三個人各自抱著一本書，在客廳裡坐在各自專屬的沙發上讀書。大家互不干擾，偶爾交換一下閱讀心得。很多中國人到美國之後，最難以忍受的是美國除了少數大城市之外，郊區和小市鎮沒有熱鬧的夜生活，天還沒有黑，社區就安靜如水。中國人大都是群居動物，不能享受家庭的時光，更缺乏獨處的能力。我們家很享受美國生活中的安靜、甚至是單調的特質。我們的夜生活就是在家中讀書——喜愛讀書，就是將寂寞的時光轉換成多姿多彩的精神生活。

在美國十年，我的寫作方向有了調整和轉變，除了繼續政治評論的寫作之外，更多轉向近代史和保守主義政治哲學的研究和寫作。在轉向過程中，我深感過去中文系教育的不足，那時浪費很多時間閱讀中國當代文學及文學評論，多年後回頭看，這些東西多半是沒有價值的垃圾。幸虧在北大七年，我選修了不少中文系之外的課，聽了很多外系學者的講座，才不至於被中文系狹窄的課程設計所限制和束縛。

這些年來，我自覺重建知識結構，透過對生活的體悟、閱讀及思考，掙脫了左派意識形態的荼毒，走向加爾文神學、清教徒傳統和英美保守主義政治哲學的大江大海，有了「會當凌絕頂，一覽眾山小」的清朗與快意。僅以對美國政治的觀察和思考而論，我在二〇〇三年受美國國務院「國際訪問者計畫」邀請第一次訪問美國，一個月走過十多個州，訪問數十個機構和人物，後來寫成《光與影》（原書名為《光和光的背面》，被編輯自作聰明地改成與某攝影雜誌相同的名字）一書出版。那時，我隱約覺得自己偏向共和黨，但還不具備保守主義的觀念秩序，在書中正面描寫了公民自由聯盟、柯林頓和希拉蕊等左派社團與人物。數年之後，我才發現大錯特錯。我在這本書的後記中寫到一幅在一位美國學者家中看到的〈八仙過海〉的繪畫，畫上卻有九個人物——這是美國畫家想像中的〈八仙過海〉，就像美國電影和廣告中東方人的面容一樣，不是寫實，而是關於異邦想像的投射。我當初的美國觀察也是如此。當我在美國扎根生活，就不會再犯此種初級錯誤了。

到美國十年，我基本保持此種生活和工作規律：每天早上六點半起床，簡單早餐後開始寫作，一直寫到十二點半，每天完成三千至五千字。兒子上學去了，妻工作去了，我一個人在家用過午餐，午睡二十分鐘至半小時，再去健身房鍛鍊四十五分鐘。下午讀書，看網上的新聞，處理電子郵件等。兒子放學回家後，跟他聊聊學校的事情，然後做晚餐。晚餐後，與妻一起在社區內散步、聊天一小時。晚上看一會兒老電影或美劇，讀點閒書，十二點前上床睡覺。我做不到像康德那樣按照時刻表分秒不差，但基本不會破壞作息規律。我的寫作與讀書齊頭並進。我從不認爲自己天資聰穎，而有一種「笨鳥先飛」的信念。寫作不是靠聰明，是靠長期堅持。外人看來單調乏味的生活，我卻樂在其中。

我讀書亦有訣竅，就是將不同的書分爲不同的閱讀方式：有的書精讀，乃至反覆閱讀；有的書「跳讀」，挑選其中重要章節讀；有的書跟其他同類著作一起參照閱讀，從一本書中舉一反三挖掘出大的主題；有的書則帶著批判的眼光讀，閱讀過程就像是與作者辯論。我通常是五、六本不同類型的書籍同時讀，很少一口氣讀完一本書。掌握一定的訣竅、積累豐富的經驗之後，讀書變成庖丁解牛式的工作，可迅速把握住書中的精華。一本二、三十萬字的書，我一般兩、三個小時就能讀完。

我的書房中只有一排書架，大概可容納五、六百本書，都是常用書籍，多半是英美保守主義的經典著作。這些書是我的珍寶，看到它們如一排戰士般排列在書架上，心中就比蜜還甜。其他大部分藏書，放在地下室的一間專門書庫中，粗略分爲中國近代史、現代史、古代史、文學、神學、美國、台灣、歐洲、日本等幾大部分。每當我開始寫一部新作，就會將樓下的相關書籍搬到樓上的書房，以便隨時查考，等新書完成之後，再將這批參考書搬到樓下去。然後，開始寫下一本新書，再搬運下一批參考書，又如此循環往復。

愛讀書，自然而然，讀了之後會有話想說，書評成了我很喜歡寫的一種文類。多年來，我在美國自由亞洲電台開設有書評專欄，名爲「禁書解讀」，專門介紹中國被禁的好書。到美國第二年，我在台灣出版了第一本書評集，名爲《流亡者的書架》。後來，「流亡者的書架」成爲了我一個延續至今的創作系列，陸續有《刀尖上的中國》、《納粹中國》、《惡托邦祭》、《看哪，勇敢者》和《墜入深淵的中國》等書評集出版問世。

我大量閱讀英美保守主義經典著作，大步流星地走向保守主義的思想寶藏。我常常說，讀什麼書，成爲什麼樣的人；看一個人家中的書架，大致能知道此人的閱讀品味、思想素質和政治取向。一般的文青，書架上總是少不了南懷瑾、余秋雨、龍應台、蔣勳；更高一級的憤青或左派，書架上肯定是沙特、馬庫色、傅柯、薩依德。很多所謂知識分子，擁有博士、教授甚至諾貝爾獎得主的光芒，書讀了很多，卻越讀越笨、越讀越脫離常識和眞理。讀書不一定能追求到眞理，如果讀者事先已深陷謬誤的意識形態之中，按照這種謬誤的意識形態來尋找可將其強化的讀物，其結果必然是如吸毒一般，中毒越來越深。

我的書房中，隨手可取到的那些保守主義經典著作，被我視爲「書中之書」。華語世界中，我似乎還沒有讀到一本原創的、從宏觀角度深入論述保守主義的專著，若要勉強列出一本，我就拋磚引玉——我的《大光：宗教改革、觀念對決與國族興衰》，或許是第一本探路之作。

我不喜歡「開書單」，但在這篇文章的結尾處，還是忍不住列出自己常常捧讀的六十本保守主義經典，每當讀這些書時，我都有被春日溫暖的陽光撫摸的那種舒服感受。

這張書單上的著作，以英美保守主義和基督教保守主義爲主，它們共同構成我思想觀念的養分，是「我成爲今日之我」的源頭活水。如果讀過這六十本書中的一半，而且用心靈去讀、去領悟、去對話，你想不成爲保守主義者都不可能：

（日內瓦）加爾文：《基督教要義》

（英國）亞當・史密斯：《國富論》

（英國）埃德蒙・伯克：《美洲三書》、《法國革命論》

（英國）阿克頓：《自由史論》

（英國）邱吉爾：《英語民族史》

（英國）卡爾・波普：《開放社會及其敵人》

（英國）托尼：《宗教與資本主義的興起》

（英國）馬修・阿諾德：《文化與無政府狀態：政治與社會批評》
（英國）馬林諾夫斯基：《自由與文明》
（英國）T.R.S. 艾倫：《法律、自由與正義：英國憲政的法律基礎》
（英國）T.S. 艾略特：《傳統與個人才能》
（英國）斯克拉頓：《保守主義的含義》
（英國）羅傑・史庫頓：《保守主義：經典閱讀》
（英國）保羅・約翰遜：《美國人的歷史》
（英國）奈保爾：《我們的普世文明》
（英國）丹尼爾・漢南：《自由的基因》
（法國）托克維爾：《民主在美國》（又譯《論美國的民主》）
（法國）古斯塔夫・勒龐：《烏合之眾》
（法國）雷蒙・阿隆：《知識分子的鴉片》
（法國）菲利普・尼摩：《什麼是西方：西方文明的五大來源》
（德國）韋伯：《新教倫理與資本主義精神》
（德國）桑巴特：《爲什麼美國沒有社會主義》
（德國）弗雷德里希・根茨：《美法革命比較》

（俄國）布魯茲庫斯：《蘇維埃俄國的計畫經濟》
（蘇聯）沙卡洛夫：《沙卡洛夫回憶錄》
（蘇聯）亞歷山大·雅科夫列夫：《霧靄：俄羅斯百年憂思錄》
（捷克）哈維爾：《無權勢者的力量》
（美國）漢彌爾頓等：《聯邦論》
（美國）白壁德：《文學與美國的大學》
（美國）米塞斯：《社會主義》
（美國）海耶克：《通往奴役之路》、《歷史決定論的貧困》、《自由憲章》
（美國）馬斯登：《美國大學之魂》
（美國）威廉·巴克利：《耶魯的上帝與人》
（美國）拉塞爾·柯克：《美國秩序的根基》、《保守主義思想：從伯克到艾略特》
（美國）維沃：《思想的後果》
（美國）麥克阿瑟：《麥克阿瑟回憶錄》
（美國）艾倫·布魯姆：《美國精神的封閉》
（美國）伯爾曼：《法律與宗教》、《信仰與秩序》
（美國）米爾頓·弗里德曼：《自由選擇》、《資本主義與自由》

（美國）彼得·德魯克：《經濟人的末日》
（美國）沃格林：《政治觀念史稿》
（美國）本內特：《美國通史》
（美國）杭廷頓：《誰是美國人》、《文明的衝突與世界秩序的重建》
（美國）薛華：《前車可鑒》
（美國）馬文·奧拉斯基：《美國同情心的悲劇》
（美國）布魯克斯：《誰會眞正關心慈善》
（美國）索維爾：《知識分子與社會》
（美國）托馬斯·梅登《信任帝國》
（美國）約翰·艾茲摩爾：《美國憲法的基督教背景》
（美國）諾齊克：《無政府國家與烏托邦》
（美國）費舍爾：《阿爾比恩的種子》
（美國）川普：《總統川普》
（美國）傑里·馬勒：《保守主義：從休謨到當前的社會政治思想文集》

開車記捷

抵達美國之後，我們家買的第一件大件必需品就是車。美國的絕大多數地方，公共交通不足，自己不開車，形同身體殘障，哪裡都去不了。郊區化生活已是普遍模式，車成了一天都離不開的代步工具。

在美國，買車需經過漫長的討價還價過程——購買其他商品大都無須討價還價。有人說，美國人一般都很誠實，美國有信任文化和信用體系，但有兩種人是謊話大王：律師和汽車銷售員。

幫我們買車的朋友事先做了很多準備工作：第一步，從網上查詢附近專賣店的價格，找到價格最低的兩三家；第二步，打電話給銷售員，用另一家更便宜的價格向其施壓，讓其報出更低的價格，打了一輪電話後，可確定最低價格的經銷商，約好時間，去現場試車；第三步，現場試車、現場砍價，砍價過程十分戲劇化，好幾次假裝談判破裂，準備離開，銷售員又將我們叫住，說再向經理申請更便宜的價格，或附送贈品，如腳墊、便攜式吸塵器等。一輪下來，一般可節省百分之五，兩萬多的車，能省下一千多。後來，我們發現，如果透過好市多買車，可省卻中間費時費心的環節，省下的錢差不多。

在美國，車是代步工具，美國人一般不會像中國人那樣認爲開豪華車就有面子，靠豪華車來顯示主人的實力和地位。我見過不少富豪、議員，都開普通舊車，連股神巴菲特都一直開著一部廉價的老爺車，沒有人會覺得奇怪。我們家買的兩部車，都是價廉物美的豐田車，豐田車很少出毛病，省油，保養費也低。

買了車，就要考駕照了。我在中國已開了八年車，在北京擁塞的道路上，練出見縫插針的車技。在中國和美國考駕照，經歷大不相同。當初在中國考駕照，我寫過一篇名爲〈學車記〉的短文，摘錄其中幾段如下：

我從小好靜不好動，手腳協調能力差，經常分辨不清左和右。聽說很多駕校的師傅都相當生猛，訓斥學員像訓斥孫子一樣。我對學車一直有心理障礙。

身邊的朋友一個接一個拿到駕照，我也硬著頭皮報名學車。二〇〇三年春，學完交通規則，正要開始上車學習，就迎來SARS病毒肆虐，上車課程被迫中斷。

拖了一年，回到駕校，上車學習。一次約半天、學四小時，休息一天再接著學。我發現一位丁師傅比較耐心，說話溫和，就每次都約他。我們在車上度過了三十多個小時。丁師傅開玩笑說：「幸虧你只有碩士學位，要是有博士學位，我可教不會你了。」他教過一位從博士，這位博士拿著紙和筆，把老師說的每句話都記下來，但每當親自操作時，卻連最簡單的起步都學不會。

那時，駕校只有手動款大眾（福斯）桑塔納可學，手動擋需要雙腳並用，我動了左腳，卻忘了右腳的配合。丁師傅說：「汽車是你的大玩具，你要讓它順從你，就得先掌握它的脾性。你要放鬆下來，就當是工作之餘的玩耍。否則，你受罪，我也受罪。爲什麼不能讓我們都快快樂樂呢？」漸漸地，我的動作不再僵硬，汗水不再流淌，汽車越來越聽話。

我一邊開車，丁師傅一邊跟我聊天，向我講了一個有趣的故事：一九七〇年代，義大利導演安東尼奧尼到中國拍片，每天開車帶他去大街小巷尋找素材的是丁師傅的父親。老爺子是參加過朝鮮戰爭的老兵，每天拍攝任務完成後，上級都要來了解情況，詢問洋鬼子都拍攝了什麼。安東尼奧尼回國之後剪輯出紀錄片《中國》，被視爲反華影片。就這樣，一邊聊天一邊學車，半天的學習，從苦役變成了快樂時刻。

最難的是「坡起」，就是車在上坡時停下再啓動。手動擋的車要求駕駛者眼明手快，否則很容易「溜坡」，在立交橋等處若向下滑，必定撞到後面的車（多年以後，我在舊金山開車，就體驗到在山坡上控制車的難度）。丁師傅誇獎說：「你開竅啦，開車沒有那麼複雜吧！」我把要考的幾個科目全都漂亮地做了一遍，回答說：「是啊，這輛車成了一匹被我馴服的駿馬！」

考試時，我一次就順利過關。兩天之後，嶄新的駕照用特快專遞送到我手上。

在美國考駕照，比中國簡單許多。先是筆試，題目大都是一些簡單的交通標誌和交通規則。

考過筆試後，就是準備路考。在美國，大部分地方都不要求掌握「坡起」、「揉庫」（即平行移車，將車從一個車位移入旁邊另一個車位）、路邊停車（將車停入路邊前後都有車的車位）等高難度技巧。我請了一位經驗豐富的華人老師教了兩個半天，就出師了。老師說，對於在中國開過車的駕駛，最重要的是改掉一些錯誤習慣，要牢記美國的新規則和要求，比如：見到 STOP 標誌一定要停車，停得穩穩當當，口中從一數到十，看前方沒有車和行人，才能重新啓動；見到有校車停下、打開 STOP 標誌、有學生上下，無論你往那個方向開，都要停下來等候；變換車道時，一定要轉頭檢查盲區……這些都是我在中國學車時，沒有學過的東西。從中可見兩國駕車文化之差異。

路考這一天，監理所的考官是一位拉丁裔中年男性，他上車說的第一句話就把我逗樂了：「今天我是第一天上班，第一天當考官，你可要小心開車啊！」整個考試過程中，他比我還緊張。他指示我在一處社區附近開了一圈，考察我是否熟悉各種交通標誌，以及能否按照他的指令行車。然後，又上高速開了五、六分鐘，就從出口出來。最後，考官在考試表格上填寫我的成績，除了三處略有瑕疵外，其他項目表現良好，順利過關。一個禮拜之後，駕照就郵寄到信箱中。

有車，有駕照，就有無限的自由。在美國，車意味著自由，車就像牛仔時代的馬，讓人的活動半徑大大拓展。開車是一件快樂、便捷、自由的事情，開車上路，經常遇到有趣的人和事。

無論自然風光，還是歷史遺跡，乃至兩者兼而有之，北維州堪稱美國最美的地方。

要看自然風光，往南驅車半小時，可看到鼎鼎大名的藍嶺山脈，其中有東岸最大國家公園——仙納度公園，更有連綿不絕的農莊、馬場、葡萄園、蘋果園、酒莊；往北驅車半小時，就是波多馬克河及本地的「大瀑布」——雖比不上尼加拉大瀑布那麼壯觀，但周邊可健行、攀岩、漂流，喜歡山水的人處處可見驚豔之美景。

要看人文和歷史經典，半個小時可驅車進入華府，白宮、國會山莊、華盛頓紀念碑、傑佛遜紀念堂、林肯紀念堂、潮汐湖、韓戰紀念碑、越戰紀念碑、二戰紀念碑和世界四大博物館之一的史密森學會博物館系統（若干博物館全皆免費參觀）可看個夠。

若不想承受都市的喧囂，則有若干歷史小鎮及景點可遊覽。華府近郊的喬治城、亞歷山卓鎮，比之歐洲古鎮的富庶優雅毫不遜色；更遠一些，有像米德爾堡這樣更具鄉村風味的小鎮，它被譽為「美國馬術之鄉」，甘迺迪家族在此地有莊園，甘迺迪與賈桂琳生前多次來此練習馬術；再遠一些，兩個小時左右車程，可到維州首府里奇蒙、更古老的首府威廉斯堡

（全部按當年殖民地時代的風格重建，威廉瑪麗學院與城市融爲一體），以及北美最早建立的殖民地詹姆斯敦的遺址、獨立戰爭中決定性的約克鎮戰役發生地約克鎮等處。若是極喜歡訪古又喜歡泡湯，兩個多小時車程則可到傑佛遜當年最喜歡的溫泉鎮。我是歷史愛好者，喜歡居住在有歷史感的地方，美國雖不是千年文明故國，但短短數百年的歷史，亦有曲徑通幽、五彩繽紛之美。

每到週末，我們一家通常會安排郊遊。我最享受的就是與家人一起郊遊的「獨樂樂」，不需要呼朋引伴、喧鬧叫囂，更不需要萬眾矚目、富可敵國。在此意義上，我天生就是一個美國人。我們的郊遊，可尋訪歷史之幽微，亦可欣賞自然之幽靜。維吉尼亞被稱爲美與愛的原鄉，名副其實。

妻是旅行達人，很會尋覓好玩的地方。比如，她使用一個名爲 AllTrails 的 APP，收錄有全球超過十萬條公共步道，在我們車程一小時之內就有數十條，且詳細標註路線、特色、路程、行走難度等。我們挑選的步道，或爲可釣魚的巨大湖泊，或爲充滿嶙峋怪石的石山，或爲沿著河流蜿蜒曲折的河邊小徑，或爲古木參天、百鳥爭鳴的原始森林。大部分地方不需要門票，若需門票（如國家公園或州立公園），也就一部車幾美金（按車而非按人收費）。我們通常在家準備涼麵或炒飯等簡單食物，到野外找有座椅的地方，或在草地上鋪上餐布，在青山綠水之間就餐。很多公園提供免費的烤肉架等設施，供遊人烤肉之用，遊人用完後須自行清理乾淨，我們偶爾也會來一次烤肉大餐。重要的不再是餐點本身，而是風景和心情。人來到大自然中，神清氣爽。美國沒有提供餐飲服務的「農家樂」，美國人大都不講究飲食之豐盛，出遊的重點在於增進家庭關係和親近自然。在這些地方玩一天，有時不需額外花費一分錢。也有不少美國家庭選擇在野外露營，露營地提供水電，一個車位僅收取數美金。美國的山水基本保持原始狀態，沒有中國名山大川中隨處可見的醜陋廟宇和糾纏不休的攤販。我們在人跡罕至的步道上，走兩、三個小時不會遇到一個路人，彷彿整片森林都屬於我們一家。此時，我想到在北京時，每年去西郊香山看紅葉，熙熙攘攘的遊客比紅葉還多。我偶爾看到中國遊客發在社交媒體上的照片：五一、十一長假時，著名景點摩肩接踵、水洩不通，幾十萬人在西湖中洗腳，西湖早已臭氣熏天。

很多中國人早已習慣喧囂，反倒不能享受幽靜。很多來自中國的新移民，覺得美國是「好山好水好寂寞」，沒有飯局、酒局、卡拉ＯＫ、麻將、洗腳房等「中國式娛樂」。我有一位朋友，移居美國二十年之後，爲妹妹、妹夫辦理依親綠卡，排隊十年，妹妹、妹夫終於到了美國。來了不到三個月，他們受不了美國的寂寞，埋怨哥哥、嫂嫂將他們騙到這個「無聊」的地方，很快放棄綠卡回中國了。人與人何其不同，你以爲的迦南地，他卻看作是無聊鄉；你以爲的爛泥潭，他卻看作是洞天福地。

開車旅行，是美國重要的娛樂方式。美國是一個車輪上的國家，國土廣袤，高速公路四通八達，服務設施相當完善，一路餐飲、購物、住宿、加油等都不是問題，非常適合開車旅行。絕大多數高速公路都不收費，因爲高速公路本來就是用納稅人的稅金修建的。只有少數由地方投資的公路收費，大都只收取數美元。

美國也許是世界上路況最好的國家。旅行作家保羅·索魯說：「在美國旅行是如此的一派輕鬆。」英國作家奈保爾也說：「這片土地遼闊而多變，部分地方還有野性。但幾乎每個地方都被打造得整齊劃一，讓旅人易於造訪。」大部分高速公路如此相似，尤其是路邊的加油站、快餐店、咖啡店、便利店和購物中心，大都千篇一律，無論哪裡都是那幾家全國統一的品牌——這是現代化帶來的最負面影響，它消滅了各地的在地風格。美國的政府模式是聯邦制和地方分權，但殼牌石油、麥當勞、肯德基、星巴克和沃爾瑪等連鎖巨頭卻在商業上完成了某種形式的「大一統」。

美國各州公路的限速有所不同，一般高速公路是每小時七十英里上下。大部分州不允許警方設置自動測速照相機（這種方法侵犯公民隱私），偶爾有警車停在路邊人工測速，若發現超速，警察會驅車鳴笛跟上來，這時你就得乖乖靠邊停車等待警察開罰單了。

我有幾次與警察（公路巡警）打交道的經歷。有一次，我和妻子到華府開會回來，已是晚上，不知怎麼走錯了路，無法開上常走的六十六號公路。我們將車停在路邊，打著雙黃燈，埋頭用最原始的方式找路——看地圖。這時，一輛警車停在後面，閃著警燈，鳴著警笛，我們頓時心中緊張，不知哪裡違規了。警察走上前來問：「你們遇到什麼麻煩了？」妻子回答說，我們迷路了，不知怎樣駛上六十六號公路。這位年輕的白人男性警察微微一笑說：「我帶你們一程，你們只管跟著我。」他在前面開，我們緊緊跟上，這是我們平生唯一一次有警車開道的威風經歷。警察將我們帶上六十六號公路，打開車窗揮揮手，就從下一個出口駛出，絕塵而去。

還有一次，我們去農場摘了幾大袋蘋果回來，快到兒子放學的時候了，我加速往回開，一邊開車邊跟妻子聊天，不小心超速了。路邊一輛警車測到我的車速，立即亮燈鳴笛追上來。在美國遇到警車在後面亮燈鳴笛，一定要減速、打燈、在路肩上慢慢停下。停下後，將車熄火，坐在座位上不動，搖下車窗，將手放在方向盤上，讓警察看到你的手。美國是一個人人可能有槍的國家，警察在執法時害怕遭到槍擊，必須要讓警察感到安全。警察走上前告知：「你們超速了，要開罰單。」他拿過我的駕照和行照，正要開罰單，突然天上下起傾盆大雨。這裡是馬納薩斯——維吉尼亞有名的「雨城」，不到半分鐘，警察被淋得睜不開眼睛，趕緊將證件還給我，匆匆說了一句：「今天放你一馬，下不為例。」然後，就跑回警車開走了。

有一次，我沒有逃過罰單——那是在華府市內，華府的警察一點也不友善。那次我去參加圖博人組織的抗議活動，在憲法大道上行車，看到紅燈亮，立即停下來。但躲藏在路邊樹木後的警察突然出現，走上前來就要開罰單。我說我沒有犯錯啊！警察讓我下車來看車輪，這才發現車輪壓到一點人行道的白線，這在其他地方不能算是違規，在華府卻要被開一百元罰單。後來，我聽朋友說，華盛頓特區的財政早已破產（跟美國其他大城市一樣，市中心的很多區域已沒落破敗，非裔居民佔多數，歷屆市長都是非裔，實行左派福利政策，經濟一塌糊塗），交通警察背負著每天要開多少張罰單的任務，他們的工作不是維持交通安全和暢通，而是將開罰單作爲生財之道。這樣的警察，未免喪失了職業道德和尊嚴。

我在美國出過兩次車禍，幸運的是，車雖受損，人卻沒事。一次比較嚴重，是剛到美國的第二年，早上我送兒子去幼稚園，在一個需要掉頭的路口，看到黃燈就想搶著過去，結果一輛直行的車衝上來撞到我的車右側，將右邊後車門撞得完全變形，幸虧我開的是七人座的豐田休旅車 SIENTA，車身較重，沒有被撞翻。對方的車也撞得引擎蓋掀起來，駕駛座的安全氣囊彈了出來。萬幸的是，我們都毫髮無損，兒子坐在後座左邊的汽車座椅上，驚訝地問：「怎麼啦？」我驚魂甫定，一時間說不出話來。

附近正好有一輛警車，一分鐘不到就開過來。警察亮起警示燈，封鎖這條車道。警察先走過來詢問我們是否受傷，需不需要去醫院，我回答我們沒事，不需要去醫院。跟我們相撞的那位女士，大概受到安全氣囊衝擊，感到不舒服，打電話叫了救護車。五分鐘後，救護車開來，將她送去醫院。

警察隨即聽我講述車禍情況，也簡單觀察車輛撞擊狀況，然後說：「按照交通規則，掉頭的車要讓直行的車，所以這起事故是你要負責，要開一張兩百元罰單。然後你們雙方聯繫保險公司解決修車的事情。」我點頭表示服從，在罰單上簽字。

警察讓我開車離開，而拖車公司也很快來將對方的車拖走。整個事故，警察只花二十分鐘左右就解決了。事故雙方也只打了個照面，沒有出現中國常見的彼此咒罵乃至肢體衝突的難堪場面。警察負責事故責任釐定，保險公司負責修車費用，當事雙方不必赤膊上陣。

當然，事後聯繫保險公司、到指定的修車廠修車等，忙了好幾天才算一一搞定。美國修車的速度相當緩慢，我們換車門就花了一個多月時間。

這次車禍給我一個很大的教訓：開車一定不能急、不能搶，寧可慢一點，一定要確保行車安全。

還有一次是輕微的車禍，完全是對方的錯。我和妻子去郵局寄書，然後準備從停車場開車離開。突然，前方有一輛車猛地倒車，我看到此情形，趕緊停下，但已來不及，對方倒車太猛，且根本不看後視鏡，一下子就撞到我的車的右前方，將車頭撞得凹進去一塊。

對方是一位中年華裔女性，下車就指責我們說：「你們怎麼不按喇叭提醒我？」我回應說：「我的車已停下來沒有動了，是妳倒車撞到我們的。」她又說：「那我們各自找保險吧！不必叫警察了。」我說：「我要請警察來開事故通知書，釐清責任。」

妻子隨即打電話報警，警察五分鐘之內就趕到。看到警察來了，對方對警察說：「是他們撞到了我！」我們將當時的情況告訴警察，並且說郵局內有目擊者。幸虧那天為我們辦理郵寄手續的正是我認識的一位華裔工作人員，她走出來在警察面前作證。

警察勘定現場情況，開出事故說明，認定是對方的責任，對方啞口無言。但對方的謊言並未結束。在雙方保險公司交涉過程中，對方跟我的保險公司說，是我的責任。保險公司轉過來問我情況時，我提交了警察的事故說明，上面有雙方的簽字，一切才眞相大白。

這次事故讓我深深感歎：很多中國人的生活是由謊言編織而成的，到了美國也改不了這個習慣。只要對自己有利，不惜在任何事情上說謊，即便是很容易被揭穿的、拙劣的謊言，還是忍不住試一試。

總體而言，在美國開車是比較安全的。我們在美國居住的時間越長，開車出遊的距離就越遠，在假期一家人開車出遊，橫跨大半個美國亦非難事。我的夢想之一是開車走遍美國的五十州和六十三個國家公園，十年來，我已去過三十多個州和二十多個國家公園，或許再花二十年，就能實現這個夢想。

穿衣記簡

我是個對穿著打扮不甚講究的人，來到穿著打扮最隨意的美國，就更自由自在、一切從簡了。

日本作家村上春樹在普林斯頓大學擔任訪問學者時，感歎這所常春藤名校的學生的穿著全都一塌糊塗：「鬆鬆垮垮的T恤加一條牛仔褲，沒有褲線的粗布褲，大約一年沒有洗的輕便運動鞋——就這副打扮在地上橫躺豎臥……。女孩也不化妝，頭髮只是隨便往下一披，或紮個麻花辮。幾乎沒有人打扮。」這種情形跟日本堪稱天壤之別：「若把他們領進學生們無不打扮得漂漂亮亮、整整齊齊的日本大學校園，篤定慘遭周圍冷眼。」他說得沒錯，從美國和日本的大學生穿衣打扮的差異，可看出這兩個民族不同的民族性格。

在美國生活久了，我觀察到，美國無論男女老少、一年四季百穿不厭的，有兩種「國民服裝」：一種是T恤配大短褲（或牛仔褲），一種是套頭衫配緊身運動褲（後者在熱愛健身的女士中尤其流行，以前只是在健身房穿，近年來在大多數場合都能看到）。

歐洲人（也包括中國人和日本人）有「人看衣裝」的習慣，在美國通常不會遇到這個問題。那些富可敵國的科技新貴，偏偏要耗費重金將自己打造成穿著隨性、不修邊幅、鍾意另類美學的人物，比如賈伯斯從來都是黑色圓領T恤和毛衣，好像永遠沒有換過衣服——但這些看似不起眼的衣服，都是日本設計大師三宅一生專門爲其設計的精品。賈伯斯是刻意爲之，一般美國人則確實不分四季亂穿衣——美國人家中永遠四季如春，冬天開暖氣，夏天開冷氣，剛關了冷氣就開暖氣。環保分子口誅筆伐，但自己在家中仍是如此。

儘管村上春樹覺得美國人穿得太隨便，卻也享受這種輕鬆自在：「我來美國後幾乎沒有在衣服方面花錢。而在義大利的時候，由於街上男女老少全都精心打扮，爭奇鬥豔，我也相應地跟著注意起衣著來了，搭配衣服的顏色，習慣性地考慮『今天去哪裡、那裡該穿什麼衣服』。有句格言說『在羅馬就要像羅馬人』，的確如此。可是來到美國就無從談起了，幾乎不考慮什麼衣著，每天只要悠悠然把放在那裡的東西適當穿上一件即可。不過說老實話，再沒有比這更開心的了。我這人本來就怕麻煩，與這樣的生活一拍即合。」其實，村上春樹及其作品，都不太日本，而很美國。我也如此，就連穿著打扮上，我都很喜歡和完全適應了美國風格。

以我家兒子的穿著爲例，他的穿著方式，是美國青少年的典型。兒子心思單純，不是那種愛打扮的孩子，不喜歡穿有領的衣服（比如正式的襯衫），夏秋永遠是圓領T恤，冬春在外面套上連帽T恤。兒子也有自己鍾意的品牌——安德瑪（Under Armour，縮寫UA），品牌名稱原意爲「藏身在鎧甲下」。這是一家美國本土的運動用品公司，一九九六年創建該品牌的普朗克，原本是馬里蘭大學美式足球隊的隊長，美式足球隊員球衣的排汗問題，一直是他的苦惱。他親自設計並委託廠商製造了一種讓球員穿著更舒適的球衣，也把新式球衣給籃球隊員、曲棍球隊員（包括他的曲棍球員女友）試穿，受到運動員們的好評。他耗盡了一萬六千美金積蓄，一度身無分文，最終創立了這個在美國家喻戶曉的運動衣品牌。兒子偶然穿了一次後，覺得非常舒服，以後就要求我們給他買這家的衣服。而且，他喜歡的硬派動作明星巨石強森也常常穿安德瑪的衣服，簡直就是這個品牌的代言人。

受兒子影響，我知道了這家美國品牌的運動服，去健身房運動時，也穿這家的 T 恤。在跑步機上跑五、六公里，大汗淋漓，前胸後背都濕透，卻很快就乾了，不像別的品牌的運動衣，被汗浸透之後貼在身上，很不舒服。十三歲的兒子已人高馬大，略略比我高，每隔半年衣服就要換一批，現在變成我撿他穿不下的衣服來穿。

美國人大都穿著隨便，只要不是政府工作人員或諸如銀行、保險公司員工，以及參加正式會議和活動（如婚禮、葬禮等），一般都不需要西裝革履、軒然霞舉。一般大眾都到好市多等超市購買沒有個性特色卻耐用的衣服，有一些牛仔褲和厚襯衫是專門供幹活時穿的。美國人下班後喜歡做的事情是在院子裡養花種草、澆水施肥，這時，人人都是一副藍領工人打扮。很多有錢人將這些工作外包給拉丁裔工人，但更多人寧願自己動手，不是爲省錢，而是樂在其中。我在常春藤大學的教授住宅區，親眼見過諾貝爾獎得主穿成園丁模樣在院裡幹活。我的一位朋友，鄰居是國防部長，他說部長先生常常在週末穿著沾滿泥巴的牛仔褲和格子襯衫，在院子裡滿頭大汗地剪草。

美國人不講究穿著，但對在什麼場合穿什麼衣服，亦有約定俗成的一套規矩。比如，在健身房運動或在野外健行、攀登，必然穿著專業運動服，不會像某些華人那樣穿著皮鞋和西裝登山。比如，若是正式的會議和宴會，人們穿正式服裝出席，不會像某些華人那樣還是家常便服。穿著得體，既是指自己穿得舒服，又是指適應周圍的環境、尊重他人。

剛到美國第一年，我有幸榮獲「公民勇氣獎」，應邀赴紐約出席盛大的頒獎典禮。主辦方邀請函上明確標註，需要身穿有打「黑色領結」的正式服裝（女士則是長禮服）。以前，我在中國穿日本品牌的西裝，比較適合亞洲人單薄的身材。到了美國，就要挑美國品牌的西裝，美國品牌的西裝中，適合亞洲人體型的款式是布克兄弟（Brooks Brothers）。這家店是村上春樹的最愛，「只要一進這家店，就喜不自勝……實際上也曾一口氣買了許多回來」，他形容店裡的員工是衣裝筆挺的老紳士，講一口新英格蘭英語，更像是哈佛大學教授，讓他誠惶誠恐，「到底是原產地厲害，和日本西服店的夥計就是不一樣」。

妻子和我一起去暢貨中心的布克兄弟專賣店選購服裝。我們不是富貴人家，不會買昂貴的原價商品。在暢貨中心，即所謂的「名品折扣店」，有時能找到只有兩、三折的過季商品。我們果然順利挑選到一套介於普通西裝和燕尾服之間、較為正式的「黑色領結」西服，包括襯衣、領結、上衣、褲子，一整套不到一千美金——這是我有生以來最貴的衣服。我穿著這套服裝前往紐約領獎，倒也衣冠楚楚、榮辱不驚。所謂人靠衣裝，也有一定道理，尤其是西裝，能將人襯托得精神抖擻。

後來，我查閱布克兄弟這個品牌的歷史，發現它果然跟大學有關，是美國知識分子、教授乃至總統的最愛。它誕生於一八一八年，當時四十五歲的 Henry Sands Brooks 在紐約開設了一家西裝店，打造成衣西裝——Ready-to-Wear，顧名思義是「準備好了隨時穿」。在此之前，服裝店通常只提供訂製西裝，客人到店之後，裁縫現場測量客人的身高體長等數據，按照客人的身材製作，這樣需要等候數週乃至數個月，價格亦相當昂貴。布克兄弟首創提供成衣西裝，依據大眾版型製作出一系列尺碼、樣式、顏色的西裝，供不同體型和喜好的顧客挑選。當時，美國開始西進運動，人們急著上路，不願等待，這種成衣西裝遂大受歡迎。一八五〇年，布克兄弟開始採用沿用至今的品牌標誌——一隻被吊起來的金羊，它源自古希臘神話故事，象徵財富、不屈不撓的意志、理想與幸福，跟美國人開發西部的熱潮不謀而合。

布克兄弟的另一個傳奇是開創了常春藤學院風（Ivy style）。一九五〇年代，常春藤的學生們爲了擺脫嚴肅刻板的西裝裝扮，創造出新時尚，穿著偏向休閒風格的西裝和襯衫。布克兄弟迎合此種風氣，推出自然肩形的襯衫和西裝，線條柔和，方正無收腰，肩部與胳膊處的線條自然，便於活動，更具隨性感，很快成了常春藤學子的理想制服。當常春藤學子成爲社會中流砥柱之後，將這種穿衣風格帶到主流社會。美國歷史上有一大半的總統穿著布克兄弟的西裝出席就職大典，林肯是它的忠實粉絲，在就職典禮上穿著一件繡有「同一個國家，同一個命運」文字的布克兄弟訂製大衣發表演說。

這些年來，我逐漸愛上布克兄弟這家店。我是宅男，在家寫作，很少外出參加派對活動或學術會議，只要有兩三套正式服裝就夠了，卻需要更多襯衫，襯衫一年四季都可穿，冬天在外面套毛衣即可。我大概有十多件布克兄弟的襯衫，多半是淺藍色，或為純色，或有細紋細格，傾向簡潔而儒雅的風格。每年從感恩節到聖誕節前後的折扣季，我和妻子都會去逛暢貨中心，在那裡往往可以買到價格不到三十美金的布克兄弟襯衫，還曾花不到兩百美金就買到三折的蘇格蘭產純羊毛毛衣。近年來，他們的衣服有很多變成中國製造，凡是中國製造的我都不買，即便稍貴一點，我也寧願買馬來西亞、越南、印尼、印度、約旦等國生產的。

新冠病毒肆虐以來，政府部門、公司行號的員工大都在家上班，不必身穿西裝革履出門，家居的運動服和睡衣銷量大增，像布克兄弟這樣的西服店則遭遇滅頂之災。我在新聞上看到這家兩百年的老店支撐不下去，宣布破產。幸好破產不意味著關門大吉，只是資產重組，疫情稍稍緩解，我與妻子出門逛街，發現其店鋪仍然開張，遂進去買了幾件襯衫，以示支持。

除了較為正式的布克兄弟西裝和襯衫之外，我更常穿的是各類運動衣和運動鞋，日常家居，不必講究。兒子穿過的安德瑪運動衣和運動褲，有的只穿幾個月就穿不下，我撿過來穿。夏天大都穿短袖T恤，我比較喜歡穿Ralph Lauren的（該品牌的發明人曾是布克兄弟專賣店店員，其設計風格深受布克兄弟影響），冬天再加一件套頭衫，若嚴寒的大雪天外出，就再加一件毛呢大衣或羽絨外套。

我也喜歡穿Levis的牛仔褲，在中國動輒上千元一件，在美國遇到折扣季，三、五十美金就能買到一條，可穿若干年。牛仔褲眞是服飾史上諾貝爾獎級別的發明，無論男女老少、高矮胖瘦，都能上身。

至於鞋子，我大致有四種不同場合穿的鞋子。第一種是在正式場合穿的皮鞋，我比較喜歡愛步（ECCO），這是一家丹麥品牌，標榜「舒適、耐用、經典」的北歐風格。我有兩雙他們家的牛津皮鞋，一雙黑色，一雙棕色，穿了五、六年，依然像新的一樣。

第二種是平時穿的運動鞋，我不太喜歡耐吉（Nike）和愛迪達（Adidas）等在美國人人都穿的品牌，我喜歡一家相對小眾的日本品牌亞瑟士（ASICS）。它號稱世界四大慢跑鞋之一，其英文名字是拉丁語名言「Anima Sana in Corpore Sano」中每個單詞第一個字母組成，意思是「健全的精神寓於健全的體魄」。我有兩雙藍色亞瑟士運動鞋，一雙較厚的冬天穿，一雙較薄的夏天穿。在中國相當昂貴的亞瑟士，在美國的暢貨中心，只花三到五十美金就能買到。

第三種是更專業的跑步或登山、健行的運動鞋。雖然亞瑟士素有跑步鞋之王的美譽，也是很多馬拉松選手的專用鞋，但我在健身房跑步或登山、健行時，卻喜歡穿號稱美國戶外運動第一品牌的邁樂（Merrell）。在健身房跑步機上慢跑或快走，我穿一雙邁樂輕便慢跑鞋；在戶外健行或登山，則穿一雙看似笨重、卻在登山時相當給力的邁樂登山鞋。邁樂是一家美國本土品牌，由專門製作牛仔靴的鞋匠 Randy Merrell 於一九八二年創立。它最初的設計注重穿著時的舒適感，包括寬而高的鞋背高度、寬鬆的腳趾區域與舒適的鞋跟等，創立之初便獲得眾多登山者肯定。隨後，邁樂不斷使用各種創新科技，獲得專利的製鞋技術與多種新式材質，來提高登山鞋穿著時的舒適度及穩定支撐性。我的戶外運動都是低難度的，但一定要有好鞋子來保護雙腳。

第四種是冬天可在雪地穿的 UGG 雪靴。這家澳洲品牌的雪靴，是我穿過最暖和的靴子，在冬天大雪紛飛的北維州，有這樣一雙靴子，即便在雪地上行走亦很暖和。可惜，近年來，這家的靴子大部分都是中國製造，要找一雙澳洲製造很難。若澳洲與中國關係繼續惡化，UGG 將工廠轉移回澳洲，成爲眞正的澳洲品牌、澳洲製造，我會更支持他們。不過，若以後搬家到溫暖的南方，大概就用不上這種雪靴了。

我們家，我和兒子兩名男性，在穿衣上的開銷很少，妻子則自有其穿衣打扮的美學和哲學，一言以蔽之，「清水出芙蓉，天然去雕飾」。美國的服飾，對妻子而言，過於濃妝豔抹、色彩斑斕，妻子喜歡黑白兩種沉靜內斂的色彩，最多再加紅色。她欣賞的美國服裝品牌不多，心儀的多半是英國和歐洲的一些小眾品牌，不昂貴，不奢華，卻雅緻而婉約。我一向相信，成功的男人不是自己穿金戴銀的男人，而是讓妻子穿得漂亮的男人。

我不是時尚人士，卻也發現，近些年來，一種「以醜爲美」、卻符合「政治正確」的時尚文化，逐漸在美國社會佔上風。時尚雜誌上，充斥著種種不堪入目的模特兒和服裝，白人俊男美女變得「眾裡尋他千百度，那人卻在燈火闌珊處」——白人多了，會被說成是種族歧視。但我偏偏就是「政治不正確」，就喜歡看金髮碧眼的白人俊男美女。然而，即便是好萊塢頂級明星，年輕一代中再沒有像克林·伊斯威特那樣「雄姿英發，談笑間，檣櫓灰飛煙滅」的英俊男兒。若以總統而論，如村上春樹所說，當年甘迺迪舉手投足、穿衣打扮都擁有「無風海濤般的傳播力」（其實，雷根更配得上這個美譽，而且越老越有味道），而如今的柯林頓，「西裝倒好像高級，可就是給人一種『被衣服穿』的感覺」。那麼，美式服裝、著裝風格影響力的衰退，是否同美國體制自信的衰退有關呢？這是村上春樹的問題，也是我的問題。

看病記難

在美國生活十年之後，我對美國社會不再全然是肯定和讚美，更願意用邱吉爾「民主是最不壞的制度」的名言來定義美國：地上沒有烏托邦或天堂，美國只是一個最不壞的國家和社會而已。美國社會存在諸多難以解決的結構性問題，最大的、與民眾生活息息相關的難題之一是醫療及健保深陷泥潭，美國民眾在這一領域的付出和得到的服務，與作為超級大國的美國身分完全不符。美國政府歷屆動輒花費數萬億美金打一些不該打的仗，卻不願認真解決國民的醫療和健保問題。

美國有世界第一流的醫院、醫學院、研究機構和藥廠，但美國普通人的看病難和看病貴卻愈演愈烈。我經常在媒體上看到病人的種種抱怨：比如，病人打通九一一急救電話，日後收到數萬美金的天價帳單，足以讓一個中產家庭破產；比如，病人在醫院急診室等候數小時，疼得死去活來，卻始終無人過問，醫生搶救的速度比不上傷口自行痊癒的速度。

我妻子的一位好朋友，在家做飯時不小心切傷食指，傷口很深，血流不止，她到醫院急診室等了一兩個小時才得到簡單的包紮處理，一個月後收到一張數千美金帳單。她先生是一位牙醫，歎息說：「當時你還不如直接到牙醫診所來，我給你做類似的處理，一分錢都不用花。」

感謝上帝，我們一家到美國十年，沒有人得過大病、住過醫院。美國沒有台灣那種遍布大街小巷的小型私人診所（各個專科都有），病人隨時可去看病並立即拿到藥。我們若有小病小痛，一般透過三種方式處理：第一是家庭醫生。當我們買了醫療保險之後，就會按照保險公司提供的名單，挑選一位家庭醫生，感冒發燒和日常體檢之類的，約家庭醫生看診即可解決（若病情相對嚴重，需要先由家庭醫生診斷，再將病人轉給專科醫生）。但家庭醫生必須電話預約，而且很可能約到好幾天以後。有時，自己到超市買一點非處方藥服用，或許還沒等到跟家庭醫生預約的時間，就已然痊癒。我們的家庭醫生是一位來自台灣、執業三十多年的醫生，她擅長兒科，我們剛到美國時，孩子還小，選家庭醫生就以給孩子看病爲主。她慈眉善目，給孩子看病很有耐心。家庭醫生看診之後，通常會開出藥方，電話通知我家附近的某個藥房，我們可過去取藥。美國的醫和藥是分離的，不會有中國的醫院和醫生收取藥廠鉅額回扣的弊端。

第二種是牙醫。在美國，牙醫是獨立於普通醫生之外的一種專門醫生。牙醫是每個人都離不開的、時常都會接觸的一種醫生。美國人十分重視牙齒健康，將近一半的小朋友從小就定期看牙醫、戴牙套矯正牙齒，美國人大多是一口整齊潔白的好牙。從國民的牙齒上，就可以看出發達國家與發展中國家的巨大差異。我小時候，從來沒有聽說過戴牙套矯正或洗牙的事情，身邊很多同學的牙齒都參差不齊。後來，在大學時代，有智齒長出來，我去醫院的牙科拔牙，先後拔掉四顆智齒，這是我首次去看牙醫。到了美國之後，我患過牙齦發炎、孩子蛀牙及全家人定期洗牙，都需要看牙醫。美國多數醫療保險不包括看牙醫的費用（一些政府機構和福利待遇極佳的公司的醫療保險才會無所不包），看牙的費用相當昂貴。幸虧我們認識了一位牙醫朋友，每次預約時間或收費都對我們予以照顧。

第三種是急診。急診又分爲兩種。第一種是大醫院附設的急診，通常處理大問題。但這種地方病人很多，往往等待就需要一兩個小時。只有九一一救護車送到醫院血肉模糊、慘不忍睹的病人能立即得到醫治（如車禍受傷者），其他病人的看診慢如蝸牛。有一位朋友胃病犯了，痛得不住呻吟，急診的醫生卻請他先塡一張疼痛指數的單子，一看他還不是頂級疼痛，又將他晾在一邊。更可怕的是，看這種急診，費用是一般看診的幾倍乃至幾十倍，即便只是給病人作個簡單的檢查，什麼藥也不開，病人也可能會收到數百乃至數千美金帳單，眞是啞巴吃黃連，有苦說不出。很多人都告誡說，除非有生命危險，否則盡量不要到大醫院的急診部看病。

另一種急診是緊急護理中心（Urgent Care, UC）或急診室（Emergency Room, ER），它們比醫院的急診室收費低廉，也能更快得到處理。兩者都無須預約，直接走進去掛號即可看診。前者處理小病痛，後者處理稍嚴重一些的問題。

我們家附近的緊急護理中心，服務較好的是一家是 Patient First（病人第一），這是一家連鎖診所，創立於一九八一年，目前在美東的大西洋中部地區（維吉尼亞、北卡、華府、馬里蘭、賓州等）有七十六間診所。我們原來住在蓋恩斯維爾市時，我們社區旁數百米外，就有一家新開張的 Patient First。

Patient First 的官網上說，其願景爲：盡可能方便且經濟高效能地爲病人提供優質的醫療服務，一年三百六十五天每天開業，聖誕節和感恩節也不休息，每天從上午八點開放到晚上八點。患者可隨時到診所掛號看病，除非患者需要聯繫特定的醫生看診。這家診所現場提供 X 光檢查、醫學檢驗和處方藥，接受大部分醫療保險計畫，收費遠較大醫院的急診便宜。

兒子得過兩次流感，都是在學校被傳染的。有一次，他上三年級時，本來學校次日安排他們年級的學生錄製一段唱國歌和美國鄉村歌曲的影片，傳給在伊拉克的美軍士兵作爲禮物，結果前一天學校流感爆發，這個年級一半以上學生得了流感，請假在家。流感來勢洶洶，兒子發燒且嘔吐，我們打電話給家庭醫生，要到兩天後才能看診，我們就去 Patient First 看診。先填個人資料，掛好號，在等候區等半個小時，護士帶我們入內，給孩子驗血、驗尿，確定是流感後，醫生再開處方藥（其實就是在中國可自行購買的非處方藥阿莫西林（Amoxicillin），但美國對抗生素類的藥物管控很嚴，必須要有處方才能購買。兒子服用幾天後，就恢復了健康。一個月後，我們收到的帳單是一百美金左右，大部分由保險支付。

但有些情況下，看此類急診的方式亦不管用。有一次，我在院子裡剪草，或許是皮膚過敏，或許是被蟲子咬了，渾身很多地方長出紅色斑點，奇癢無比，晚上睡覺都睡不著。忍受了兩天，愈來愈嚴重，決定去 Patient First 看診。那天，病人很多，等了一個多小時，發現前面還有十多號，就決定離開，自己去亞洲超市買膏藥塗抹。我買了三種不一樣的膏藥，輪流塗抹，發現其中一種效果頗佳，塗了五天左右，就漸漸痊癒了。每種膏藥大約五美金，只花了十五美金就治好了皮膚過敏。後來，我在臉書上抱怨看病難，有很多朋友亦有同感。一位在加州的華裔教授告知，他有一次在院子裡幹活後皮膚過敏，去一家緊急護理中心，醫生先讓他抽血化驗，然後回家等待結果，什麼藥也不開。無奈之下，他去超市購買膏藥自行塗抹，幾天後就痊癒了。但一個禮拜之後，他收到診所寄來的化驗結果，列出他的幾十種過敏源；一個月之後，他收到數百美金的化驗費用帳單，讓他哭笑不得。

在美國，與看病難成反比的，是醫療保險費用奇高無比。我們到美國時，歐巴馬正在大力推廣所謂「平價醫療」法案（即「歐巴馬健保」）。妻子在教會工作，很多華人教會不願爲工作人員購買醫療保險，只提供微薄的保險補助。我們自己購買保險，第一年一家三口買最便宜的保險，每月需六百多美金——保險公司支付的門檻爲每人五千美金，也就是說，五千美金以下的醫療費用需自付，五千美金以上才由保險公司支付。這種保險在中國被稱爲「大病保險」，對普通疾病毫無幫助。即便如此，此後幾年，這項保險每年上漲超過一百美金，很快漲到每月一千美金，超過我們家每月的食品開支，成爲最大的一筆負擔。

其實，我們根本不需要買這種保險，但「歐巴馬健保」要求所有人都必須買保險，如果沒有買保險，則要加以處罰。另一方面，「歐巴馬健保」限制保險公司跨州經營，每個州的醫療保險都被一家或兩三家公司壟斷，缺乏自由市場競爭，保費自然一路上升，消費者成為任人宰割的羔羊——因為你根本沒有那麼多選擇。

二〇一六年，川普在競選中猛烈批評「歐巴馬健保」。我聽到川普在該問題上的闡述後，發現他是一位頭腦清楚、對問題切中肯綮的明白人。川普說，每次想到民主黨將「平價醫療」法案強迫推銷給病人，他就氣到不行。大眾很顯然不了解「歐巴馬健保」提供的是什麼，它很複雜，號稱要為全體美國人提供優質的健保服務（尤其是兩三千萬沒有醫療保險的美國人），但實際上向保險業遊說團體讓步；它搶走民眾繼續找目前的醫生看病的權利，還隱藏了健保讓各州財政部和私有企業、個人負擔逐漸加重的事實。而且，年輕健康的人不想買保險還得繳一筆罰款，這是對公民自由的嚴重侵犯。川普將其稱為是「一場災難」和「一場騙局」。

川普不單單是批評者，而且是問題的解決者。我仔細聽了他的解決方案，覺得他不是那種誇誇其談、口是心非的政客，而是有能力解決問題的務實者。川普說，他不會縮減原有的社會安全保險和聯邦醫療保險，而是廢除那些限制保險公司跨州經營的法規，讓人們和公司可以跨州購買最適合他們的保險方案，政府不應該再介入，應該讓保險公司為了做生意而好好競爭，市場競爭才能讓價格降低。他短短幾句話就戳破了「華盛頓沼澤」的眞相：

你猜猜看，誰最喜歡缺乏競爭的市場？保險公司。他們賺進大把鈔票，就是因爲他們控制了政客；政治獻金就是這些保險公司的成本，對他們而言這是筆划算的投資，對我們的國家而言就不是這麼回事了。幾乎所有的政客都收了保險公司的錢，但我用的是我自己的錢，所以我可以自由選擇正確的道路；我服務的不是遊說集團，而是人民。

聽到這段演說，我對川普刮目相看。那一年，我還不是美國公民，若我是美國公民，一定投票給他。我認同川普，是因爲我有眞實的生活體驗，我對高昂的醫療保險費用和低劣的醫療服務感到極端不滿，而川普是唯一說出像我這樣普通民眾心聲的「華府的外來者」。

歐巴馬的全民平價醫保計畫，是嘴巴上說盡好話，實際上卻幹盡壞事。他說他的初衷是幫助窮人，實際上卻是讓政府和掌權者肆無忌憚地干預民眾的生活、剝奪民眾的自由選擇權，然後爲保險公司和政府官員提供更多的腐敗機會。比如，其健保計畫推出後，歐巴馬政府將健保網站發包給一家加拿大網路公司，這家公司的老闆是歐巴馬的同學。這家公司耗資數千萬美金製作的網站，上線不到幾個小時，就因爲註冊用戶太多而崩潰，然後延宕好幾個禮拜才勉強重新上線。據同業披露，這樣的網站，若在美國國內公開、公平地招、投標，只需要五分之一的費用就能做得很好。類似問題，在「歐巴馬健保」實施過程中層出不窮地發生。

川普執政期間，於二〇一七年十二月通過《減稅與就業法案》，將「歐巴馬健保」中的個人強制納保的罰金規則廢除，二〇一九年十二月聯邦上訴法院又裁定「強制納保條款」違憲（卻未能裁決廢除整部法律）。保守派大法官阿利托（Samuel Alito Jr.）諷刺說，強制納保條款形同讓飛機飛行的必要零件，「當這零件沒了，飛機沒有墜落……我們要怎解釋這是維持運作的必要零件？」

川普政府先後四次推動廢除「歐巴馬健保」，卻都功敗垂成——最接近成功的一次，是在二〇一七年七月，當時共和黨在參議院過半，但資深的亞利桑那州參議員麥肯（John McCain）卻於投票時戲劇性地投下反對票。麥肯如此投票，顯示共和黨當權派、或名爲共和黨實爲民主黨的傳統政客良知，早已被權力欲望所吞噬。

此後，德州等十八個共和黨執政的州發起聯合上訴，要求廢除「歐巴馬健保」。二〇二一年六月十八日，最高法院駁回聯合上訴，認爲「歐巴馬健保」中的「強制納保條款」已被取消，這些州無法證明「歐巴馬健保」對他們造成實質傷害，因此他們在本案中「無提告資格」。在《關鍵評論網》上看到一篇〈美國18州聯合上訴廢除「歐巴馬健保」，保守派佔多數的最高法院以七：二駁回〉提及，再次執筆少數意見書的阿利托大法官指出：「十八個州在該法案下承擔著高額的財政負擔，但他們甚至不能對該法案提出違憲審查的訴訟。罰款就是一種稅收，美國就是一個國家，但是實質上不必繳罰款的條文，居然可以成爲讓這些州不能提起訴訟的理由。支持司法造法者樂見這種論點，但恕我敬表不同意。」領導共和黨至最高法院上訴的德州總檢察長帕克斯頓（Ken Paxton），宣示他將會繼續努力抗爭：「如果政府被允許誤導公民，大規模接管醫療健保，且被最高法院裁定合法，這意味著美國聯邦制和有限政府原則的衰退。」

腐敗的民主黨政客、眾議院議長裴洛西（Nancy Pelosi）在一份聲明中表示：「川普總統和共和黨人在新冠病毒危機期間，試圖剝奪《平價醫療法案》的保護和利益，是一種不可理解的殘忍。」她說，川普和共和黨人的「殘忍」是「無法理解」的，但非常諷刺的是，當年通過該法案時，她本人在一次訪問中勉強承認，包括她在內大多數支持法案的民主黨議員，並未仔細閱讀這份厚厚的法案。這位常常「代表」窮人發聲卻生活奢華的女士，爲自己退休生活購置的豪宅，並不在她已被民主黨人搞得亂七八糟的家鄉和選區加州，而在共和黨人治理得井井有條、蒸蒸日上的佛羅里達州——這種用腳投票的方式，就如同中國的貪官口頭上罵美國，卻把孩子送到美國讀書一樣。

歐巴馬、裴洛西等人的公共形象相當光鮮，公平、正義這些冠冕堂皇的詞語每天都被他們掛在嘴邊。他們看病從來不需要排隊，也不會擔心醫院帳單上的數字，他們的生活與普通人的艱困毫無交集。通常，「僞君子」比「眞小人」更加邪惡，尤其是那些聲稱「我是爲你好」的僞君子，往往會搶走你的錢袋並刺你一刀，正如C·S·路易斯所說：

在所有暴政中，眞誠爲受害者謀福利的暴政或許是最具壓迫性的。苟活於無良掠奪的商賈下，總強於活在全能的道德干預者之下。無良商賈的殘酷有時或會沉睡，他們的貪婪有時或會滿足；但那宣稱爲我們好而折磨我們的人，卻永無休止地折磨我們，因爲他們是問心無愧地這樣做。他們或許更有可能上天堂，但同時他們更有可能是造成人間地獄。這種善意帶著難以容忍的侮辱：違背一個人的意願「被治癒」，從那人不認爲是疾病的狀態中「被治癒」，是將他當作未達理性年齡或永遠不會可達理性年齡的人，與嬰兒、白痴和家畜同類。

左派就是這樣身體力行：打著解放和拯救民眾的旗幟，欺騙和奴役民眾。

美國看病難和醫療保費高的問題，罪魁禍首是左派政客與大藥廠、保險公司、大醫院結成根深蒂固的利益共同體。什麼時候打破這個利益共同體，什麼時候問題才能得到解決。

入籍記榮

抵達美國之後，我隨即在華盛頓國家新聞俱樂部舉辦記者會，發表《去國聲明》，譴責中共暴政，同時向美國政府申請政治庇護。

據我所知，很多申請政治庇護的華人使用的都是假材料，等到身分到手，很快就中美兩邊跑、兩邊通吃。美國庇護受獨裁政權迫害的民眾、立意良好的制度，偏偏成了說謊成性的中國人移民美國的一個終南捷徑，眞是一大諷刺。當初因六四屠殺而獲得六四「血卡」（這個說法比綠卡準確）的數十萬華人，後來對中共卑躬屈膝的十之八九。所以，不少知名的異議人士從不公開說自己是靠政治庇護獲得合法身分。

申請政治庇護的法律程序，是由北大學長劉宗坤博士的律師事務所幫我完成的。我與劉博士認識是其導師唐逸教授牽線，也是以書爲媒。劉宗坤在北大的博士論文，後來以《原罪與正義》爲名出版，我還特意寫過一篇書評。

劉宗坤律師事務所幫我整理好有關文件，遞交移民局。我找到國務院負責人權和勞工事務的助理國務卿、美國之音台長、自由亞洲電台總編輯等人士幫我寫證明信。移民局很快回信告知收到申請文件，又來信通知我和妻子去辦公室照相和蓋指紋。我們完成照相、蓋指紋和簽名，只花了十分鐘。

不久，移民局寄來工作許可證，使用工作許可證即可在美國合法工作，這是合法移民與非法移民的根本區別。作爲合法移民，我反對任何形式的非法移民，反對左派將非法移民統統合法化的移民政策，守法是文明法治社會得以存續的關鍵基礎。

又等了兩三個月，我們收到移民局的信件，通知前去面試。我請王志勇牧師爲我擔任翻譯，劉宗坤博士特別安排事務所的一位律師前來陪同我們的面試，她是一位剛從法學院畢業不久的年輕白人女性。她說，她只是在現場旁聽，一般不會發言，除非涉及法律問題，她才會提供建議。

我們按時來到移民局辦公室。面談由兩名移民官主持，一位是中年白人男性，一位是看上去像拉丁美洲裔的中年男性。他們先與我面談，再與我妻子面談。

我的面談時間超過一個小時，移民官詳細詢問我受中共迫害的過程，仔細程度超乎預估。一位移民官問：「你剛才說有一名警察敲門來將你帶走，但這篇《紐約時報》的報導爲什麼寫有四名警察？」我回答說：「我說的一名警察上門，是二〇一〇年十二月九日，劉曉波的諾貝爾和平獎頒獎典禮那一天，一名派出所穿制服的警察敲門，將我騙到樓下；您看到的那篇報導，是二〇〇九年夏天另外一次較爲正式的傳喚（不是拘留，是被帶到公安局審訊，法律規定的傳訊時間通常是二十四小時），當時我計畫在香港出版新書《中國影帝溫家寶》，是多名警察上門將我帶走。」這位移民官聽了解釋後，再仔細翻閱手上的資料，這才點頭稱是。

我的申請材料眞實而詳細，我的回答自然對答如流。面試結束後，我走出房間等候，妻子進去接受面試。妻子的面試只有短短五分鐘，出來後告訴我，移民官只問了一個問題：「你們是什麼時候結婚的？」有趣的是，妻子一下愣住了，她沉思片刻後向移民官解釋說：「當年我先生剛從北大碩士畢業，就被中共中央宣傳部點名批評，一畢業就失業，此後一年多都沒有北京戶口。在中國，沒有戶口就無法辦理結婚證。所以，我們舉辦婚禮之後差不多一年，我先生才想辦法落戶，之後我們才領取到結婚證。因此，我們沒有一個明確的『結婚紀念日』。」我們的這段經歷頗離奇，移民官大概沒有聽過這種沒有明確結婚紀念日的故事，反倒確信這是眞的婚姻，點點頭就結束了面試。

面試之後，我們等待了兩三個月，就收到移民局郵寄來俗稱「綠卡」的永久居留證。奇妙的是，綠卡上的發證時間正是我三十九歲的生日，這是上帝給我的生日禮物。

成爲美國永久居民五年後，按照美國的移民法律，即可申請入籍。二〇一八年初，我們遞交了入籍申請文件。兩三個月後，移民局來信通知我們去一處辦公室照相和蓋指紋，跟申請綠卡時的程序相似。然後，我們很快收到入籍面試通知——我希望這是最後一次考試，一生中再也不要遇到什麼考試了。

面試時間大約是我們收到通知三個月之後。等候期間，也是準備考試的階段，美國政府對入籍申請者有如下之要求：良好的品德（品德很難評估，這裡主要指沒有犯罪記錄，不是納粹黨員或共產黨員、跟恐怖主義組織無關、按時納稅等）；懂得英文；了解美國歷史及政府（又稱為「公民知識」）；效忠美國憲法。

在入籍面試時，移民官主要有兩個方面的問題，一是詢問個人資料中的內容，其次是英文能力和公民知識測試（英文能力測試通常是移民官讀出幾個簡單句子，申請人寫下來；公民知識測試則是從一百道固定考題中抽取十道，申請人答對六道就算通過）。

這一百道有關「公民知識」的考題，對於大學時代就對美國政治和歷史有強烈興趣的我來說，不用學習亦爛熟於心，只是某些特定英文單詞不太熟悉，需要背下來。我在手機上下載了朗讀版的考題軟體，每天去健身房鍛鍊和傍晚散步時，就播放，反覆聽，直到一聽問題就能如反射動作一般，答案脫口而出。我做事向來追求完美，希望這次應考能得到「滿分」。

考題第一大部分是「美國政府」。其中，第一類是「美國民主原則」，比如：「法治的含義是什麼？答：人人都應遵守法律；領導人必須遵守法律；政府必須遵守法律；沒有任何人在法律之上。」第二類是「政治體制」，比如：「列舉政府體制的一個分支或部門。答：國會（立法部門）；總統（行政部門）；法院（司法部門）。」「請回答聯邦政府的一項權力。答：印製鈔票；宣戰；創立軍隊；簽訂條約。」第三類是「權利與責任」，比如：「每一個住在美國的人享有的權利是什麼？」「當您成為美國公民時做出的承諾是什麼？答：放棄效忠其他國家；護衛美國的憲法及法律；遵守美國的法律；（必要時）加入美國軍隊；（必要時）為國效勞；效忠美國。」（很可惜，雖然許多華人在歸化美國時行禮如儀地宣誓，卻並未信守此誓言，並未放棄對共產中國的效忠。）

考題第二大部分是「美國歷史」。考題第三大部分是「地理、標誌和國定假日」。

等我練習得差不多了，就請英文讀音標準的兒子假扮考官來考我，我們每天做一輪模擬練習，在正式面試之前持續了半個月。幾年以後，兒子在八年級（中學二年級）上公民課時，老師從考題中抽取二十道來考學生，結果這些在美國長大的孩子，一大半都不及格；兒子因為幾年前當過「考官」，得了全班最高分，只錯了一道題。有時，我不禁感歎，像我這樣用腳投票的移民，反倒比若干土生土長的美國人更愛美國，更愛美國的自由價值、歷史、土地與文化。

正式面試那一天到了。我西裝革履，來到移民局一處辦公大樓，先在等候區等待，然後被呼喚入一間辦公室。這一次的移民官是一位看上去比我年輕幾歲的白人男性。我看到他在辦公室中掛著一張達賴喇嘛的相片，就告訴他，我跟達賴喇嘛面談過一小時，他的臉上頓時露出羨慕的神情。他的桌上早已擺上五、六本書那麼厚的資料，他對我說：「你是重要人士，你的資料很多啊！」他看到我家的地址，又說：「你家離我家只有幾英里遠。」

美國人做事，有板有眼，並不因你是「重要人士」就免考。這位移民官按照嚴格程序來，先讓我站在他面前，宣誓下面所說的全是眞話。作爲基督徒，我十分看重這一誓言。接著，移民官逐一詢問我個人資料中的內容。然後是聽寫幾句話，沒有紙筆，直接在ipad上用手指寫。接著是十道公民常識考題，他只問了六道，六道我全答對，下面四道就略過。二十分鐘左右，整個過程順利結束。移民官站起來跟我握手，表示祝賀，給我一張證明已通過考試的回執。

又等了一個多月，移民局來信通知我和妻子，十二月十五日上午到一所中學參加入籍宣誓儀式。那天上午，當我們來到中學，已是人山人海，當天至少有超過一千人宣誓入籍，門口排起長龍。

我們先到工作人員那裡領取入籍證明、交還綠卡（有入籍證明就可以到郵局或移民局的辦公室申請辦護照），然後來到大禮堂，依次序坐下。台上坐著幾位移民局官員和維吉尼亞當地官員。

移民局官員講了一段關於公民權利與義務的話之後，按照新移民原來的國家集體點名，每點到原來國家的國名，就請來自此國家的新移民起立，大家鼓掌歡迎。這個環節持續二十分鐘左右，今天有來自六、七十個國家的移民。來自中國的新移民不多，包括我和妻子在內大概有十多人，這是我最後一次被「中國」這個國名在法律意義上定義。有趣的是，不僅台灣，連香港也被列爲原國籍之一，移民局官員單獨叫出台灣和香港——他又「辱華」了。

然後是奏國歌、起立宣誓。申請人宣誓效忠美國後，才算正式入籍成爲美國公民。在美國的清教傳統中，人們將宣誓視至高無上的行爲。但是，對於無神論者來說，宣誓是無足輕重的儀式，既然沒有上帝，說謊就是可行的。所以，才會有那麼多華裔美國公民充當中共的特務和間諜。

宣誓之前，我看到大螢幕中播放川普總統的一段祝福影片：「從此以後，美國的價值就是你的價值，美國的傳統就是你的傳統，美國的自由就是你的自由。」然後，國歌響起，眾人一起高唱，這是我第一次以美國公民身分唱這首國歌，從此中國那首《義勇軍進行曲》跟我再無任何關係。

國歌奏畢，移民局官員帶領所有新移民一句一句宣讀效忠美國的誓詞。那一刻，我熱淚盈眶，在某種程度上，這是僅次於我受洗成爲基督徒的另一次「重生」，擺脫奴役狀態，進入自由國度，實現了「此生不作中國人」和「此生成爲美國人」的美夢。

由此，四十五歲的我，在法律程序上完成了「脫支入美」——當然，思想上和精神上清除「華毒」需要一生一世的漫長歲月。我必須誠實地承認自己是「染毒」之人，在中國生活了三十九年，能不染毒嗎？

歸化成爲美國人這一天，我在臉書上發出誓言：

成爲美國公民之後，我人生的第一目標是捍衛美國的國家利益和自由民主價值；第二目標是解構中國，讓如今在中共統治下的區域成爲若干獨立國家或自由國家聯盟；第三目標是幫助台灣守護獨立和自由民主。

我的數十位臉友在這段話下留言表示贊同和祝福。

詭異的是，我的名字在中國社交媒體上一直是「高級禁忌」（這一「禁忌」使得好幾位跟我同名同姓的中共地方官也遭到屏蔽，成爲「附帶損害」的受害者），但我這一段入籍美國、誓言解構中國的臉書貼文卻在牆內社交媒體上解禁。不是中共幡然悔悟、自我拆牆，而是故意讓我的這段「辱華」言論在牆內流傳，繼而發動紅衛兵和義和團對我百般辱罵攻擊。

果然，這段附有入籍時兒子爲我拍攝的照片之言論，遭致無數中國人鋪天蓋地的謾罵，包括一些畢業後二十多年來從未有過來往的中學和大學同學、老師、鄉親等，一起上陣，個個義憤填膺，恨不得將我送上刑場行刑。還有一些聲稱青年時代曾被我作品感動過的讀者，發現我是「漢奸」和「賣國賊」，咬牙切齒地跟我「訣別」，並駁斥我的「陰謀」永遠不會得逞——其實，他們從未讀懂我的文章，我的「初心」從未改變，我很早就是「獨派」。我笑看此類言論，感歎中國人並未脫離野蠻的食人部落狀態：當年對袁崇煥千刀萬剮、分食其皮肉的烏合之眾，今天仍然活著。

很多鄉親宣稱，要開除我的「籍貫」，就像余茂春的族人將他剔除出族譜一樣。有一位我的中學老師也加入討伐行列。我從來沒有尊敬過她，六四屠殺之後，她在課堂上公然說「殺得好」。這一次，她又陷入六四屠殺之後那種興奮狀態，說她以有我這個學生爲恥。當然，我也以有她這個老師爲恥——充滿諷刺意味的是，她的兒子比我早十多年成爲美國公民，她的兩個孫子也是在美國出生的美國公民。或許，他們認爲美國人和中國人這兩種身分在一個人身上可並行不悖，所以他的兒子當上華爲美國分公司的高級主管，他們引以爲榮。華爲出事之後，裁撤美國分公司，這位工程師大概另謀高就去了。

我唯一好奇的是，這些愛國者們爲什麼不敢痛罵有十多個直系親屬都持有歐美各國永久居留證、護照的習近平，以及其他中共高官顯貴呢？答案很簡單：罵我是安全的，罵習近平是不安全的。這群「愛國」的懦夫多麼可悲，他們在「祖國」接受被奴役的命運，乃至「自願爲奴」，他們惟一的言論自由，就是辱罵不願跟他們一起作奴隸的人。

我爲被這些奴隸和奴才辱罵而感到自豪，我打碎了他們的玻璃心。那些辱罵我賣國的人，身處醬缸而不自知，我連白眼都不給他們。我作爲美國公民享有的自由和權利，他們一生一世都得不到：在那個爲奴之地，他們的私有財產有保障嗎？他們擁有完整的房屋產權和土地所有權嗎？他們有選舉權，投票選舉過最高領導人嗎？他們有言論自由、宗教信仰自由和免於恐懼的自由嗎？他們能買槍嗎？他們能讓自己的孩子拒絕戴紅領巾嗎？赫胥黎說得好：「最完美的奴隸制，就是讓奴隸們以爲自己是主人；最完美的監獄，就是讓囚犯們不知道自己身在監獄。要讓他們熱愛自己的鎖鏈，並使他們認爲，如果失去鎖鏈，他們將一無所有。」生而爲人，最大的不幸就是生而爲奴；但我打碎了枷鎖，擺脫了爲奴的身分，成爲昂首挺胸的美國人，被十四億中國奴仇恨又有何妨？

很多華人「悄悄」成爲美國公民，從來沒有公開美國公民身分。我卻要大聲地、驕傲地宣告：我是美國公民，這是我身上僅次於基督徒的榮耀冠冕。

購槍記勇

入籍成爲美國公民之後，我做的第一件事就是購槍。

其實，美國對槍支的管理是全球最寬鬆的，拿到綠卡之後就可購槍，甚至在某些州，留學生和訪問學者也能購槍。但我認爲，擁槍應當是美國公民的特權，我要等到成爲美國公民之後行使這一特權。

對我這樣無比熱愛自由卻又被剝奪過自由的人來說，最能體味槍與自由的關係。有槍跟沒有槍，感覺確實大不一樣。有了槍，自己的房子才是「風能進，雨能進，國王不能進」；沒有槍，若有持武器的強盜闖入，主人就只能任人宰割。回想起在北京時，警察拒不出示工作證和搜查證，大大咧咧地闖入我家，在我家門口安裝攝影機，在我家陽台上安裝紅外線偵查器，他們那麼肆無忌憚，因爲我是一介書生，毫無反抗之力。如果我手上有槍，他們還敢如此爲所欲爲嗎？如果中國民眾能像美國人那樣家家有槍，一九八九年天安門屠殺時，學生和民眾還會「人爲刀俎，我爲魚肉」嗎？

在香港，鎮暴警察與中國祕密派遣到香港的武警，對手無寸鐵的學生和市民眾殺紅了眼，學生和市民只能引頸受戮，有十幾歲的少年人無端遭到射殺，好不淒慘。據很多第一線抗爭者揭露，大量身穿香港警察制服、極度凶殘的殺人者，說話帶著濃厚的北方口音，顯然是北京派來的武警。中共用慘絕人寰的暴力，摧毀了香港人的非暴力抗爭（即便是香港的「勇武派」，基本上還是非暴力的，最多使用非致命武器自衛）。但若香港人人有槍，民眾持槍上街，那些外來屠夫還能閒庭信步地以當街殺人爲樂嗎？

沒有購槍時，我偶爾跟朋友一起去附近的靶場練習打靶。很多室內靶場提供租槍和出售子彈的服務，有多種槍支供顧客選擇。第一次去，只需要完成一個簡單的用槍安全測試，就是回答大約十個題目，比如拿槍時不得將槍口對準人、使用前必須檢查膛內是否有裝子彈等常識，五分鐘即可完成。

我第一次去靶場練習射擊，使用朋友帶去的一把手槍，戴上靶場提供的耳機，發射五十顆子彈。最後，自動滑道將打靶紙送回來，可取走作爲紀念。我的成績在及格線以上——我用槍遠不如用筆那麼得心應手。

在美國，擁有、使用槍支是悠久的傳統，可追溯至建國之初。美國是一個具有尙武精神的國度，清教徒和其他移民來到美洲開拓家園時，這是一片無政府的蠻荒之地，需要人們使用武器自衛，抗擊盜匪，也抵禦野獸。美國獨立戰爭是擁槍的自由人打贏的，戰爭剛開打時，美洲諸殖民地還沒有正規軍。波士頓郊區萊星頓的第一槍，是民兵打響的。這支連統一制服和統一武器都沒有的「烏合之眾」，卻打敗了世界第一強國英國的遠征軍。在殖民開拓、獨立戰爭、西部開發、地方自治與自衛等歷史進程中，槍是保家衛國的第一功臣，擁槍被普遍認爲是美國人自由、人權、自衛的核心價值體現。

美國憲法確立了美國人的擁槍權。一七九一年通過的第二修正案是權利法案的一部分，全文只有一句話：「一支訓練有素的民兵，對一個自由州的安全實爲必要，民眾擁有並且攜帶槍支的權利不容侵犯。」它保護公民「攜帶槍支的權利」，其中特別提到「訓練有素的民兵」。後來，在持槍與禁槍的爭論中，焦點集中在「民兵」這個概念上。而擁槍和禁槍，是右派與左派的重要分水嶺。

美國人擁槍，除了自衛以外，更是「反暴政」的基本人權。建國者們在起草《獨立宣言》和憲法時，致力於建立一個政府受到嚴格約束的國度，並確保公民享有有史以來最大限度的個人自由。《獨立宣言》中明確寫到：「任何形式的政府一旦起破壞作用，人民便有權利加以改變或廢除。」「當政府在把人民置於絕對專制統治之下時，人民就有權利，也有義務推翻這個政府，並爲他們未來的安全建立新的保障。」美國沒有中國式的「反革命罪」，以及作爲其進化版的「顛覆（或煽動顛覆）國家政權罪」。對公民權利的堅決捍衛，構成美國主流文化的關鍵部分，一直延續至今。

今天，美國人擁有約兩億七千萬支槍，幾乎人手一槍。長槍（步槍和獵槍）與手槍的擁有比例爲二比一。美國民眾擁槍數量是美軍和警察加起來的數十倍。當然，美軍是世界上最強大的武裝力量，美國民眾的各種民兵組織，其人數和武器的殺傷力今天已無法跟美軍對抗。但是，民間保持強大的武力，對政府是一種活生生的威懾，一般情況下，美國總統和美國政府不敢隨意動用軍隊及國民警衛隊鎮壓民眾的抗議活動。在一場土地私有權爭議事件中，數百名西部農場主全副武裝聚集在一個農場，與軍警對峙數日，最後還是聯邦政府退讓。在美國政府權力越來越擴張的情況下，如果民眾的擁槍權遭剝奪，美國必然走上一條「通往奴役之路」。保守派美國人在這個問題上寸步不讓。

二〇〇〇年，華盛頓特區通過法律規定：禁止攜帶未經登記的槍枝，合法註冊的槍枝持有人必須讓槍枝保持在未上膛、未組裝或上扳機鎖的狀態。

有位名叫海勒（Heller）的國會警察，上班時攜帶官方配發的槍支，下班回到家中卻不能擁有自己的槍支。他居住在犯罪率較高的區域（有一次我開車誤入華府的黑人區，離白宮也就是十分鐘車程，卻宛如進入海地太子港或索馬里亞摩加迪休，街上晃悠著衣衫襤褸、醉酒吸毒的人，房屋搖搖欲墜），需要擁槍自衛，但申請擁槍執照被拒。於是，他狀告華盛頓市政府，認爲華盛頓市的槍支管制法律違憲。

官司打了多年，屢戰屢敗，二〇〇八年打到了最高法院。最高法院在該案（District of Columbia v. Heller）中認定，華盛頓特區的法律違反了美國憲法。經由九名大法官五比四產生的多數意見指出：憲法第二修正案提到「民兵」只是宣示性的用詞，不應該過分限縮在軍隊或民兵組織中服役的人，立法者當時之所以使用「民兵」一詞，只是要強調所有能被徵召服役的健全人。該條文應被理解爲「保障個人擁有和攜帶武器的權利，以利隨時的防禦需求」。禁止使用手槍（一種通常用於保護目的的武器），並禁止槍枝在家庭（傳統上需要保護的區域）內保持功能正常一事，違反了憲法第二修正案。

到了二〇一〇年，伊利諾州芝加哥市的禁槍令，又再次被最高法院以五比四否決（McDonald v. Chicago）。多數意見依舊認爲，自衛權是一項基本且根深蒂固的權利，藉此保護個人免受侵害。

支持共和黨的最大民間團體，是有著四百三十萬成員的全國步槍協會（National Rifle Association，簡稱 NRA）。左派分子對這個組織恨之入骨，主流媒體將其妖魔化爲恐怖主義組織。

在我家附近，驅車十五分鐘的車程內，有十多家槍店。我常去逛槍店，了解各種槍支的基本知識。美國人到槍店購槍，就像到超市購買蔬菜水果一樣，家常便飯，波瀾不驚。

除了到槍店購槍，人們也在各類槍展中購槍。我家附近有一個大型會展中心，一年四季都舉辦大型槍展。我參觀過好幾次槍展，每當有槍展時，會展中心外可停上千輛車的停車場停得滿滿的，人們在門口排起長龍，門票大概十元左右——購了票，工作人員就在購票者的手腕上蓋個戳，兩天或三天的展覽期間可多次進來參觀。

大廳內匯集數百個攤位，組成數十行隊列，可逐一參觀，若全部看完，需要一整天時間。參加槍展的，除了各個槍店，還有不少是私人租的攤位——他們既出售一些私人收藏品，也跟同道者交流和交換。槍展上出售的除了形形色色的槍支（包括軍隊使用的重型機槍、手榴彈等），還有迷彩服、刀具和各種戶外用品，以及愛國主義的、保守派的旗幟、帽子、貼紙等文宣物品——當川普主義崛起之後，槍展上少不了支持川普的各種物品。有些搞笑的或反擊左派的貼紙很有趣：「禁止擅闖——侵入者會中槍——沒死就再補一槍」、「警告：我是個死命抓住宗教的憤恨持槍者」（這句話是回應歐巴馬競選時說的話，他說那些鏽帶的失敗者是篤信宗教的憤怒擁槍者）、「嘿，自由派，就是因爲你們才有第二修正案」。

偏左派的美國旅行作家保羅·索魯在《美國深南之旅》一書中，注意到槍展是南方文化的一大特色，他如此解讀槍展：「重點不在槍支、不在彈藥、不在於刀械、也不在向認定的敵人開槍。這些人走路說話的方式，都明顯流露出這種情緒：他們覺得遭到圍攻、被人削弱、已無退路。這種感覺已經多久了？就跟南方的歷史一樣久，或許吧，因爲他們談論的內容都還是南北戰爭，而且仍受這場戰爭，以及自此發生的一切所逼迫，這是揮之不去的挫敗記憶。」這段描述充滿了歐巴馬式的傲慢。當然，他也承認：

在這世界上，再沒有——至少我從沒見過——任何人比槍展這裡的人更有禮貌；沒有人比他們更熱愛微笑、更樂於助人、更不會踩到你的腳。周遭有這麼多武器，卻聽不到辱罵；只有耐心、溫柔，以及偶爾開點玩笑。在一個大家都有武器的地方，彬彬有禮是有用的，或許還是不可或缺的。但這種大度並不像出於被迫，每個人都很高興來到這裡。快樂到了陶醉的地步，就是逛槍展民眾的普遍情緒——心情愉悅，舉止得體。

普遍而論，擁有槍支和喜歡槍支的人，並非左派攻擊的壞人或危險的人，相反，他們比剛愎自用的左派更加良善和溫柔。

保羅·索魯的觀察，有些是對的，有些卻是出於左派的刻板印象——比如，他認為槍展是「白人的盛宴」，這不符合我參觀槍展看到的事實。也許是因為我居住的城市中亞裔佔總人口的五分之一，我在槍展上遇到不少亞裔，有華裔、韓裔、印度裔、越南裔等，我還遇到多名在華人教會認識的朋友，甚至還看到幾個華裔擺設的攤位。這些年來，華人開始入鄉隨俗，積極分享美國的槍支文化。據美國射擊協會統計，亞裔和華裔擁槍的比例近年來不斷提高，與美國社會擁槍的比例基本持平。

我認識的一位老朋友遇羅文，是文革時反對出身論被中共槍殺的英雄遇羅克的弟弟，他比我早幾年移居美國。他原本是中國某國營大廠的高級工程師，擁有多項技術專利。到美國之後，他成立一家小小的室內裝修公司，自食其力，養家餬口。天道酬勤，他很快擁有了兩處房產。有一次，我請他幫我裝修地下室，聊天時，他告訴我，他最大的愛好是玩槍，他購買了一百多種各式槍支，足以武裝一個連隊。他將自家地下室改裝成靶場，在地下室練習射擊。他還自己製造子彈，成本只有購買的子彈的三分之一。他年逾六旬，卻百發百中，不亞於軍隊中受過專門訓練的狙擊手。我感歎說：「如果遇羅克還活著，一定羨慕你今天的生活和自由。如果中國人人有槍，遇羅克也有槍，他就不會那麼輕易被中共殺害了。」

坐而論槍，不如起而購槍。我花了幾年時間了解槍支的知識，心中早已有心儀的手槍：春田 1911-A1。我購槍，除了實用性能考量，還有審美考量，從小看 007 系列電影，對龐德手中美輪美奐的手槍頗爲神往。我買不起龐德使用的那些昂貴的訂製手槍，但我欣賞那種具有金屬質感的手槍，春田 1911-A1 是不鏽鋼槍管，風格復古，拿在手上沉甸甸的，是我的最愛。這款槍的前身是在一九一一年三月二十九日，由槍械設計大師勃朗寧設計、柯爾特公司生產的 M1911，它是世界上裝備軍隊時間最長、裝備量最大的手槍。從一九一一年至一九八五年，它一直是美軍制式手槍，在一戰、二戰、韓戰、越戰、波斯灣戰爭、伊拉克戰爭和阿富汗戰爭中被廣泛使用。雖然 M1911 在今天已很老舊，但 M1911 和其變種仍被特種部隊、執法部門和私營軍事公司廣泛使用。春田兵工廠的改款之一，被命名爲 1911-A1 型。

這款槍的價格稍貴（六百多美金），但我一咬牙決定買下。在槍展上買槍的程序很簡單，先出示駕照，填寫一張有個人基本資料的表格，賣方將這些資料輸入電腦，向執法部門查詢是否有犯罪記錄，等候大約二十分鐘，執法部門答覆沒有犯罪記錄，就可刷卡付款成交。每個州（自治共和國）在槍支管理上的規定都不同，一般而言，紅州寬鬆，藍州嚴格。維吉尼亞州最近十多年來由紅轉藍，但還有紅色底子，槍支管控方面仍比較寬鬆，比北邊深藍的鄰居馬里蘭州寬鬆許多，跟左得出奇的華盛頓特區更不可同日而語。

有了一支槍還不夠，喜歡槍的朋友建議再購買一把霰彈槍（scattergun）。美國家庭最常用的不是手槍，而是彈槍，它用途廣泛，可以用於近距離防護、運動射擊和大型狩獵。霰彈槍是一種無膛線（滑膛）並以發射霰彈爲主的槍械，外型和大小與步槍相似，槍管較粗，子彈粗大，子彈上膛和射擊時聲音很大。霰彈槍的優勢很多：首先，它比手槍大，價格卻更便宜，一般三百美金就能買到入門級的。其次，它打得準，即使沒有受過任何訓練的射手，都能輕易打中二十五碼外的靶子。第三，它發射迅速，一拉一推就上膛了。第四，它極具震懾力，上膛聲音巨大，多數毛賊聽到這個聲音就趕緊跑了，有不戰而屈人之兵的效果。朋友特別向我推薦 Remington 870 或 Mossberg 500 兩種霰彈槍，它們被稱爲泵動霰彈槍中的東方不敗，如同汽車中的本田和豐田，是很好的入門級霰彈槍。近期，我將購入其中一種。

長期以來，華人社會談槍色變，與左派控制的歐洲一樣，主流觀念都支持政府禁槍，且將美國的槍支文化視爲負面的社會問題。一提起槍，就說美國槍支氾濫、槍擊案層出不窮。殊不知，美國死於槍下的人遠遠少於死於車禍的人，若按禁槍的邏輯——「因爲槍會殺人」，那麼「車也殺人」，難道就要禁開車嗎？而且，美國槍支管制嚴格的藍州槍擊案和暴力犯罪率，比槍支管制寬鬆的紅州高得多。原因很簡單，嚴格的管制，只能管住好人，卻管不住壞人，壞人照樣用各種非法手段搞到槍，讓好人處於待宰羔羊般的赤裸無助狀態。

中國的儒家和法家都反對民間尚武之風，文弱恭順的民眾才便於統治，沒有武器的民眾對暴政毫無反抗之力。韓非子在《五蠹》中將尚武的俠客當做威脅君王統治的五種不安定人群之一，「俠以武犯禁」，「犯禁者誅，而群俠以私劍養」，「其帶劍者，聚徒屬，立節操，以顯其名，而犯五官之禁」。韓非所謂的「明主」統治，就是「無私劍之捍，以斬首爲勇」，將尚武的民眾統統納入軍隊，「爲勇者盡之於軍」。共產黨實現了韓非子的理想——號稱「爲人民服務」的共產黨國家，槍支管控最爲嚴苛。沒有槍的人民，連拒絕共產黨「服務」（所謂服務，其實是奴役）的權利都沒有了。但是，在中共統治下的人民，享有眞正的安全嗎？

很多時候，文人過高地估計文章的力量，而忽視槍的力量。魏文帝曹丕在《典論・論文》中說：「蓋文章，經國之大業，不朽之盛事。」他喜歡文藝，而且是皇帝，當然要誇大文人的力量。其實，文人對朝廷的威脅，遠不如刀劍和槍支那麼直接。僅僅靠紙和筆是無法捍衛自由的。在這一點上，魯迅頗有自知之明，他沒有高估其手中之筆的力量：「一首詩嚇不走孫傳芳，一炮就把孫傳芳轟走了。」「我呢，自然倒願意聽聽大炮的聲音，彷彿覺得大炮的聲音或者比文學的聲音要好聽得多似的。」

有了槍，才是眞正的美國人。有持槍權而不用，等於主動弱化公民權利。在美國生活的時間愈久，我擁有的槍支必定愈多。華人社會什麼時候理解持槍權，什麼時候就能擺脫奴隸狀態。

補記

我將一張自己持槍的照片發布在臉書上，右派的朋友們都會按讚並熱情討論槍支的細節。但一位訪問過我的法國記者卻轉發這張照片，並給了非常負面的評論，「這位在中國追求民主自由的知識分子，到了美國卻完成了雲霄飛車般的變化，成了保守派基督徒和支持持槍權的右派」。還有一位居住在北歐的台灣裔女士也評論說，持槍是野蠻的標誌，文明的歐洲早就禁槍了。

我不禁想起入籍美國的法國猶太人索爾孟一段評論：「在法國人人都要凌駕別人之上。在法國，國家被假定是我們自由的保護者，在美國則相反，認爲公民自由的主要傷害只會來自國家本身。」這正是兩種觀念秩序的巨大差異：左派肆虐的歐洲，自以爲「文明」，卻早已被大政府和福利國家鎖定，喪失了自我保護的能力和勇氣。歐洲人瞧不起「野蠻」的美國，然而，兩次世界大戰和極權主義意識形態都誕生於歐洲，解救歐洲的卻是美國人——如果不是從小就學會使用槍支的美國大兵的幫助，歐洲早就淪爲兩大極權國家（納粹德國或蘇俄）的殖民地，或說德語或說俄語，還有什麼資格來炫耀他們的「文明」？

抗疫記危

從二〇一九年十一月開始，我零零星星地聽說中國武漢出現一種類似SARS的傳染病，防不勝防且無藥可治。果不其然，很快中共就封鎖消息，逮捕說出眞相的醫務人員和民間記者。然而，病毒不受中共中央宣傳部的管控，一傳十、十傳百，武漢大小醫院人滿爲患，醫療系統瀕臨崩潰。中共的殺手鐧是在一千兩百萬人口的武漢實施有史以來最嚴厲的封城——卻不禁止武漢及中國的飛機滿載攜帶病毒的遊客飛往世界各地。那時，我們只是擔憂中國的親人，絲毫沒有想到可怕的人造病毒會蔓延到美國和全球。

進入二〇二〇年三月，美國已全境淪陷，就連一直保持零感染記錄的西維吉尼亞州，也於三月十七日發現第一個感染者。維吉尼亞因臨近華府，有杜勒斯國際機場，國際旅行者來往頻繁，感染人數迅速增加到數千人。我所在的費爾法克斯郡，人口密集，成爲重災區。三月初，有關學校停課的傳聞不絕於耳。

三月十三日下午，兒子放學之後，我開車載他去上新聞報導寫作課。傍晚六點多，開車回家時，一向繁忙擁堵的六十六號高速公路上，車輛比聖誕假期還少。好像好萊塢災難大片中的景象，世界突然處於停擺狀態，我心中隱隱有不祥之感。兒子問，路上的車都到哪裡去了？我答不上來。

當晚，我們收到學校發來的電郵，宣布從第二天起學校停課，一個禮拜之後轉爲網課。從這一天起，我們一家三口開始了「百日自我隔離」。

全美大中小學陸續停課，改爲上網課，這在美國歷史上聞所未聞，即便在兩次世界大戰期間，學校也沒有停課。我們所在費郡公立學校系統，管理數十萬學生，被譽爲優質的公立學校系統之一。但在由實體學校轉爲網路授課時，校方的應對遲鈍低效、錯誤百出。

校方先是告知，要用一個禮拜做準備工作，培訓老師使用網路授課。一個禮拜之後的週一上午，孩子們打開電腦上網課。不到五分鐘，學校的網路就崩潰了，再也連不上。校方又發來電郵說，還要花一個禮拜解決這個難題。又等了一個禮拜，同樣的錯誤再次出現，如此反覆折騰，差不多花了三個禮拜，學校才正式開始上網課。長期以來，公立學校習慣了大鍋飯和鐵飯碗，教師工會太過強勢，上級部門難以監管，家長（及家長選出的家長委員會）不敢對他們說不。於是，公立學校教師的素質每況愈下。

網課逐漸走入正軌，但上課時間和教學進度大大縮減或滯後。後來，教育部門承認，維州有一半以上的學校和學生未能完成平常年度的教學任務，學生的數學和英文閱讀、寫作能力大幅下降。

幸運的是，在公立圖書館關閉之前，我帶兒子去借回五十本經典名著和通俗小說，可供他在家看兩三個月。

自我封閉在家，吃喝問題如何解決？外出採購，如今成了危險的旅途。平日，我們家一週上兩次超市，購買必須的食品和日用品，一次是好市多，一次是亞洲超市。但現在，很多超市的瓶裝水、衛生紙、米等生活必需品已缺貨，超市門口排起長隊，大大增加感染風險。每到春天，我都有嚴重的花粉過敏，去超市，若噴嚏不斷，必然被旁人猜忌。所以，妻子承擔起外出購物的重任，她比我細心，出門前，兩層口罩（一種是N95口罩）、護目鏡、帽子、手套，一樣都不能少，簡直像是去生化實驗室。回來之後，立即脫下所有衣物，高溫洗滌。爲了降低感染的風險，妻子外出購物一次，購物量是平時的數倍，一次買回來的物品可供全家三個禮拜之用。她有時也去我家旁邊另一家美國超市，人少一些，若買不到習慣的品牌，便買其他品牌，大疫當前，有什麼就買什麼，湊合著用。

網上購物也是一種途徑，但一般生鮮食品，很難下單在網上購買。好市多的網購，每天晚上十二點開放少許名額，提供網購和送貨上門服務。妻子試過幾次，即便眼疾手快，也無法搶到訂單。直到最初全民恐慌的一個多月過後，才慢慢可以在網上訂購日用品，如洗衣精、洗碗精、衛生紙、洗髮精、牙膏等。

第一個月，所有餐廳都關閉了。過了一個多月，有些餐廳重新開張，不開放內用（當時無人敢內用），只提供外賣。一種專門送外賣的公司應運而生，靠APP軟體吸引客戶，顧客在網上下單、付款，約定時間由送餐員送餐上門。送餐者大都開私家車，將飯菜送到客戶門口，不敲門，只發簡訊提醒，彼此不接觸。我們嘗試過幾次訂餐上門，費用比去餐廳用餐還高：餐廳經營困難，本身的價格就有所上漲；顧客不需付小費給服務生，卻要支付送餐公司送餐費和給送餐員小費。

孩子一日三餐都在家吃，我們時不時要做新花樣的飯菜，我和妻子在家學習做各種過去沒有做過的食品。好在網路時代各路英雄都在網上開課傳授廚藝，想做什麼菜，上網一找就能找到。我們是南方人，以前很少做麵食，現在有閒暇時間，就學做包子、饅頭、餃子、油條，還有蘋果派、南瓜派等美式點心。

健身房和體育運動設施都關閉了，我們自我封閉在家，但不能長期缺乏運動。尤其是孩子，正是發育期，之前的籃球課和游泳課都停了，學校在網上的體育課，是老師喋喋不休講課，學生一動不動地坐在電腦前聽課——這大概是有史以來最荒謬的體育課了。爲了解決運動問題，我們從網上訂購乒乓球桌，亞馬遜送貨上門，我們自行安裝，將車庫中的雜物收拾好，騰出空間，車庫成了乒乓球室。每天上午和下午，一家三口都要在一起打一陣乒乓球，可保證最基本的運動量。兒子一開始不太會打，稍加指點，很快上手。他自己上網看世界冠軍是怎樣打球的。如此這般，兩個禮拜之後，兒子輕易就將我們擊敗，有時我與妻子聯手對付他都無法取勝。

這段時間，除了妻子每隔三個禮拜外出購物，我每天到信箱中取信件和每週推兩次垃圾車出去之外，我們基本不出房門一步，跟外界面對面的交往基本上切斷了，只有通過少許電話和電郵問候一些朋友。出門取信和推垃圾車時，我都戴上一次性手套，用完之後丟棄。

兒子生日，我們訂餐到家中，一家人一起過。以前的生日，他會請小朋友到家開派對。這次，他的一名好朋友送來生日禮物，兩個小朋友只能隔著窗戶說幾句話。

我的生活模式改變不大，我本來就是在家寫作的「超級宅男」——平時，即便幾天不出門，我也不覺得悶。如今，既然社交活動縮減到零，讀書和寫作的時間大大增加，我終於聚精會神、心無旁騖地寫二十年前已開始醞釀的《大光》三部曲。聖經中說，要珍惜光陰，因爲現今的時代邪惡。

一開始，我每天早上寫作前花十分鐘察看衛生部門發布的每日染病人數通報，既看全球、全美的數字，更看本州、本郡的數字。一度眼睜睜地看著本郡感染人數從個位數增加到兩位數，再增加到三位數，高峰期一天有上千人感染。越看數字越焦慮。我決定停止看新聞，看了無濟於事，徒增煩惱，不如平心靜氣地過好自己的生活。

一些認識的友人染病的消息頻頻傳來。一位染病的朋友，離我們家只有兩英里，症狀非常嚴重。爲了不傳染給妻子和女兒，他自我隔離在地下室，家人將食物放在地下室門口，彼此不能直接接觸。經過半個多月掙扎，他挺了過來。

我也聽到另一些朋友講述染病和完全康復的經歷，染病之後，一開始失去味覺和嗅覺、發燒頭痛，卻靠吃奎寧或一般的感冒藥、退燒藥，一個禮拜就恢復健康，跟之前一樣活蹦亂跳。

六月，兒子的學期結束，小學畢業了，卻只能在網上舉行簡單的畢業典禮，連畢業合照也沒有。當三月中旬學校突然宣布停課時，孩子們不會想到會以這種方式畢業。

自我封閉在家一百天之後，疫情有所緩解。我們覺得，不能永遠如此窩在家中，決定每天早晚在社區內散步。這段時間，很少有人在外面走動，有人迎面走來時，彼此趕緊錯開，保持三至五米的「社交距離」。口罩後是一張張面無表情的臉，美式笑臉和親切招呼不見了，這種彼此提防、以他人爲地獄的感覺眞不好。

又過了半個月，兒子放暑假了，我們決定開車出遊。人必須戰勝恐懼，而不是被恐懼壓垮。美國政府早已宣布全國處於緊急狀態，但這種緊急狀態主要針對政府（快速調動各部門力量，協同配合抗疫），而不是限制公民的行動自由。在美國，政府不可能像極權中國那樣，一聲令下不准一個大城市上千萬人出門，甚至派出警力將染病者家門用木板封死。

七月，我們驅車四個小時，來到西維吉尼亞的一處森林度假村，那裡都是獨棟森林小屋，可避免住在使用中央空調的大型旅館內被傳染的風險。西維吉尼亞是感染人數最少的州，整個州的感染人數比不上我們一個郡。就感染風險而言，到西維吉尼亞旅行，比在家中還安全。在森林小屋的陽台上，可以看到螢火蟲、白頭鷹、野兔和野鹿。

暑假很快過去，兒子上中學了，但眞正開學遙遙無期，依然只能上網課。大概學校和老師都有了一定的經驗，網課相對順利地開張。中學一年級（七年級）整整一年，兒子都在家中上網課。政府擔心低收入家庭的孩子沒有早餐和午餐，安排在一些學校和社區門口定點發放孩子的營養餐點，家長可驅車前去領取，後來政府還安排校車接送取餐的家長。因爲餐點數量充足，政府鼓勵所有家長都可去領取。妻子去領取過幾次，但大都是孩子不喜歡吃的餐點，很快就放棄了。

疫情期間，聯邦和州政府先後發放三次補貼，我們一家三口，加起來得到接近一萬美金，看似一筆不小的收入，但不夠抵消猛漲的物價。

網課期間，學校除了公共假日，安排每週週一爲老師工作日，學生放假。每週一便成了我們的家庭登山日。在一年裡，我們走遍驅車一個半小時車程內的數十處公園及森林步道，有國家、州和郡三級的森林公園，也有不知名卻隱藏著祕境的荒郊野外。因禍得福，我們有了更多家人相處以及與大自然親近的時間。

二〇二一年秋，我們全家經過一番討論，決定接受第一針和第二針的輝瑞疫苗接種。我們決定打疫苗的理由有三個：第一，這是川普總統在任時啓動的一項遏制病毒的政策；第二，川普總統本人和家人都打了疫苗；第三，我們至少質詢了五位在醫院第一線的醫生和護士，他們本人都打了疫苗，並認爲疫苗確實可以大大降低重症率。疫苗當然不是萬能的，而且可能有副作用。但我的判斷是，利大於弊。我打這兩針的地方，分別是在兩個已經關門的大型高級商場。美國社會平時看似一片散沙，但一旦動起來，就有條不紊、規規矩矩。志工一路引導民眾進入，排隊打針，再到休息區休息，人們安靜而禮貌，沒有人驚慌失措。

二〇二二年一月，我們又打了第三針疫苗。第三針是在費郡政府大樓內打的，打的人明顯少多了。前兩針我和妻子都沒有什麼反應，第三針卻反應強烈，打了疫苗後的第三天，出現喉嚨疼痛、咳嗽、嗜睡、渾身肌肉酸軟、鼻塞等貌似重感冒的症狀。只能自行吃點消炎藥、多喝水、多睡覺。此類症狀持續了一個禮拜，才逐漸消退。

一開始，我最擔心的是病毒的傳播；後來，我最擔心的不再是病毒，而是政府利用乃至誇大疫情，進而擴張權力、剝奪公民基本的人權和自由。

我不是陰謀論者，但我相信這場病毒的源頭肯定在中國，至於是不是如中國前國防部長遲浩田所說，是一場中國早已排練好對西方的生化戰爭，還需要進一步追查。因爲疫情的緣故，本來就沒有人權和自由的極權國家如中國，淪爲一座超級大監獄，政府想封城就封城，想掃碼就掃碼，中國人普遍無知無覺，如羔羊般，被宰殺時引頸就戮，最後還不忘讚美黨和政府及偉大領袖。

而在西方國家，若干左派政府也利用疫情和緊急狀態法令，扮演上帝的角色，大舉侵蝕公民的個人自由和基本人權。比如，美國的民主黨政府通過多個行政命令，枉顧法院的違憲判決，強迫民眾打疫苗、戴口罩。不願這樣做的人，被聯邦政府、醫院、警隊和軍隊開除。左派將不打疫苗和不戴口罩的人妖魔化為千夫所指的「壞人」，簡直就如同納粹塑造、作為「壞人」的猶太人。一開始，大部分民眾驚慌失措，對政府言聽計從。但很快民眾就清醒過來，意識到「病毒誠可怕，自由價更高」，遂奮起抗爭。這是一場自由與奴役之戰，這一戰若失敗了，整個地球就將淪為歐威爾筆下的動物農莊。

對於打疫苗和戴口罩，我的基本看法是：打疫苗和不打疫苗，戴口罩和不戴口罩，都沒有好與壞的根本差異。只要是公民自我選擇、自己承擔後果，我都認可和尊重。口罩與反口罩、疫苗與反疫苗，不是絕對的科學、真理、公共利益、國家安全乃至宗教信仰（有些地方確實出現「非我族類，其心必異」的「疫苗教」或「口罩教」）。但若是政府強制，我就反對。今天，政府若強迫你打疫苗和戴口罩；明天，政府就會像共產黨那樣剝奪你的自由、財產和生命。別說這是不可能的，我在共產黨統治下生活過，這是我三十九歲之前真實的生活經歷。

關於在公共場合戴口罩，我反對拜登政府規定，在政府擁有的建築內必須戴口罩的行政命令（他自己屢屢違反，左派向來是「只許州官放火，不許百姓點燈」）。政府的建築是用每個納稅人的稅收修建的，憑什麼不許不願戴口罩的納稅人進入？

另一方面，美國憲法保護公民的私有財產，我認可商店或餐廳的老闆對其私有財產的保護——他可要求進入的顧客戴或不戴口罩，顧客若不願戴，可不進入。對雙方而言，都是自由選擇。

但是，政府（學區）強迫公立學校所有的師生長期戴口罩，就是侵犯公民的憲法權利。二〇二二年一月十五日，維吉尼亞新州長楊金宣誓就任，就任第一天即簽署行政令，取消學校必須戴口罩的要求，也不再強制疫苗接種。

楊金任命了一個由醫生和公共衛生專家組成的獨立醫療諮詢團隊負責抗疫事務。該團隊由約翰·霍普金斯大學外科醫生和公共衛生專家 Marty Makary 博士領導。Marty Makary 質疑疾病管制暨預防中心的多項決定，包括學校必須戴口罩，他曾在《華爾街日報》發表一篇題爲〈反對兒童戴口罩的案例〉的文章，認爲沒有足夠的數據證明在學校戴口罩能防止病毒傳播。德州和佛羅里達州等地大多數學校不要求師生戴口罩，這些地方的傳染率並不比強制戴口罩的地方高。

美國是一個地方自治的國家，戴口罩的命令在地方自治的框架內變得支離破碎、扯皮拉筋。楊金作爲州長，有權下令拒絕在維州實施聯邦政府的口罩令。北維吉尼亞的幾個地區，是民主黨左派執政，學校系統表示依然執行聯邦層級的強制口罩令。「我們繼續要求按照疾病管制暨預防中心指南佩戴一般口罩。事實證明，我們的分層預防策略可以有效地保持我們學校的低傳播率。」費郡公立學校負責人 Scott S. Brabrand 如是說。

隨後，包括費郡學區在內的北維州七大學區發布通告，拒絕執行楊金的命令。我兒子所在學校的老師嘲諷說：「不戴口罩就不准進入學校，如果你們覺得楊金是對的，就去跟楊金作鄰居，跟楊金的孩子當同學。」這種流氓無賴口吻，如同共產黨官員。

七大學區聯手向阿靈頓巡迴法院提起訴訟，起訴楊金。他們認爲，楊金取消學校必須戴口罩的行政指令，違反州的相關規定，州法規定「每個學區的學校監督應由學校董事會負責」。

楊金的發言人麥考利波特回應說：「我們對這些學校董事會無視家長的權利感到失望。隨著法律程序的進行，州長和司法部長正在協調，並致力於積極捍衛父母在孩子的養育、教育和照顧方面作出決定的基本權利。」口罩之爭的焦點不是口罩，而是在孩子的教育權方面，究竟是政府說了算，還是家長說了算。

二月十五日、十六日，維州參、眾議會分別表決通過楊金的修訂法案；十六日，楊金簽署該修訂法案——新規要求從三月一日起，維州公校不得強制學生戴口罩，同時公校每周須上五天實體課。楊金稱此立法爲「維州全民的勝利」，他也表示民主黨人對該法案的成功也起關鍵作用，「維護家長權益本就不應分黨派，很高興兩黨在此事上團結。」這一次，左傾的地方教育委員會再也無法抵制此法案。我家兒子從三月一日開始就不必戴口罩上學了。

二〇二一年冬以來，新一波病毒傳播來勢洶洶，到了二〇二二年一月初，美國官方的報告是高峰期每天超過百萬人染疫（我對這個數據存疑）。即便如此，美國人已經做好與病毒共存的準備，該做什麼還是做什麼，該怎麼生活就怎麼生活。人不能成爲病毒的奴隸。餐廳、商場和健身房人聲鼎沸、熙來攘往。美國人對病毒、對自由和對生命的態度，跟東亞儒家文化圈中的人們截然不同，這背後是天差地別的文化傳統和觀念秩序。

那些嘲笑不願戴口罩的美國人的東亞人，永遠無法理解，美國人眞的認爲自由比生命更寶貴。可見，東亞人在精神上脫亞入美，需要幾代人、上百年時間。

投票記弊

二〇二〇年十月二十七日，我與妻子赴費爾法克斯郡政府大樓提前投票。提前投票。這是我們入籍成爲美國公民之後，第一次參加總統大選投票。

我在中國生活了三十九年，從未投過一次票，包括街道辦事處主任都不是我選出來的。我從不承認中共政權包括其國家主席、國務院總理的統治合法性，我也不欣賞給竊國大盜冠以領導人名稱的「公車上書」。

在中國，沒有公民，中共政治局常委乃至總書記等「黨和國家領導人」是暴君或寡頭，其他人則是奴隸。暴君或寡頭被政敵搞掉後，生不如死，想當一介平民而不可得。國家主席劉少奇倒台後，在批鬥他的紅衛兵面前揮舞《中華人民共和國憲法》，卻遭到紅衛兵的嘲笑。自以爲是國家主人的紅衛兵，一夜之間被毛澤東安排「上山下鄉」當知青，淪爲現代農奴。如果未能認清中國沒有公民只有奴隸的事實，就是「我看青山多嫵媚，料青山看我亦如是」——自作多情。可是，有多少中國人意識到其「非公民」乃至「非人」的眞實境況？在被鐮刀收割之前，韭菜一直以爲自己是鐮刀。

成爲美國公民，我揚眉吐氣、意氣風發。入籍宣誓後不久，我和妻子就參加了本選區國會議員和地方官員的投票。

在美國定居下來，美國政治成了與日常生活息息相關的事情，跟以前「遙遠的關心」大不相同。二〇〇三年，我應美國國務院「國際訪問者」計畫之邀請，第一次訪問美國，在一個月的行程中，涉足十多個州，訪問上百個人物和機構。但那時我對美國的認識浮光掠影，雖偏向共和黨，但對民主黨的左傾並無切膚之痛。我所寫關於美國之行的《光與影》一書，對希拉蕊、美國公民自由聯盟等人物和機構給予正面評價。如今，我成了美國公民，才發現這些左膠人物和機構是美國價值的敵人。在美國生活這些年，我琢磨出兩個常識：左膠就是用自以爲崇高的理想來強取豪奪、謀財害命；世界上最大的笑話就是左派也聲稱反共，其實他們跟共產黨是一丘之貉。

當我有投票權時，當然投票給共和黨（再往後，我發現共和黨當權派不值得信任，他們早已跟民主黨勾結在一起）。遺憾的是，從二〇〇八年以來，維吉尼亞州從紅州變成淺藍州，繼而沉淪爲深藍州，在我所在的選區，沒有共和黨人敢出來與民主黨人競爭。我們在選票上打勾時，國會議員一項是棄權，只能在警長、教育委員會成員等地方官員中選擇政見相對保守的共和黨人。

地方選舉影響力有限。一年多以後，參與攸關美國前途命運的總統大選投票，我們更有了「當家做主」的公民榮譽感和尊嚴感。投票也是冒險，選民很可能誤判候選人，被候選人的花言巧語誤導。一旦候選人當選，選民發現其做的跟說的不一致甚至南轅北轍，再想罷免，卻比選上他費勁千百倍。

費郡緊鄰華府，是大華府都會區的一部分，是維吉尼亞州最大也最富裕的郡，擁有上百萬人口，佔維吉尼亞州總人口的八分之一。在費郡居民中，有大量是白天在華府上班、晚上回到維吉尼亞家中的聯邦政府雇員及與聯邦政府有合同關係的公司員工，也有大量高科技行業的新移民，其投票意向大都傾向民主黨。近年來維吉尼亞往左轉，費郡（及臨近的勞登郡、阿靈頓郡等）是關鍵因素。後來我才知道，在這次總統大選中，拜登在費郡的得票率領先川普四十個百分點，這種差異差不多趕上紐約和加州的深藍地帶。

維吉尼亞中部和南部是傳統、保守的農村，我們驅車去這些地方旅行時，看到沿途全都是支持川普的牌子和旗幟。過去幾次大選，中部和南部數十個郡的票先開出來，一路飄紅，但當費郡等華府近郊的北部幾個郡開票後，立即翻轉爲藍色。僅費郡一個郡的人口就超過南部一、二十個郡的總人口。對此，我不禁異想天開：若將在華府工作的維吉尼亞選民劃歸華府，整個維吉尼亞就能保有紅色了。維吉尼亞選舉人票雖減少一兩張，卻可讓剩下的十一、二張選舉人票都歸共和黨，維吉尼亞也能由此保有其南方特質。可是，我的這個「改革」方案不可能實行。

本來在我們居住的社區內設有投票所，但我們擔心投票日當天可能排起長龍（其實，到了投票日當天，我去現場觀察才發現，根本沒有長龍，比提前投票還要方便。所謂投票日當天會擁擠不堪、不利防疫，是左派媒體故意製造的謊言），所以就去郡政府內設置的投票所提前投票。

驅車五分鐘，即來到郡政府門前。郡一級的政府大樓中，這棟建築算是規模較大的，但毫無衙門的霸氣，跟一般的公司沒有什麼兩樣。既沒有顯著的標誌，也沒有站崗的警察。

在政府大樓門口，兩黨都設有服務攤位，各自發送投票指南等資料。民主黨的基層組織工作明顯比共和黨勝出一籌，其投票指南的語言種類更多，志工遊走在隊伍中，作最後遊說。共和黨的志工不到對方的一半，也缺乏工作熱情。

這一次投票，除了選總統之外，還要選參議員和眾議員，以及對五個地方稅收或債券發行事務做出公投，有些問題頗為複雜——比如關於是否同意將因重新劃分選區而產生的爭論送到維吉尼亞高等法院裁決。

從總統到國會議員，兩黨各有其針鋒相對的人選，對地方事務的立場大致也是如此：民主黨支持政府舉債大興土木，修建道路、公園、公立圖書館等；共和黨反對在已有的較高稅收之外，再度發行債券。兩黨唯一持相同意見的議題是：對傷殘軍人終身免稅。

門口已排起長龍，隊伍約上百人，還有絡繹不絕的選民前來排隊。我們耗費二十多分鐘，排隊進入大廳。大廳內展示的投票指南海報，除了英文、西班牙文之外，還有韓文和越南文，卻沒有中文，或許是因爲華裔投票者不多，不受選舉部門重視——實際上，費郡華人的人數遠遠超過韓裔和越南裔。一個少數族群，若要被主流社會重視和尊重，首先自己應當對社會承擔義務，積極參與政治活動；若你自己放棄公民權、偷懶不去投票，別人如何重視和尊重你的權益呢？

在美國，一切政治都是地方政治，一切宏大敘事都要落實到個人權益上。華人爲什麼要投票？先不說川普和拜登外交政策的差異，川普與拜登誰更反共，誰更支持台灣、香港、維吾爾人和圖博人的人權等議題，首先要看誰更支持作爲少數族裔的華人之憲法權利。其中，華人孩子的教育權是否得到保障？民主黨的「亞裔細分」政策，爲討好非裔和拉丁裔而取消優質高中和大學的考試錄取方式，是對華人孩子的「逆向種族歧視」。

位於費郡、教學水準相當優異的湯瑪斯·傑佛遜高中（多年在全國排名第一的公立高中），此前以兩輪考試錄取新生（第一輪是數學考試，第二輪是寫作考試）。從二〇二〇年開始，民主黨極左派控制的教育委員會取消了第一輪數學考試。他們高舉種族平權的口號，實行的是對亞裔孩子教育權的肆意侵害——此前，以考試方式錄取新生，脫穎而出的半數以上是亞裔孩子，左派感到「不公平」，因爲「數學是亞裔孩子的特長」，他們要制訂「更公平」的錄取方式，首先取消數學考試。如果用他們的邏輯，打籃球是非裔孩子的特長，對其他族裔不公平，是否應當在籃球比賽中推行爲亞裔孩子保留一定比例的新制度？用歐威爾在《動物農莊》中的話來說，這種做法是「所有動物生來平等，但有些動物比其他動物更平等」（這是「黑命貴」運動的宗旨）。

所以，僅僅爲捍衛孩子的教育平等權，亞裔和華裔也要積極投票。否則，亞裔和華裔就淪爲「不受保護的少數族裔」——左派甚至將亞裔從少數族裔的名單中開除，而與白人並列爲特權者。

我們排隊進入郡政府大廳，沿著引導的標誌和志工的招呼，進入一間設施簡單的投票室。先到一張桌子前，在一張表格上填寫個人姓名和住址，再持表格和帶照片的證件讓工作人員登記。工作人員在電腦中找到選民登記號碼，將號碼手寫到表格上。我們拿表格給另一位工作人員換選票。工作人員會問，你願意坐著填寫還是站著填寫，兩者在前面有不同區域。然後，選民就在用紙板隔開的空間內填寫選票。選票填寫完成，最後投入計票器，計票器掃描選票內容。如此，即完成投票流程。

這時，有一位工作人員詢問說：「你是第一次投票嗎？」我回答說，是第一次。於是，在場工作人員和其他投票者都對我鼓掌致意。工作人員告知，在全國投票日當天，每個選民都可上網輸入選票號碼，查詢這張選票是否被計算進去。

作爲少數族裔的華裔應當投票，作爲基督徒更應當投票——進入二十一世紀以來，美國的基督教傳統和清教秩序不斷遭到無神論左派的侵蝕和破壞，連憲法保障的宗教信仰自由權利也岌岌可危。比如，最高法院在判決中禁止師生在公立學校向上帝祈禱，連「聖誕快樂」也成了「政治正確」的犧牲品——歐巴馬提倡說「節日快樂」，機場等地專門設置穆斯林的祈禱室卻沒有基督徒的禱告場所。美國還是一個「上帝之下」的國家嗎？

這種惡果的形成，教會和基督徒難辭其咎。長期以來，教會和基督徒中流行聖俗二分的兩國論和末世論，認爲世界是一艘快沉沒的船，不要去搶救船上的財產，只需搶救靈魂。教會和基督徒背棄聖經中上帝讓信徒「治理全地」的教導，退出公共領域，尤其是放棄教育和傳媒這兩個關鍵場域，躲藏在教堂的高牆後面，以爲可以明哲保身、守住一方淨土。誰知卻節節敗退，直到敵人登堂入室。

在今年的選舉中，有不少美國教會及華人教會的著名牧師、神學家呼籲大家不要去投票，因爲兩個候選人都是「爛蘋果」，投票會損害信仰的「純正」。這是一種看似善良的邪惡，如同潘霍華形容的那樣：「有些人企圖躲進自己個人美德的內殿，以逃避亂七八糟的公眾生活。然而，他們面對自己周圍的不義，不得不閉目塞聽。必須以自欺作爲代價，他們才能保持自身的純潔，遠離承擔責任的行動所帶來的汙垢。否則他們所獲得的一切，和他們棄之不爲的一切，仍將擾亂他們內心的平靜。而面對這種紛擾，他們不是在精神上走向崩潰，就是發展成爲一切法利賽人中最僞善的人。」就像台灣「太陽花學運」中的一句口號「自己的國家自己救」，基督徒的宗教信仰自由需要自己挺身而出捍衛。

我們完成投票過程，全家一起去餐廳吃飯慶祝。我告訴兒子，這是我們家的一件大事。生而爲美國公民的兒子，要等到十八歲才能投票，到時候，我們的三票必定是「合一」而不是「分裂」的。

這一次，我不僅自己投票，還透過發表若干文章和出版《川普：用常識治國》、《川普向右，習近平向左》等著作，成功說服了好幾十位華裔美國公民投票給川普。

然而，二〇二〇年的美國總統大選，出現了一場巨大的、空前的舞弊。我們提前投票之後數日，全國投票日那天，意想不到的事情發生了：民主黨及反川普的「深層政府」發動了一場可恥的政變，利用病毒氾濫而啓動郵寄選票等方式全國性舞弊，竊取國家政權。

當天晚上，我在電腦螢幕前看到清晰而荒誕的「拜登曲線」——在幾個重要搖擺州，眼看川普就要贏了，計票立即停止，幾個小時之後，拜登的選票奇蹟般增長，川普的選票停滯不動。我更在網上看到無數作弊的影片：作弊者炮製投票所水管爆裂事故，趁亂搬入若干箱假選票；作弊者封鎖計票場所，禁止共和黨監票志工入內。此情此景，像極了白色恐怖時代國民黨在台灣操作選舉的手段——計票時突然停電，然後大堆假票被塞入。

此後，是長達兩個多月的爭論和法律訴訟。然而，川普團隊控訴選舉舞弊的法律訴求，全都遭到駁回，最高法院也迴避介入。再以後，就是川普支持者闖入國會大廈抗議——國會大廈本來就是民意代表爲民眾服務的地方，民眾有權進入。台灣太陽花學運中，學生和市民佔據立法院議場，擋下喪權辱國的兩岸服貿條例，台灣民眾可以做的事情，爲什麼美國民眾不能做呢？

可怕的是，民主黨和「深層政府」導演了一場美國版的「國會縱火案」，將民眾的和平示威活動抹黑成「暴動」，跟共產黨說六四是「反革命暴亂」如出一轍。便衣警察射殺了一位並不具有威脅、手無寸鐵的抗議女性（退役空軍老兵），執法機構隨即逮捕了數百名抗議者，這些人被長期羈押且在獄中受到虐待。於此同時，執法機構對造成數十億財產損失和數十名無辜者死亡的「黑命貴」暴動卻袖手旁觀。

是否承認民主黨舞弊、拜登竊國這個事實，是最基本的善惡、眞假、是非之分野。我永遠不會承認拜登是合法當選的總統，永遠不會放棄質疑和批判，這是美國憲法賦予公民的自由和權利。僅僅根據常識就能判斷拜登能得到多少選票，香港資深評論人潘東凱如此評論說：

要知道從二〇一六年到二〇二〇年美國總人口與登記選民數目都沒有顯著增加，川普多出的千多萬選票主要是從上屆選希拉蕊的投票群中搶奪過來，更重要的是在少數族裔、尤其是非洲裔選民中，川普比上屆有超乎尋常達百分之五十的增幅，那不光在共和黨歷史中僅見，更是肯定挖自民主黨「票倉」的核心！可是，同一時間，拜登卻在民主黨「基本盤」被川普挖走了近千萬票之後，仍然比四年前無論公眾形象或競選表現都遠勝於他的希拉蕊多出一千五百萬票！這現象完全違反社會學常識與行爲心理學的一般定律，只能以魔術形容。

我提到拜登時，只能冠以「僞總統」之名。儘管民主黨人利用主流媒體和社交媒體打壓質疑選舉舞弊的言論，但美國至少沒有墮落到像中國那樣發言嘲諷包子帝就被捕入獄。我要繼續批判「瞌睡喬」種種倒行逆施的政策，更要參與美國公民恢復選舉公正的努力與抗爭。

我成了美國公民，上帝沒有讓我從此便安享從建國者和制憲者那裡得來的自由與權利，而是讓我奮力保護和捍衛美國的自由和權利。任何一代美國人、任何一個新移民，都不能坐享其成，你若不爲自由而戰，自由就會像手掌中的水或沙一樣離開你。

補記

二〇二一年十一月二日，我成爲美國公民之後第三次投票，選舉維吉尼亞州州長及其他官員和議員。當天晚上的計票過程，再次出現前一年總統大選的奇怪現象。

下午七點，投票結束、開始計票。我一直守候在電腦螢幕面前，觀看福斯新聞網播放的即時選票統計數據。到了晚間十點多，當選票統計完成九成左右時，共和黨的楊金領先民主黨對手麥考里夫超過十個百分點、近二十萬票。選票統計到百分之九十六時，兩人的差距略有縮小，但仍很大，按照此前選票增長的情況，麥考里夫不太可能反超。

這時，民主黨又開始作弊：此後持續二十多分鐘，選票統計數據停滯在百分之九十六，就像水結冰凝固，一點沒有變動。計票速度應當是等速的，但到了最後百分之四就停住了。這跟去年的總統大選中神奇的「拜登曲線」一模一樣：當民主黨要敗時，票就開不出來，這段時間，是民主黨大量輸入假選票、魚目混珠的時刻。

又過了半個多小時，此前計票已達到百分之九十六，卻突然下降爲百分之九十四，同時兩人的差距迅速縮小。如果計票到百分之九十六，即便剩下的票絕大多數都是麥考里夫所得，也無法翻盤；而當計票率下降到百分之九十四，麥考里夫就有了翻盤的空間。僅以我所在的費郡爲例，一個多小時之前顯示，計票已百分之百完成，現在卻降爲百分之九十八——原來數據是可以逆時變化的，好像時空穿越劇，民主黨人大概喜歡看中國和韓國的時空穿越劇。

用腳趾頭都能想明白，在維州「全面執政」的民主黨，先將計票率往回調，再塞入大量假的郵寄選票，企圖翻盤。於是，兩人的差距越來越小。一直到深夜十二點半，選舉結果仍未出來，我實在是太睏了，就先去睡覺了。

早上醒來，看到楊金在凌晨一點多宣布當選的消息，但最後只贏了七萬多票、兩個百分點。我有理由懷疑，這個數字是被民主黨動過手腳的。這次維州選民投票率很高，兩人差距太大，使民主黨的作弊未能成功（網上有人嘲笑說，還得感謝民主黨的加州州長和紐約市長，兩處都有成百上千的國際貨輪堵塞在港口，就連從中國運來的假選票都來不及卸貨）。

雖然這一次民主黨未能作弊成功，但美國左派和既得利益集團不會自動停止舞弊。川普、楊金及共和黨人「清除選舉舞弊」的戰鬥才剛剛開始。

第二卷

美麗如斯

2014 年 9 月 22 日，在紐約自由女神像前留影。

在星條旗飄揚的國度，自由是最美的風景：美國必遊的八大景點

居住美國十年，我遊歷過三十多個州（自治共和國）。這是英雄的大地，勇士的故鄉，壯美的山河，星條旗飄揚的沃土。

我從小就熱愛星條旗，僅僅從審美上而言，它美得讓人心醉，美得讓人情不自禁地舉手致敬。在我的入籍儀式上，在每年獨立日的煙火晚會上，星條旗升起、國歌響起，那是最讓我心潮澎湃的時刻。對比之下，那面血腥的五星紅旗，如此醜陋，如此邪惡，它只能用暴力脅迫讓人下跪，我對它從來都是橫眉怒目。

星條旗在不同的地方升起並飄揚，有不一樣的美——在平原，在高山，在沙漠，在農場，在高樓，它都是那畫龍點睛之筆。在中國，我沒有多少旅行的興致，因爲舉目皆是醜陋的人，再美的風景也會被醜陋的人玷汙。到了美國之後，旅行成爲我的生活中不可或缺的一部分。旅行是一種回歸，向美國立國根基的回歸，向清教徒精神傳統的回歸，向上帝造人、造物之美的回歸。

沈從文的情書中有一段話如是說：「我走過許多地方的路，行過許多地方的橋，看過許

多次數的雲，喝過許多種類的酒，卻只愛過一個正當最好年齡的人。」是的，我來過，我看過，我愛過，我寫過——即便掛一漏萬，我也努力記載我在星條旗飄揚的大地上留下的腳蹤。

有一些地方，是一生中至少必去一次的。在此，我以這些景點存在的時間先後爲序，寫下八處可以定義「美國何以爲美國」的人物和風景。

一、普利茅斯石：美國的「石頭記」

晚清詩人龔自珍在《古史鉤沉論》中寫道：「滅人之國，必先去其史。」今天，美國左派顚覆美國，就是從歪曲、醜化美國的歷史開始。

左派媒體旗艦《紐約時報》推出名爲「一六一九計畫」的系列報導，包括十篇文章、十六個作家的詩歌和小說（後來結集成一本一百頁的「專著」）。該系列報導的主導者、《紐約時報》記者漢娜．瓊斯由此獲得普立茲獎——這個一度尊榮的獎項因爲「比賽誰更左」早已聲名狼藉。

「一六一九計畫」將一六一九年第一批非洲黑奴抵達維吉尼亞視爲「美利堅民族的誕生」，認爲美國是黑奴創建的國家：黑奴陸續抵達北美後，將美洲改造成大英帝國最成功的殖民地，建立了華盛頓、傑佛遜、麥迪遜等人的莊園，奠定了白宮和國會大廈的基礎。反之，他們認爲，《獨立宣言》是一個謊言，美國憲法是一紙空文，五月花號和普利茅斯的開拓更是後人編造的神話。由此，該項目試圖改寫美國歷史、取消美國價值、顛覆美國精神。

作爲維吉尼亞人，我知道維吉尼亞最早的新移民定居點詹姆斯敦後來崩潰的結局——美國的歷史不是從維吉尼亞以及被運送到這裡的黑奴開始的，而是從在普利茅斯登陸的清教徒那裡開始的。這兩種歷史敘事，背後是截然對立的觀念秩序。左派企圖用一六一九否定一六二〇，而後者的本質正如清教徒領袖科頓·馬瑟所說：「爲數眾多虔誠又勇敢的清教徒爲嚴酷的環境所驅使，也處於對上帝的崇敬，離開祖國到天涯海角的蠻荒之地爲其生命、權利、自由和信仰尋找避難所。」這是「心甘情願的自我放逐」。在《基督美洲的功業》一書中，馬瑟引用喬治·韋茅斯關於早期殖民地的說法：新英格蘭殖民地建立的唯一目的，就是將福音播撒在新大陸。

二〇二〇年，五月花號的天路客抵達普利茅斯四百週年紀念日，我來到這個如今看來平凡無奇的小鎮，尋找清教徒的腳蹤。在小鎮郊外，有一處仿照新移民定居點的紀念園區，因陋就簡的房屋，旁邊是玉米地和菜園，有身穿當年服裝的導覽員向遊客講解歷史。與之毗鄰的還有印地安人生活園區。關於新移民生活的第一手資料，來自於新移民領袖、紡織工人威廉·布拉福德寫的《普利茅斯開拓史》一書。布拉福德去世後，這本書的手稿被存放在波士頓老南方教堂圖書館中。一七七六年，英國軍隊一度佔領這所教堂，英軍撤離後，這本手稿離奇失蹤。數十年後，手稿在倫敦主教的富勒姆宮圖書館被發現，沒有人知道它是如何輾轉到達此處的。手稿於一八五六年整理出版，成爲「美國文學界的一個轟動事件」。多年來，美國公眾希望手稿物歸原主，作爲清教徒後裔，麻薩諸塞州參議員喬治·豪爾專程赴倫敦，經過一番艱苦談判，手稿於一八九七年回到波士頓，成爲一件美國的國寶級文物。

從景色宛如清教徒登陸時那樣原始蠻荒的紀念園區，來到房舍精美、街道整潔的普利茅斯小鎮，宛如穿越四百年光陰。用歷史學家菲爾布里克的說法，「今日的普利茅斯是一個神聖與媚俗混雜、別具殖民時代特色的建築和觀光陷阱交融的地方」。我感興趣的是那些樸素典雅的歷史遺跡：在小山頂上的國家先人紀念碑，是世界上最大的獨立花崗岩紀念碑，其雕塑爲一名昂首挺立的年輕男性，他是清教徒的代表，雕塑又名「信仰」。小鎮上的第一教區教堂修建於一六二二年，是新英格蘭地區最古老的教堂。普利茅斯紀念公園芳草萋萋，有堅毅不拔的布拉福德的雕像，有胼手胝足的清教徒女性的雕像，還有新移民的恩人、印地安酋長馬薩索伊特的雕像。面朝大海的清教徒紀念館是美國第一個公共博物館，展示清教徒生活的種種細節，他們的基督教價值觀、他們對美國生活方式和政府的影響，門前的石碑上刻著《五月花公約》。不遠處的海邊，停泊著五月花號的複製品「五月花二號」——不過，我覺得這個複製品的外觀太過精雕細琢，清教徒乘坐的五月花號不會如此漂亮，他們畢竟不是搭遊輪旅行。

我到普利茅斯，最想看的是那塊石頭——普利茅斯石（Plymouth Rock）。美國的歷史始於這塊石頭，美國的故事也是一部「石頭記」。掌管華盛頓特區博物館系統的史密森學會，將普利茅斯石列入一百零一件「創造美國的物品」第一名。

一百年前，紀念五月花號抵達美洲新大陸三百週年時，人們在普利茅斯石上方修建了一座羅馬式殿堂，爲之遮風擋雨。遊客可以在柵欄外看到這塊傳奇的石頭，它比我想像中的小得多（在那幅著名的油畫上，清教徒們站在這塊石頭上祈禱和感恩），據說它只有原來體積的三分之一到二分之一，中間有一道明顯的接縫，一大半埋在地下，一小半露在沙灘上，上面還刻上「1620」四個數字。

一六二〇年十一月二十一日，五月花號抵達普利茅斯，在一處石灘海岸錨泊。人們沒有立即上岸，當晚在船上制訂並簽署了一項公約，以布雷德福爲首的男性成年人同意建立一個自治團體，制訂最適合全體成員的憲章與法規，設立公職，大家保證遵守該項公約，並在文件上鄭重地簽名。

次日，人們離船登陸，確定這是上帝賜予的迦南地，在此建立普利茅斯殖民地。後來，普利茅斯由盛而衰，居民轉往數十英里之外的波士頓，波士頓發展成爲新英格蘭最大的城市，而普利茅斯一直就是一個小漁村。普利茅斯雖小，卻被譽爲「美國的故鄉」。一八〇二年，美國總統約翰·亞當斯在普利茅斯一年一度的「先祖日」慶典上發表演說，盛讚五月花號公約是美國民主之花盛開的前奏，「這則積極向上、富有創意的社會公約，在人類歷史上或許是絕無僅有的。愛好思辨的哲學家認為，那是政府合法存在的唯一來源。這個社會的每個個體都一直認可這個團體，並最終發展成一個國家」。

當年的天路客並沒有詳細記載登岸時第一腳究竟踏在哪塊石頭上，我仔細查考布拉福德的《普利茅斯開拓史》，其中並未提及這塊石頭，當時的人也沒有留下相關記載。直到一七四一年，九十五歲的托馬斯·方斯長老，臨終時請求親友將他抬到這塊石頭旁，向這塊石頭、也向世界作最後告別。他含淚告訴眾人，他那一六二三年抵達普利茅斯的父親曾告訴他，五月花號的成員親口說過，他們當年在瀕臨科爾斯山丘的海邊上岸，第一腳踏上的就是這塊石頭。以後，他每年都會讓子孫們在「先祖日」登上這塊石頭，以紀念先祖並從那裡汲取神奇的力量。

到美國獨立戰爭爆發之前，普利茅斯海邊的這塊石頭已成為人們追尋自由的神聖象徵。一七七四年「先祖日」那一天，科頓上校帶領一群「自由之子」的民兵，準備像拔樹一樣，把這塊重約十噸的巨大石塊搬到鎮中心議事廳的自由旗杆下。他們用二十對公牛拖拉，在搬運過程中卻發生了意外：石頭突然斷成兩段。他們只好將上半截搬到鎮裡，下半截還留在岸邊。有牧師認為，這是上帝的旨意，象徵著美國從英國的統治下分離獨立。

一八三四年，原先安置在鎮中心普利茅斯廣場的那一半石頭，被移到清教徒紀念館前面。多年來，由於有人專事搜集旅遊紀念品，偷偷用鐵榔頭砸下小塊石頭帶走收藏，這塊石頭的尺寸已大大縮小。在海邊的另一半石頭，也遭遇到同樣的磨難。

南北戰爭之後，人們想到了被人爲分成兩半的普利茅斯石。在力圖修復南北裂痕的時代氛圍下，一八八〇年，人們將鎮上那半塊石頭搬回海邊，與下半截重新接起來，象徵著醫治戰爭造成的創傷，讓美國重新成爲「合眾爲一」的偉大國家。

左派卻害怕和仇恨這塊默默無言的石頭。二〇一四年，有人在石頭上噴上「謊言」一詞。二〇二〇年二月十七日，又有人在石頭上噴上醜陋不堪的紅色塗鴉。兩次惡行的肇事者都未抓到。左派是唯物主義者，他們不相信神聖的價值和神聖的事物，他們以爲毀壞這塊石頭就能破壞美國的歷史和傳統。

其實，即便這塊石頭不復存在，五月花號的故事也不會消失。重要的不是石頭，而是人，是敬畏上帝和遵循上帝旨意的人，是自力更生和奮發圖強的人，是跟石頭一樣堅韌不拔、也跟石頭一樣不畏驚濤駭浪的人，正如布拉福德所說：「上帝從無中生出萬物，又賜萬物以生命。在上帝的祝福下，從一小群人開始，變成一大群人。如同一盞小小的蠟燭可以照亮眾人，這裡燃起的光亮已經照到許多人身上，在某種意義上，已經照亮了整個國家。」這才是「美國石頭記」的眞意所在。

二、華盛頓故居弗農山莊：這裡有一位不當國王的國父

華盛頓的弗農山莊（George Washington's Mount Vernon Estate and Gardens），離我家只有半小時車程，來華府遊玩的朋友，我通常都會帶他們去參觀。我去過不下十次，都快修煉成半個專業導覽人員了。

若要了解華盛頓的生平，弗農山莊是必去之處。若在中國，此地必定是政府注入鉅資、精心管理的「愛國主義教育基地」；但在美國，弗農山莊屬於「弗農山莊婦女會」所有，這是一個私人非營利組織，一八五八年由華盛頓家族手中購得莊園，一直保護、管理至今。美國大部分名勝古蹟，非聯邦政府或州政府所有，此類私人非營利組織運營得遠比政府更好。美國社會生機勃勃的標誌之一，就是無數私人非營利組織對公益事業的巨大參與和貢獻。

共和國不宜奉某人為國父，美國的建國之父是複數形式，是一個群體，但在這個群體中，華盛頓比其他所有人的貢獻都大。晚清名臣徐繼畬在《瀛寰志略》中評價說：「華盛頓，異人也。起事勇於勝廣，割據雄於曹劉，既已提三尺劍，開疆萬里，乃不僭位號，不傳子孫，而創為推舉之法，幾於天下為公，駸駸乎三代之遺意……米利堅合眾國以為國，幅員萬里，不設王侯之號，不循世襲之規，公器付之公論，創古今未有之局，一何奇也！泰西古今人物，能不以華盛頓為稱首哉！」這段話，被刻在石碑上，保留在華盛頓紀念碑內。

然而，身處不同觀念秩序之中的人們，彼此很難理解對方。徐繼畬是清末少數睜開眼睛看西方的士大夫，他的介紹西洋諸國的名著《瀛寰志略》對洋務運動和戊戌變法都有相當影響，他在這段話中對華盛頓予以高度評價，但仍無法理解華盛頓爲何不當國王，他嘗試以子虛烏有的「三代」的「禪讓」傳說來比附，還用儒家「天下爲公」的觀念來解釋，卻錯得一塌糊塗。他沒有到過弗農山莊，更沒有讀過托克維爾寫的《民主在美國》，否則一定會有不同的答案：華盛頓身爲「國父」卻拒絕當「國王」，不是因爲相信「天下爲公」，乃是因爲相信「天下爲私」——這裡的私，不是華盛頓一人之私，而是美國是一個私人產業神聖不可侵犯的國度。

唯有到過弗農山莊，才會明白華盛頓爲何拒絕當「美國國王」或終身總統——他的高風亮節固然是眞的，但還需要讓他魂牽夢繞的私邸支撐其底氣：華盛頓將宅邸蓋在莊園正中心的小山坡上，他將從父輩那裡繼承而來的宅邸擴大三倍，重新設計庭院與附屬建築物，擴充耕地成爲八千英畝的農場。宅邸前是一望無垠的田園和四個大型花園，後院寬闊的草坪盡頭是波光瀲灩的波多馬克河，從書房望出去，河水及森林盡收眼底，眞個是「望不斷的青山隱隱，流不斷的綠水悠悠」。這幢紅頂白牆、兩層半的英國喬治式建築，比白宮更漂亮、寬敞、舒適。華盛頓情願當農場主人，而不願當總統——他從二十二歲直到一七九九年逝世，除了在外擔任公職（大陸軍總司令和總統），其他時間都居住在弗農山莊。

華盛頓是一位成功的農場經營者。很多年前，他就改變當地農場以菸草和小麥為主要經濟作物的傳統，改以高度多樣化經營，除了農業和畜牧業，農場內還興建各種作坊，可生產麵粉、玉米粉及釀酒。一七九七年四月，新管家安德森清查農場的財產，結果表明，農場共有一百二十三匹馬、騾子和驢，六百八十頭牛和羊，以及大約三百名奴隸。這座莊園，堪稱一個自成一體的小城市。

華盛頓很享受農場生活，他跟普通農場主人一樣勤勉。他每天清晨五點起床，向管家和僱工們交代工作。七點，他會吃一頓簡單的早餐，然後，騎上馬，在莊園裡巡視六個小時——可以想像農莊面積之廣袤。下午兩點，他回到家中，跟親友一起吃午餐——這是一天中最放鬆和最愉快的時刻。在白宮擔任第一公僕時，他無暇與妻子共進午餐，對此深感內疚，卸下公職後，終於可以跟家人共享天倫之樂。五點左右，他道別客人，到書房閱讀書籍和報紙，閱讀來信並選擇一部分回覆。那時，人們不吃晚餐，到了晚上七點，華盛頓從書房出來，跟家人或客人一起喝茶、散步或交談。晚上九點，他早早上床睡覺。華盛頓的生活作息，一生都保持軍人時代的規律，井井有條、分秒不差。

經營農場的辛勞甚至超過當總統。美國的國父們以及後來的很多總統，都曾是農場主人，卸任以後又回歸原初身分。美國是一個「農場主治國」的共和國。在美國留學多年、曾任香港中文大學崇基學院校牧的伍渭文牧師指出：「管理農莊，不單用腦規劃，還要用手去解決實際問題，事事親力親爲。農莊生活認識到人的限制，大自然的偉大；明白到要勤奮撒種，忍耐等候收割。管理農莊，磨練出領袖的氣質。」這是美國清教徒傳統的重要部分，清教徒不是中華帝國四體不勤、五穀不分的儒生，而是腳踏實地、勤做苦幹的農夫和商人，他們以這兩種身分爲榮。

即便是美國最頂級的知識分子，如「冷戰之父」喬治．肯楠，也以農夫的身分自豪——肯楠離開國務院之後，一邊在普林斯頓大學當教授，一邊管理在賓州的農場。一九五八年十二月三十一日，肯楠在日記中寫道：「利用上午的時間把地窖裡的一堆垃圾鏟走了。下午，我把垃圾清理到溝渠，又拉回很多木頭，鋸好了當壁爐的燒柴。忙活完這些瑣事，一天也就過去了。」他總結這一年中的成績，特別提及：「我們花了很多財力把疏於打理、荒蕪良久的農場收拾妥當，將這裡恢復成一塊堅實耐用的良地。」中國的知識分子大概一輩子都不會幹這種體力活。

華盛頓宅邸內的各種陳設，均按照其生前的樣子復原。進門處，前廊牆上，掛著一個小小的玻璃盒子，裡面放著一把鏽跡斑斑的鑰匙。這是拉法葉侯爵贈送給華盛頓的禮物——巴士底監獄的鑰匙。華盛頓無比珍視曾與之並肩作戰的拉法葉的友誼和禮物，卻對法國大革命心懷警惕，深知美國革命與法國大革命不是同一種革命。他晚年曾接待一位來訪的波蘭貴族，對方告訴他關於法國革命的若干破壞性後果，以及他懷念的拉法葉被下獄的悲慘命運，他為之歎息良久。

華盛頓和妻子的墓地在莊園內一片小樹林中，樸實無華，沒有絲毫張揚的裝飾。唯一引起前來緬懷和致敬的民眾注意的是，古墓兩邊各豎有一面國旗，國旗的圖案卻不一樣：一面是華盛頓任總統時的老國旗，上面只有十三顆星（當時美國為十三個共和國所組成）；另一面是有五十顆星、現在使用的國旗。這裡有鳥叫蟲鳴，有樹影婆娑，比阿靈頓國家公墓安寧多了。

莊園內有多條遊客步道，其中有一條直通到河邊，在碼頭可搭乘遊船，在河中泛舟，欣賞兩岸之美景——河的對岸就是作為首都的華盛頓特區。

今天的弗農山莊，田園面積遠不及當年，但各類老房子如僕人和奴隸的居所、釀酒作坊、穀倉、馬廄、農具修理所等完好如初地保留下來。管理方在入口處修建了一座大型博物館——這棟綜合性建築，包括數十個文物展廳、電影放映室、書店、禮品店和餐廳等，仔細參觀一遍需要四、五個小時。環形電影廳內循環播放一部華盛頓生平的４Ｄ紀錄片，演到獨立戰爭時，四周會冒出煙霧和水花，這是孩子們最興奮的時刻。常常有老師帶孩子們來此現場上歷史課，歷史課不再枯燥無味，而變得鮮活生動。我羨慕兒子從小就能這樣學習歷史，更重要的是，學習的不是爾虞我詐、厚黑無邊的中國歷史，而是篳路藍縷、榮神益人的美國歷史。

三、瑪格麗特．米契爾故居：紅樓依舊，紅顏飄逝

與「黑命貴」暴徒在街頭殺人放火同步進行的，是極左派在文化領域展開的一場轟轟烈烈的美式「文化革命」，雖然還沒有到焚書坑儒的地步，但很多公立學校和圖書館已經將他們定義為「種族主義」的書籍下架，瑪格麗特．米契爾的經典小說《飄》（又譯《隨風而逝》）是首先遭殃的一本。在美國最大的電影資料庫中，將根據這部小說改編、已成為電視史上傳奇的電影《亂世佳人》封禁了。

這不是瑪格麗特．米契爾第一次遭逢厄運。位於亞特蘭市大桃樹街九百九十號的兩層小紅樓，是米契爾故居（Margaret Mitchell House）。這棟修建於一八九九年的豪宅，在一九一九年改建成有十戶公寓的中產階級住宅。從一九二五年到一九三二年，米契爾和丈夫租住其中一戶兩房的公寓，她在此完成了代表作《飄》。上世紀九〇年代中期，這棟紅樓因年久失修幾成為鬼屋，重建還沒開始，就遭人焚毀。一九九六年，再次重建前夕，第二次遭遇火災，警方斷定有人故意縱火，懸賞上萬美元捉拿放火者，但未能破案。後來，小樓和展覽館得到賓士公司贊助幾百萬美元才整修完成。有人推測，縱火很可能是黑人流氓所為——他們不認同《飄》對當年南方的描述，批評它美化奴隸制，恨不得除之而後快。這是極左派階級鬥爭的做法：他們不會跟你心平氣和地討論問題，而是直接動用武力和暴力消滅跟不一樣的

觀點、文藝作品和作者。

火，似乎是《飄》的宿命。南北戰爭中，一場大火，燒毀了南方的歷史記憶。米契爾對北軍將領謝爾曼在亞特蘭大放火焚城的描述，來自於親歷大火的外祖母的講述，小說中寫道：「大片大片的火焰吞沒了整個城市，你無論朝哪兒看，都有一片奇怪而難以形容的亮光映徹天際。」南北戰爭中，就殘忍殺戮平民而論，北軍比南軍更像一支虎狼之師——因爲政治正確的緣故，眞相都被遮蔽了。

米契爾不是像郝思嘉那樣出生於莊園園主家庭，而出生於一個亞特蘭大富有律師家庭。她的父親是律師，也是業餘歷史學者，曾當選亞特蘭大歷史學會主席。她的母親也是一位律師，還是亞特蘭大婦女參政聯盟的領導人之一。她從小受到良好教育，是家族第二代職業女性。在故居入口處，懸掛著一張米契爾青年時代的黑白照，優雅、從容、自信，有幾分奧黛麗·赫本在《羅馬假期》中既純正又古典的風姿。二十二歲時，米契爾應徵到《亞特蘭大報導》當記者和專欄作家，以「佩吉」爲筆名撰寫了很多報導和評論，成爲第一批任職南方大報的女性記者和專欄作家。據說，由於她個子嬌小，報社爲了照顧她，特意把她的辦公桌椅各鋸掉三英寸。

後來，由於米契爾身患風濕，不良於行，辭職回家休息。有一天，丈夫約翰帶回來一台二手打字機和很多書，對妻子說：「妳不是喜歡寫作嗎？那就寫一本厚厚的書吧！妳一定能做到！」在丈夫的鼓勵下，她開始用這台打字機寫作。她很害羞，不願讓他人知道自己在從事寫作，有客人來訪時，通常會將打字機蓋上一塊布。

他們租的這套公寓面積狹小，只有二房二廳及廚房浴廁。夫婦兩人都不擅管理家務，米契爾將寫好的稿子依章節放入大信封，往床下、碗櫥等有空位的地方亂塞，他們暱稱居所為「垃圾堆」。當出版社編輯到她家中取書稿時，如同一場尋寶遊戲——編輯確實找到了一筆寶藏：這本小說剛出版當年就銷售超過百萬冊，是美國有史以來最暢銷的小說。紀念館的簡介上如此寫道：「《飄》是世界上銷售量僅次於《聖經》的書籍。根據小說改編的電影《亂世佳人》獲得奧斯卡十大金獎。」

紅樓依舊在，紅顏無處尋。米契爾英年早逝，在四十九歲時死於一場酒駕司機造成的意外車禍，她的命運正應了《飄》這個書名。《飄》既是其處女作，也是其成名作，更是其絕筆。她在生前就已厭倦盛名帶來的喧囂浮華，爲了避免死後仍受盛名之累、不得安寧，其臨終遺言要求毀掉大部分生前物品（包括童年故居、《飄》的原稿等）。所以，紀念館中的物品，大都是後來複製的。

《飄》的女主角郝思嘉的人物原型，有人說至少有部分來自老羅斯福的母親瑪莎。米契爾曾經採訪過瑪莎的閨蜜，寫下了瑪莎年輕時代的很多故事。郝思嘉是南方文化的傳承者和背叛者，在傳統的南方隨風而逝之際，她留下來守護莊園，她敢於冒險，也不掩藏自身的缺點，像南方的植物那樣野蠻生長，在南方的男人戰死沙場之後，她比那些活下來的男人更有男子漢氣概。若是將《亂世佳人》與林語堂的《京華煙雲》對照閱讀，就會發現，同樣是在硝煙瀰漫、風衰俗怨的時代，兩種文明、兩種人群的應對方式何其不同。

米契爾小時候，性格活潑開朗，就像個男孩子。她喜歡聽到家中拜訪的邦聯老兵們講戰爭故事，老兵們都講英勇戰鬥的情節，而沒有告訴這個小孩南方戰敗了。後來，米契爾說：「我什麼事都聽說過，就是不知道南方吃了敗仗。我十歲的時候，得知李將軍打輸以後，十分震驚。我第一次聽聞，難以置信，還感到很憤怒。現在我還是很難相信，畢竟童年的印象太強烈了。」

米契爾生前無意挑戰政治正確，她是如實記述所思所想。她在《飄》中刻意美化奴隸制嗎？奴隸制固然是邪惡的，但在當年的南方，白人與黑人的關係並不全是主人與奴隸的對立與仇恨。在《飄》中，少女郝思嘉與黑人保姆之間的關係，絕非奴隸主和奴隸那麼簡單，她們超越了主僕，有一種比血緣更緊密的親情。這不是米契爾的想像和藝術創造，而是歷史的一部分。

電影中扮演忠心耿耿的黑人保姆的演員 McDaniel，成爲第一位獲得奧斯卡獎項的黑人演員——當時，基於舉行頒獎典禮的酒店種族隔離政策，她只能和保安人員一起坐在最後方的位置，這是讓人痛恨的種族歧視。後來，她遭到很多左派的攻擊，說她不該參演這部「美化」奴隸制的電影，但她只說一句話就讓那些人閉嘴了：「要是我扮演一個女傭可以獲得一個禮拜七百美元的薪酬，爲甚麼我還要去當個眞的女傭一個禮拜賺取七美元？」

作爲一種經濟和社會制度的奴隸制，並不完全以膚色來劃分奴隸主與奴隸。據一八三〇年的美國人口調查，全國共有三千七百七十五名黑人奴隸主，他們擁有一萬兩千七百六十個奴隸。南卡羅萊納州莊園園主威廉·埃里森，是一名實力雄厚的黑人奴隸主，擁有一百多名奴隸。他對待與自己相同膚色奴隸比白人奴隸主更冷酷無情。聲名狼藉的馬里蘭州黑人奴隸主內特·布特萊爾，假裝爲逃亡的黑奴提供藏身處，同時假扮成追捕者去聯繫這些奴隸的主人，讓對方將逃亡者折價賣給他，他因此獲利頗豐。黑人奴隸主在南北戰爭中站在南方一邊，一八六〇年，若干居住在密西西比河三角洲的黑人奴隸主，聯名在紐奧良《三角洲日報》上發文聲明：「路易斯安那的自由有色人……擁有奴隸，並且深深地依戀著他們故鄉的土地……他們已做好了流血的準備以保衛自己的家園。」左派歷史學家對這段歷史藏頭亢腦。

另一方面，若以物質生活條件而論，當時美國黑奴的生活狀態優於非洲表面上享有自由的黑人（包括清帝國的四億農民）。美國民主主義者庫柏嚴厲譴責奴隸制的罪惡，指出奴隸制不符合基督教的準則，但他也誠實地指出：「在這個國家受奴役的非洲人，幾乎在所有方面都要強於生活在家鄉的野蠻狀態。」不僅如此，某些北方新式工廠中的勞工，生活狀態甚至比南方的奴隸還要糟。學者福格爾和恩格爾曼的計量歷史學數據，證明了一個讓北方政治人物和工業資本家難堪的事實：南方黑奴的物質生活條件要優於北方自由產業工人；他們的日常飲食營養豐富，健康狀況良好。

豐富的歷史不應被簡化，更不應被納入馬克思主義粗暴的階級、種族、性別劃分。比起馬克思的《資本論》和羅爾斯的《正義論》來，我相信《飄》中描述的人生和歷史更眞實。若要了解美國和美國文學，只讀一本書，我會毫不猶豫地選擇《飄》。

四、麥克阿瑟紀念館：將軍百戰身名裂，鐵馬冰河入夢來

在維吉尼亞軍港城市諾福克市中心，有一座建於一八四七年的希臘聖殿風格老建築，前門廊由六個巨大的托斯坎柱支撐著，莊嚴肅穆，宛如小型的國會山莊。在一九一八年之前，它一直是市政廳所在地，此後成為法庭。一九六〇年，這棟建築被改建成麥克阿瑟紀念館（MacArthur Memorial）。

走進紀念館之前，先經過一個精緻的花園，花園中有一座昂首挺胸、眺望遠方的將軍塑像——從高額頭和大鼻子上，一眼就可認出是五星上將麥克阿瑟。我來參觀時，遊客稀少，正好遇到幾位看上去是韓國老兵的參觀者，其中一位老人坐在輪椅上。他們向麥帥致敬、獻花、合影，似乎只有他們才明白麥帥有多麼偉大。而麥帥和夫人的墓地，就在紀念館一樓的大廳中，墓地被設計成圓形，國旗和軍旗豎立，金戈鐵馬的聲音，彷彿從遠方傳來。

在左派長期的教育洗腦之下，很多美國人，尤其是自詡爲進步派及和平主義者的年輕人，都將麥克阿瑟看作是「戰爭販子」。左派的民意調查顯示，麥克阿瑟被視爲美國有史以來最差的軍事指揮官，其地位甚至不及美國獨立戰爭時向英國軍隊投降的叛徒阿諾德將軍。兒子的歷史老師在課堂上講，麥克阿瑟是壞人，是戰爭狂人，想用核子武器毀滅世界。於是，我讓兒子去圖書館借閱麥克阿瑟的回憶錄及其他各種傳記，讀了之後他才明白：麥克阿瑟是歷史上最偉大的美軍將領，沒有之一。若非他的天才戰略和頑強意志，美國很難在太平洋戰場朝鮮半島轉敗爲勝，東亞的政治版圖將大不一樣。如果不是杜魯門、馬歇爾等綏靖派掣肘，按照麥帥的戰略，南北韓必定能統一，今天仍被金家王朝奴役的數千萬北韓人早就能過上南韓人自由富庶的生活。

這間紀念館中的史料和文物，有力地駁斥了左派對麥帥無恥的汙衊和誹謗。麥帥在太平洋戰場上運籌帷幄，以秋風掃落葉之勢擊敗大日本帝國，更將日本改造成優質的民主國家和美國忠誠的盟友；麥帥在韓戰戰場上憑藉仁川登陸戰一舉扭轉戰局，而且，他早就預料到中國會出兵，華府卻拒絕炸掉鴨綠江上大橋與空軍進入中國境內追擊敵人的建議，於是共軍從橋上一擁而入。

在紀念館的第一個展廳中，展示著麥帥在戰時乘坐的那輛軍用吉普車，還有戰後統御日本期間乘坐的那輛加長版黑色轎車，車猶在，人已逝，我頓時想起麥帥的名言「老兵不死，只是凋零」，他就是一位永遠沒有脫下軍裝的老兵。紀念館中關於二戰、韓戰的資料和展品最多，麥帥是這兩場戰爭的中流砥柱。環繞展廳的音響正在播放的，是麥帥在密蘇里號受降儀式上的致辭。麥帥在回憶錄中記載：「關於屆時該說些什麼、做些什麼，我並未得到任何指示，只能靠自己。是日，我站在戰艦的後甲板上，唯有上帝和自己的良知指引。」麥帥是美國歷史上最有文采的將軍——他優美雋永的文字不亞於任何一流的散文家，他的演講大都由自己親自起草。紀念館中收藏了麥帥的很多手稿，從深情款款的家書，到嚴厲的軍事命令，以及厚厚的回憶錄。如果說二戰時代的英國首相邱吉爾是唯一具有文豪身分的政治家，麥克阿瑟就是唯一具有文豪身分的將軍。

麥帥在受降儀式的演講中所達到的歷史高度，同代人無人能及，可同國父們並肩：「不同理念與意識形態的爭端已在世界戰場上決出了勝負，所以我們無須再來討論和爭辯。我們在此代表的是地球上最廣大的人民，所以我們也不是懷著猜疑、惡意以及仇恨的精神前來相見，而是要求我們勝敗雙方都上升至一種更崇高的尊嚴，只有它才符合我們即將為之奮鬥的神聖目的，使我們所有人都全心全意地信守他們在此正式承擔的職責。」若沒有虔誠深邃的基督信仰，不可能講出這樣高屋建瓴的話來。

隨後，麥帥還發表了一篇給美軍和美國民眾的演講：

如今戰爭的徹底毀滅性已經使其不再是一種可行的方案。我們只剩下最後一次機會。倘若我們無法設計出某種更偉大、更公平的體制，末日便近在咫尺。究其根本，這是一個神學問題，涉及靈性的復甦和人類秉性的提升，這些與我們過去兩千年來在科學、藝術和文學領域取得的進步以及一切物質和文化的發展同步發生。我們若想拯救肉身就必須從心靈入手。

這篇演講具有的哲學和神學的深度，讓杜魯門之流的政客望塵莫及。可是，有多少人聽懂了麥帥的諄諄告誡？

知恩圖報的日本人對麥帥充滿感激之心。出席受降儀式上的日本代表團成員之一、哈佛大學畢業的高級外交官加瀨俊一記述了對麥帥的深刻印象：「他是一個愛好和平的人。『和亦有功，其譽不遜兵威』，這句格言在他的演講中得到最生動有力的詮釋。他是一個散發著人格光輝的人，其高尚靈魂凝聚的光芒普照大地，其足跡所到之處世界為之光明。我不禁自問，如此氣度不凡的人物被派來擔任駐日盟軍最高司令決定日本的命運，難道不是難得的幸事？在我們窮途末路、萬念俱灰的灰暗時刻，卻迎來一縷燦爛的光芒，那就是麥克阿瑟將軍。」在紀念館內，我發現很多日本各界人士贈送給麥帥的禮物，從花瓶、摺扇到和服，林林總總，幾乎可單獨構成一間日本工藝品展覽室。日本人尊重打敗他們的人，他們瞧不起狐假虎威的中國人。

偏偏是麥克阿瑟的很多同胞，因爲將軍信靠上帝和堅決反共，而對將軍心存忌憚和怨恨，正應了聖經中所說，先知在其故鄉是不受歡迎的。不久前，美國軍事問題撰稿人、《麥克阿瑟：美國最危險的男子漢》一書的作者佩里，在《政治家》雜誌發表文章稱，麥克阿瑟將軍是帶領美軍在太平洋戰爭中獲勝的現代戰爭天才，同時也是讓日本實現民主的優秀政治家，但因其獨特的個性，其歷史功績被大大低估。他呼籲，在麥克阿瑟逝世半個世紀之後，美國社會應對其重新評價。

能夠保衛美國的，是麥克阿瑟那樣的男子漢，而不是拜登任命、身穿海軍上將制服，人不人、鬼不鬼的變性人衛生部副部長。美國再度偉大，美軍再度偉大，唯有承續麥克阿瑟的戰神精神。

五、馬丁·路德·金恩國家歷史紀念館：我們都有同一個夢想

亞特蘭大是馬丁·路德·金恩的出生地，關於金恩博士的紀念物有很多。除了馬丁·路德·金恩國家歷史紀念館（Martin Luther King Jr. National Historic Site），還有他的故居，他小時受洗、成年後擔任牧師的埃比尼澤浸信會教堂，最後安息的墓園，以及可口可樂博物館旁邊、也是由可口可樂公司投資設立的人權運動博物館等，若一一參觀完畢，至少需要兩天時間。

金恩博士的大部分遺物都在國家歷史紀念館內展出，給我留下最深刻印象的是他生前穿過的幾雙皮鞋。他穿著這幾雙皮鞋，走向阿拉巴馬的監獄，走向華府的林肯紀念堂，走向奧斯陸的諾貝爾和平獎頒獎典禮，最終走向殘酷血腥的死亡，這是一條少有人走的路，也是一條光榮荊棘路。

該紀念館是美國唯一一座紀念一位平民的國家級紀念館，其規模可跟若干總統圖書館媲美，甚至有過之而無不及。館內陳設完整地呈現了金恩博士爲民權、爲人人平等的美國夢而奮鬥的一生，他的「我有一個夢想」的演講，縈繞在紀念館的展廳中，仍讓人熱血沸騰。

然而，從紀念館走出來，頓時如同跌入另一個世界：周邊以非裔居民爲主的社區，有很多鬼屋似搖搖欲墜的房子，以及衣衫襤褸、處於醉酒狀態的行人。種族隔離制度早已廢除，這些深陷滅頂之災的人們，並非種族歧視的受害者，而是左派福利制度的受害者，正如非裔經濟學家索維爾所論：「黑人家庭挺過了數個世紀的奴隸制、數代人的種族隔離，但是，隨著自由派所主張福利國家的擴張，這些家庭已經瓦解。」

金恩的故居，位於奧本大道五〇一號。那裡是他外祖父母的家，一九二九年一月十五日，金恩博士在此出生。以當時的標準來看，這棟房子算是中產階級水準。但因爲三代同堂，家人眾多，頗顯擁擠——金恩博士與外祖父母、父母、兄弟姐妹、其他家庭成員與時常有的房客一起生活了十二年。然後，他的父母才搬入自己購置的新居。

對金恩來說，埃比尼澤浸信會教堂幾乎就是第二個家。他小時候在這裡受洗，十九歲時，經過試用講道考核，被按立成為教堂的牧師。三十一歲時，他成為主任牧師，與父親共同主持教堂，一直到一九六八年遇刺身亡。該教堂有幾個世紀的歷史，經過重新整修後，將祭壇、講臺和其他活動場所都恢復到金恩牧師父子主持該教會時的原貌。

金恩博士夫婦的墓地，跟一般的墓地大不相同。墓地位於一個長方形水池的中央，清澈的水波蕩漾，白色大理石墓碑在陽光和水波映照之下，似乎如白鶴般要沖天而起。我和其他來參觀的民眾一樣，緩緩繞池一圈，並在心中默默為這位人權勇士祈禱，祝願他在自由之地永生。

最讓我感動感動是名為「看哪」的紀念雕塑（Behold Monument）。我非常不喜歡華府市中心的巨大金恩雕像——那是一名專門塑造毛澤東像的中國雕塑家作品，充滿蘇聯式社會主義寫實主義及偽英雄主義風格，與周遭的風景格格不入，更與金恩的基督信仰背道而馳。我無法理解甄選委員會為何選中此一設計方案——難道甄選委員會成員全都是共產主義者？他們的審美品味停滯在史達林時代？而一九九〇年一月十一日由金恩夫人科麗塔揭幕的這件「看哪」雕塑，並非以金恩本人為原型，而是一名舉起新生嬰孩的、生氣勃勃的非洲男性。雕塑家派崔克說，其靈感來自於非洲古禮，新生兒誕生時，父親會將嬰孩高舉過透頂，當眾吟誦詩篇：「看哪！唯一比你大。」（Behold the only thing greater than yourself.）派崔克說，這件作品呈現了金恩性格和靈魂中的兩個面向：首先是勇敢，金恩是一個正直、堅韌的人，擁有捍衛道德和公義的勇氣，雖常常不受歡迎，甚至遭到鋪天蓋地的反對，也絕不退縮。其次，金恩又是一個溫柔的人，他溫和地維護自己尊嚴以及與弟兄姐妹的情誼，即便是仇敵，也用愛而不是恨去面對，這就是遵循耶穌「愛人如己」的教導。

在可口可樂博物館旁邊的人權運動紀念館內，也有若干關於金恩的介紹。但我發現，在這裡，人權的概念被大大縮減——幾乎聚焦於非裔美國人的人權，其他族裔的人權運動被壓縮到最後一間小小展廳中。我在那裡發現了一小塊介紹劉曉波的展板，劉曉波已去世幾年，相關資料卻尚未更新。

平心而論，金恩博士是一位有嚴重缺陷的英雄，且不說他私人生活中種種汙穢不堪的事情（諸如嫖妓成癮），他與主張暴力的黑豹黨（共產黨之變種）一直保持密切關係亦讓其飽受詬病。將他過度神話，不符合歷史事實。

我敬佩金恩博士「我有一個夢想」的演講，作爲少數族裔新移民，我也有同樣的夢想——我們都是美國人，在人格尊嚴上是平等的，在實現美國夢的機會上也是平等的，只要足夠努力、足夠勤勞，每個人的美國夢都能全部或部分實現。然而，今天的「黑命貴」運動已然走到金恩的反面——金恩希望所有不同膚色的人都能平等，不再以膚色區分人；而「黑命貴」則將某種膚色單列出來，如歐威爾所說的那樣，某一種人比其他人「更加平等」。若是金恩看到此種情形，看到有漫長犯罪紀錄、劣跡斑斑的佛洛伊德，因爲死於警察執法過當，就被左派奉爲第二個金恩，甚至享有黃金棺材下葬的禮遇，不知當作何感想？

六、白蘭地河美術館：懷斯畫出了陽光的味道和甜蜜

躺在夢境
衰草的流離之間
等海水漫上原野
等啾啾的鳥鳴
撩動風，爬上我愛的額頭

這是安德魯·懷斯（Andrew Wyeth）草草寫在素描紙上的詩句。懷斯是對中國當代美術影響最大的美國畫家，更是畫出美利堅靈魂的畫家。歷史學家保羅·約翰遜指出，美國人一直在喜歡交遊和熱愛獨處之間搖擺，一方面是村莊、花園和大城市的創建者，另一方面是原始森林的探險者和獨來獨往的異鄉客。如果說有著成千上萬戶的紐約摩天大廈是美國人喜歡群居的紀念碑，那麼，懷斯將畢生的精力投入描繪人跡罕至的賓夕法尼亞和緬因鄉下和曠野，也就無足爲怪了。

我們驅車三個多小時，來到不以懷斯命名、懷斯卻是其靈魂的白蘭地河美術館（Brandywine River Museum of Art）。它位於賓州與德拉瓦州交界處查茲佛德小鎮邊緣的白蘭地河畔。離美術館僅十多分鐘車程的一個山坡上，有懷斯的故居和畫室，這裡視野開闊，可以俯瞰山谷。從一九四〇年到二〇〇八年，懷斯一直在這棟平凡的鄉村住宅中揮毫潑墨，創作了數以千計的名作。他離群索居，在門口掛著「請勿打擾，拒絕簽名」的牌子。

一路上的風景，像極了懷斯筆下的一幅幅風景畫。原始而粗獷的大地，濃密而綿延的森林，紅頂白牆的農莊，安靜如雕塑的黑牛，還有那如同被懷斯定格在窗簾上的風，天空則如沈從文所說的那樣「高而藍，讓人想下跪」。

道路越來越窄小，兩邊的景色越發荒蕪，我不禁問妻：「這荒郊野外，會有美術館嗎？即便有美術館，誰會來呢？」妻回答說，沒有錯，再往前。轉入一個岔路，就看到一個小小的指路牌，然後就到了一處簡陋的停車場。下車步行數百米，美術館的大門出現在眼前——乍一看覺得是個農莊，沒錯，美術館的主體建築就是由昔日的「霍夫曼磨坊」改造而成的，旁邊的附屬建築也都仿照磨坊的風格。

正如弗農山莊不屬於華盛頓家族，白蘭地河美術館也不屬於懷斯家族，而是由一個名為「白蘭地保護委員會」的組織擁有。這個委員會由數十名當地的土地擁有人及農場主發起成立，他們從一九六〇年代開始眼看白蘭地河流域面臨現代商業和地產開發的大舉入侵，怎麼辦呢？他們不是向政府情願，而是展開行之有效的自救。他們先後購買了白蘭地河周邊的六萬五千四百多英畝土地，讓其保持原貌，不允許房地產開發商修建房屋——這是典型美國人捍衛故鄉的方式：我的土地，風能進，雨能進，地產商不能進。然而，若是在那些私有產權得不到保障的國家，這種方法卻一點也不管用。

這個中型的美術館，一半是原來的磨坊，一半是現代建築，兩者水乳交融。館內主要展出懷斯及其家族的經典作品，也包括幾位當地風格類似的畫家作品。這是一間真正「在地」的美術館。

「對我而言，繪畫不是出門去找好風景，而是去尋找那些伴隨我成長並且曾爲我所深愛的東西。」懷斯一生安居在小鎮查茲佛德（偶爾去緬因州庫辛鎮的另一處住所），終其一生創作的主題都是這兩地看似平淡無奇的人物和風光，經過他的畫筆，鄉村的人與物全都點石成金、光彩奪目。

懷斯以鄉下人自詡，很少出門遠行，不曾造訪紐約等現代都市，晚年受訪時如此解釋說：「人們可以做環球旅行，看盡大千世界，卻看不見腳下寸土。對我而言，只有我出生的這塊土地才能賦予我最強烈的感情。而查茲佛德就是我生於斯、長於斯、遊於斯的所在。」

談起故鄉，已至暮年的懷斯不免唏噓：「我的哥哥姐姐們都比我受過更多教育（懷斯的父親是一位優秀的插圖畫家，懷斯所有的繪畫專業訓練均來自父親，他從沒進入過專業藝術院校），而我比他們更鐘愛獨處。因此，當我發現偏安一隅卻能盡得所需，那就沒必要再跑往別處去啦！」

與懷斯一樣，我也是在小鎮上長大的——懷斯的故鄉仍保持一百年前的原貌，我的故鄉卻被城市化浪潮摧毀殆盡。上大學之後，我離開故鄉，卻從未喜歡過我所到過中國和西方任何一個大城市，我與沈從文一樣，一生都自認為是鄉下人。我對懷斯的畫有深切的共鳴，儘管我故鄉的景物與懷斯畫上的景物大相逕庭，但景色背後的情感和精神卻有共通之處。正如一位美術評論家所說，懷斯以敏銳的感觸，精緻的寫實技巧，捕捉視覺的一瞬，創造出一種屬於個人的主觀藝術，以一種連續而持久的個人主義，應付這個毫不穩定和全無把握的現實生活。懷斯的繪畫，往往透過鄉村小屋、山野鳥獸和樸實的小人物，表現存在於人類內心的孤寂感。在懷斯極端寫實的優美自然景象和洋溢詩情的作品中，潛含著一股淡淡的哀愁與懷鄉的感傷，他以至高沉默的態度，表達對人生的禮讚。孤獨的人，並非如歌手張楚所吟唱的那樣「是可恥的」；對於懷斯來說，孤獨的人是光榮的、是可敬的，孤獨才能讓人發光。

白菜蘿蔔，各有所愛。我不喜歡醜陋不堪、張牙舞爪的當代藝術，無論是中國的，還是西方的。我喜歡懷斯的寫實主義——人們將懷斯關於缺席、孤寂、失去和拋棄主題的作品，稱為「懷鄉寫實主義」。二戰後的美國，是抽象畫和普普藝術的全盛時代，懷斯的藝術被大部分評論家詬病，認為他過時、笨拙，甚至將其貶斥為「插圖畫匠」。實際上，現代主義者們對懷斯的拒絕，並不僅僅作畫風格的原因，還因爲他表現了美國傳統的勞動者和中產階級價值觀、生活方式和理想。《生活雜誌》如此評論說：「如果說有純粹的美國傳統藝術的話，那就是安德魯·懷斯在畫布上直接表現出來的東西。」所以，懷斯與左派紅衛兵之間爭論的焦點，已然延伸到階級、地域、文化與教育層面。

左派的攻擊並未消減懷斯及其作品，懷斯就像克林·伊斯威特所扮演曠野中的老牛仔，就像麥克阿瑟那樣的老兵，雖日漸老去，卻屹立不倒。懷斯的作品深深打動了不同黨派的美國總統們：艾森豪對懷斯的畫作《尼古拉斯》讚不絕口，甘迺迪授予懷斯總統自由勳章，尼克森在白宮爲懷斯舉辦個人畫展，小布希向懷斯頒發國家藝術勳章——懷斯偕妻子貝茜向白宮贈送畫作《朱比特》，這幅畫被陳列於小布希的起居室內。懷斯的畫作還征服了敵國的領袖：據說，《被踐踏的稗草》是蘇聯領導人赫魯雪夫最喜歡的一幅畫。那是懷斯在一場大病初癒後的第一幅作品，肆意生長的稗草被人無情地踩踏，卻頑強挺立。畫面反映的似乎就是懷斯的內心：人生而脆弱渺小，誰又不是一根稗草呢？經歷過史達林暴政的赫魯雪夫，看了這幅畫，怎能不心有戚戚焉？赫魯雪夫在蘇共二十大上發表祕密報告，對史達林主義發起絕地反擊，像不像「野火燒不盡，春風吹又生」的稗草對靴子的復仇？

在懷斯筆下常常出現的幾位女性模特兒中，最美的無疑是他的妻子貝茜。而他最著名的作品卻是《克里斯蒂娜的世界》——如今，它和惠斯勒的《藝術家的母親》（被譽爲「美國的蒙娜麗莎」），以及格蘭特·伍德的《美國哥德式》（地方主義的文化符號），一起成爲美國精神的象徵。畫中描繪的少女克里斯蒂娜是懷斯的鄰居，因患小兒麻痹症而雙腿殘疾。畫面表現了她正在向居所爬行的場景，荒涼的原野使她瘦小的身軀更顯悲涼而堅定。現實中的克里斯蒂娜是一個尊嚴感極強的女子，她和懷斯是好朋友，多次擔任懷斯的模特兒。懷斯牢牢抓住了克里斯蒂娜精神世界的核心內容——勇往直前、無所畏懼、不屈從於命運的安排，那是從清教徒到西部牛仔一脈相承的美國精神，也出現在克林·伊斯威特主演的電影《荒野大鏢客》和凱文·柯斯納主演的美劇《黃石》中。

在展廳中，還有充盈著攝人心魄之美的裸女系列。這是對過於刻板僵化之清教徒傳統的突破，也是對上帝所創造人體之美的禮讚。在懷斯眼中，沒有紅字，沒有禮教，只有女性身體超越萬物的美，美得偉大，美得謙卑，美得語言無法形容，而只有畫筆可以定格。一九八六年，懷斯公開展出了名爲《海爾格系列》的兩百四十七件作品中一部分，畫中的模特兒是懷斯的德國裔鄰居海爾格·特斯托爾夫——她不是嬌生慣養的富家女，而是每天都要辛苦勞動、手上有老繭、臉上有風霜的農家女。從一九七一年到一九八五年，懷斯一遍又一遍地描畫海格爾，表現出驚人的耐心、集中與專一。其實，若用普通人的眼光來看，海格爾遠不如懷斯夫人漂亮，懷斯卻別具慧眼，在海格爾身上發現了一種與大地息息相通的美，一種只有在這片曠野和農場中才有的美，一種「環肥燕瘦」的中國式審美無法理解的美。美國人不是生來就富裕，美國人的富足是勞動換來的，這是一片「不勞動者不得食」的土地。

這批作品堪稱懷斯的巔峰之作，件件都精湛無比。在創作期間，無論是懷斯還是海爾格，都沒有將這件事情告訴別人，甚至自己的伴侶。懷斯在闡述這個系列畫作以及他與模特兒關係時語多突兀：「我和許多畫家的不同之處在於，我必須和模特兒有個人接觸，我必須迷戀她們，而且被她們迷倒，當我看到海格爾時，就是這樣。」懷斯去世後，暮年的海格爾堅稱，她和懷斯只有精神交流：「你知道，做愛有多種形式。」懷斯的妻子貝茜則擲地有聲地說：「我認爲沒有，如果他們眞的有發生過關係，這些畫作就不會具有藝術的張力和魔力了。」

參觀完所有展廳中的作品，已是午後，在餐廳中一邊用餐，一邊可欣賞外面的花園和靜靜流淌的白蘭地河。花園中還有懷斯所畫神氣十足的豬的塑像，一般的畫家不會去畫不雅的豬，而在懷斯筆下，豬也有馬一般的自信與驕傲。

懷斯是我最喜歡的美國畫家，他如此美國，如此普世，如此孤獨，又如此深切地打動每一顆跟他一樣孤獨的心靈，彷彿就是坐在門廊跟你講述鄉村故事的老爺爺。

七、流水別墅：豐盛即美

美國最偉大的建築是什麼？是國會山莊、林肯紀念堂、白宮、五角大樓，還是金門大橋、比特摩爾莊園、帝國大廈以及芝加哥川普國際酒店大廈？都不是。

美國最偉大的建築，是一棟隱身於賓夕法尼亞州西南部森林之中私人住宅（該住宅室內面積僅四千多英呎，跟我家差不多大）——流水別墅（Fallingwater，又譯「落水山莊」）。

如果說懷斯是畫出美國精神的最偉大的美國畫家，那麼萊特（Frank Lloyd Wright）就是用建築呈現美國精神、最偉大的美國建築師。

「我是法蘭克・洛伊・萊特，建築師。」任何時候，萊特總會這樣介紹自己。「法蘭克」（Frank）在英語裡意爲「直率、清晰」，「洛伊」（Lloyd）的威爾斯語本意爲「神聖的、純潔的」，他的姓「萊特」（Wright）在古英語中意爲「工匠、建造者」。一目了然，擁有這個名字的人是一位既直率又純潔的工匠。沒有比這更謙卑的自我介紹了。

流水別墅被《時代》雜誌稱頌爲「萊特最美的傑作」，名列《史密森尼》雜誌二十八個「一生中一定得造訪一次的地點」，更被美國建築師學會譽爲「美國建築史上最偉大之作」。二〇〇〇年底，美國建築師協會選出二十世紀美國建築代表作，流水別墅排名第一。

從我家驅車四個多小時，穿行過賓州連綿不絕的森林和不時出現的大型農莊，風景如一幅徐徐展開的山水長卷。若不是按Google 地圖指引，我實在不相信在這與世隔絕的荒郊野外，居然隱藏著這棟舉世聞名的建築。從主路拐入一條小路，方圓數英里之內，幾乎看不到第二戶人家。茂密的森林中，忽然出現莊園的大門和停車場。

我們停好車，先到一組森林小木屋般的建築前，這是遊客中心和禮品店。再往裡走，是一段需要步行十多分鐘的林間小徑，繞過山坡，漸漸可聽到瀑布的聲音，瀑布近了，流水別墅就不遠了。

山窮水盡疑無路，柳暗花明又一村，轉過幾個彎，走出一片叢林，流水別墅如同一位猶抱琵琶半遮面的美人，出現在眼前。這棟建築彷彿是飛來石般，橫跨在熊奔溪的瀑布之上，又像是一隻只是臨時停留下來戲水的飛鳥，隨時可能御風而去。萊特說過：「美麗的建築不只局限於精確，它們是眞正的有機體，是心靈的產物，是利用最好的技術完成的藝術品。」流水別墅就是這樣一棟有生命的建築。

流水別墅以懸臂樑結構舒展於瀑布上，完美體現了萊特的「有機建築」理念，將自然環境及人類生活串聯整合。這個建築敬仰它的地段，瀑布與建築呈現出戲劇化的互動關係，建築沒有破壞瀑布，而是與之相得益彰。人們首先透過聲音，而不是視覺，去感知瀑布的力量。在整個房子中都可以聽到源源不斷的流水聲。

萊特喜歡日本和東方藝術，這棟建築中處處有日式禪宗的美學風格，包括院子裡的石頭佛像和室內的家具陳設。西方現代藝術的簡潔明快與日本古典藝術的內斂沉靜，在此毫不衝突、彼此鑲嵌。

流水別墅並非萊特自己的住宅，是他爲猶太大亨埃德加·考夫曼所設計的。但當我參觀時，卻隱約覺得萊特才是主人，其身影彷彿在居室、樓梯、露台和花園中徘徊。評論家沙里寧指出：「如果今天是如同文藝復興的時代，那麼萊特就是二十世紀的米開朗基羅。」萊特是建築師，也是作家和思想家，他靠作品及建築師事務所、建築學院，扭轉了美國建築界流行的奢華風格，讓建築回歸自然、回歸人性，人們在他設計的建築中看到的，不單單是建築本身，而是草原、沙漠和森林。

納粹、蘇俄和中國的建築，是其極權主義意識形態的體現，以人爲敵、以人爲奴，以追求烏托邦的名義，指向共產主義計畫的目標：平衡、平等，以及國家強大的象徵。萊特的建築則返璞歸眞、與人爲友。「豐盛即美」，萊特經常引用英國詩人布萊克（William Blake）的這句話。萊特在《自傳》裡深情地回憶少年時代在鄉村的舅舅家幹農活的那些時光：「從日出到日落，任何一座人工雕琢的花園，都會因威斯康辛原野上無可比擬的美而黯然失色。每天清晨，我開始一天勤奮的學習。我的課本是成群飛過的昆蟲、蕨草散發的氣息、神奇的苔蘚和腐爛的樹葉，是我赤腳踏過的草地，和那裡面蘊藏著的奇異的生命……我走進霧氣濛濛的樹林，順著開滿蔦蘿和報春花的蜿蜒山脊，穿過齊腰深茂密的草叢。星星點點的火光在我身邊舞動，那是彷彿漂浮在草叢中的野百合花。」對自然的熱愛，讓萊特的建築融入自然環境，而非與自然環境對抗。

在漫長的建築生涯中，萊特創造了許多因地制宜，被稱爲原生的美國建築作品。除了著名的「草原住宅」，他還創造了另一種別具一格的「美國風住宅」（the Usonian House，萊特根據美國的全稱 United States of North America 的首寫字母組合 USONA 創造了「Usonian」一詞，用來稱呼他設計旨在爲美國中產階級大眾服務的住宅類型）。直到去世，這種住宅一直都在萊特的建築類型中獨樹一幟。該理念的形成與「廣畝城市」的思想一脈相承，典型的美國風住宅展現出高挑深遠的屋頂和伸展舒坦的牆體，有條不紊地坐落在萊特所設想嚴格限制機動車輛的理想城市環境（Motopian City）之中，以實現文化與農業合二爲一的伊甸園式人類美景。

萊特是一位擇善固執的大師，他追隨內心深處的聲音，拒絕聽從客戶的指令和干擾，讓很多客戶頭痛，也一度讓他流失大量訂單。流水別墅的主人考夫曼，一開始不喜歡萊特在室內裝修中大量使用紅色，希望減少紅色的裝飾和紅色的家具。對於這位財大氣粗的客戶並非不合理的要求，萊特簡潔而決絕地回答了一句：「我認爲，你會習慣的。」這也難怪萊特會是艾茵·蘭德代表作《源泉》主人翁霍華德的原型——萊特是建築界和藝術界極少有的保守主義者，他一度與蘭德惺惺相惜，蘭德甚至打算請萊特爲之設計個人住宅。不過，兩人都是極端的個人主義者，有著教主式的獨裁專斷個性，獅子與獅子難以和諧相處，兩人後來分道揚鑣。

流水別墅之美，若身在建築中或近處，難以完全體悟，需要沿著小徑走到瀑布下方數百米處，從森林與河流的交集之處，往上仰望，才能看到整棟建築的全貌，從而驚歎其巧奪天工。不過，我個人猜想，若眞的居住在此，未必會覺得舒適：首先，若是二十四小時都聽到瀑布的水聲，或許會頭昏眼花，換了敏感的我，晚上大概難以入睡。其次，萊特爲了讓居住者將視野投向室外的森林與河流，刻意將室內層高壓低，人在房子中生活，頗有壓抑之感。第三，房屋離水太近，各處都很潮濕，需要時時加以養護。我們來參觀時，就有若干工人在實施維修工程。

一九六三年，萊特去世四年後，考夫曼決定將流水別墅捐獻給當地政府，永遠開放給公眾參觀。在交接儀式上，考夫曼的致辭是對萊特這一傑作的感人總結：

流水別墅的美，依然像它所配合的自然那樣新鮮，它曾是一所絕妙的棲身之處，但又不僅如此，它是一件藝術品，超越了一般含義，住宅和基地在一起構成了一個人類所希望與自然結合、對等和融合的形象。這是一件人類爲自身所做的作品，不是一個人爲另一個人所做的，由於這樣一種強烈的含義，它是一筆公眾的財富，而不是私人擁有的珍品。

我在美國各地旅行，參觀過太多這種原本是私人產業（住宅、花園等），後來主人將其捐獻出來供公眾參觀遊覽的地方（有的免費，有的只收取低廉的門票）。這就是美國代代相傳、不絕於縷的清教徒精神——人只是受上帝的委託管理財富，人不應當揮霍浪費其財富，財富應當用在可榮神益人的地方。大部分富人，並非左派所妖魔化的壞人，他們常常用鉅額財富來服務公眾和社會。因此，儘管美國從一建國起就是一個貧富相當懸殊的國家，但美國沒有其他國家那種瀰漫於全社會的仇富心理，馬克思主義的仇富宣傳在這個國家少有市場——若是在中國，流水別墅這樣的富人宅邸，早就像阿房宮那樣被痞子們一把火燒掉了。

萊特設計了許多美輪美奐的教堂，卻不去教堂禮拜。著名主播華勒斯採訪他時曾經直截了當地詢問：「據我所知，你從不去教堂參加禮拜。」萊特回答說：「我常去的是另一座被稱作『自然』（Nature）的教堂，它包含一個大寫的N，那裡就是最偉大的教堂。人們拼寫『上帝』這個詞時總會用大寫的G，我難以理解為什麼書寫『自然』這個詞時不用大寫的N。」萊特膜拜的，既是美不勝收的「造化」，也是自然界中萬物的「本性」，或者更準確地說，是上帝的「普遍啟示」。而他自己，只是一名忠實的記錄者。

八、雷根總統圖書館：「讓『自由派』（左派）成為恥辱」的偉大總統

位於加州洛杉磯北郊西米山谷的雷根總統圖書館（Ronald Reagan Presidential Library & Museum），是唯一一個我多次去參觀的總統圖書館。有些總統圖書館，我過其門而不入，比如尼克森圖書館，我看到照片上顯示，其大廳中有尼克森與毛澤東、周恩來會面的塑像——我豈能踏入如此臭氣熏天的糞坑？

雷根是我最推崇的美國總統，也是二十世紀最受美國民眾愛戴的總統，他在卸任時的支持率高達百分之六十三，高於一個世紀以來所有的美國總統。他在兩次大選中先後擊敗民主黨對手卡特和蒙代爾，前一次席捲了四百八十九張選舉人票，後一次更是拿下了除對手的老家明尼蘇達州和華盛頓特區之外所有五百二十五張選舉人票，他簡直就是歷史上最了不起的「選票收割機」。

我們開車盤山而上，幾乎到了山頂才看到這座宏偉的建築：主建築採取西班牙殖民時代造型，還有一座帶噴泉的中庭花園。它是迄今爲止最大的一座總統圖書館，館中收藏雷根在職期間所簽署的重要文件和數以萬計的白宮書面記錄及歷史影片。展廳內，可以看到雷根母親傳給他的那本聖經，也是雷根就職宣誓時使用的聖經。表面上看，雷根似乎沒有卡特那麼敬虔——卡特對聖經倒背如流，還是教會的主日學老師，但卡特的種種政策完全偏離聖經眞理，他軟弱猶豫、缺乏自信，對共產主義充滿恐懼。反之，雷根像五月花號上的天路客一樣堅定不移地相信，美國是一座山上之城，美國人是上帝的選民；他也像開國元勛們一樣，將美國看做是一個理想的共和國，也如林肯所說，美國「是全世界最後的、最美好的希望所在」。雷根對於反共有一種敏銳的直覺，這種直覺來自於他的基督信仰。

一九八一年三月三十日，在擔任總統職位六十九天後，雷根在華盛頓希爾頓酒店門口遭到刺客襲擊，胸部中彈。在總統專車抵達喬治·華盛頓大學醫院急救室時，他強忍劇痛，走了二十英尺，直到進了急救室大門，才癱軟下來。經過一番搶救，雷根活了下來，他在醫院的一張便條上寫道，「上帝在我身上有特別的安排」。在一間展廳中，我看到了雷根遇刺時身穿的西裝外套，上面可以看到斑斑血跡和明明可見的彈孔。

雷根的這件西裝讓人重新回到那個可怕的時刻，而第一夫人南西八十多套五彩繽紛的禮服則讓人歎為觀止——南西曾是好萊塢名演員，舉手投足都有明星派頭，她與英俊瀟灑的丈夫一起象徵著美國最好的那一面，他們帶領走上歧途的美國重歸正軌。

雷根在與卡特辯論時，用一句簡潔、幽默又極具殺傷力的話說出了卡特的致命缺陷和他自己的施政願景：「所謂的衰退，就是你的街坊鄰居丟掉飯碗的時候。所謂的蕭條，就是你自己也丟掉飯碗的時候。而所謂的復興，就是卡特丟掉他的飯碗的時候。」入主白宮之後，雷根迅速收拾了從一九六〇年代延續至一九八〇年代的亂局，讓美國邁向偉大之路。前國家宗教廣播公司（NRB）執行董事本·阿姆斯壯博士說，在雷根的任期內，提升了家庭、聖經、祈禱和愛國主義的傳統標準。雷根透過他的卓越的溝通影響了街上的普通人，帶領美國回歸傳統價值觀。

評論家 David Butler 指出，在白宮八年的日子裡，雷根透過決心、樂觀，以及對一套基於信仰的明確原則之承諾——包括他對美國建國的價值和憲法的信心、對美國自由市場體系的信心和對美國人民善良本質的信心，重新點燃美國經濟，重新確立了美國在世界上的領導地位，重塑了美國公眾的自豪感和使命感。雷根在一次演講中，表達了對美國建國原則的信心和對美國人民的信心，他指出，個人、政治和經濟自由是所有人持續繁榮的「祕方」：

只要我們牢記自己的基本原則，相信自己，未來永遠是我們的。我們本想改變一個國家，結果卻改變了一個世界。世界各國正在轉向自由市場和言論自由，摒棄過去的意識形態。

雷根提醒美國人民，他政府的成功是他一貫關注基本原則的結果，「我稱之爲基本原則。美國建國時的指導思想、智慧和眞理，以及人民擁有主權、政府的權力來自於人民同意的獨特觀念——這與過去所有政府和現在許多政府都不同。」他強調：「我們的革命是人類歷史上第一次眞正扭轉政府進程的革命，只用了三個詞：『We the People（我們人民）』。『我們人民』告訴政府做什麼；世界上幾乎所有的憲法都是政府告訴人民，他們的特權是什麼，而我們的憲法是一個由『我們人民』來告訴政府它被允許做什麼的文件。」

雷根成功地擊退了自由派（左派）的攻擊，而且讓他們聲名掃地。一九八八年十月二十六日，眾多著名自由派知識分子，包括經濟學家加爾布雷斯、歷史學家阿瑟·施萊辛格、社會學家丹尼爾·貝爾等，在《紐約時報》發表了一份抗議書，他們稱雷根總統「透過讓『自由主義者』和『自由主義』成爲恥辱」而「中傷我們最久遠、最高貴的傳統」。他們恥於承認自己是左派，聲稱要將自由主義重新恢復到其最初的含義，即「個體獲得它們最全面發展的自由」。但與此同時，他們又不願放棄左派的一個根本性理念——政府在經濟和社會工程中，對公民的生活進行廣泛的干預。這個理念顯然是違背了美國「最久遠、最高貴的傳統」。

雷根確信自己站在上帝一邊，也站在敬畏上帝的美國民眾一邊。有一次，雷根在白宮舉行年度午宴，款待新加入共和黨的同仁——他自己就是一九六四年由民主黨老黨員改投共和黨的，他從爛泥潭中走出來，深知必須排乾沼澤地，多年之後的川普也是如此。「讓民主黨去維護他們的穩固利益，去擁抱權力經紀人，去搞特殊利益政治吧……我們只要站在人民一邊即可」，雷根大聲宣告。然後，他帶著勝利的微笑說：「一般來說，我很少看《紐約時報》消磨時間，不過，我看到它的頭版有這樣一篇文章：『現在，自稱共和黨人的美國人數量與自稱民主黨人的數量大致持平。』還記得他們當年叫我們少數黨嗎？這是多美的一件事……歡迎加入。歡迎回家！」

雷根總統圖書館中有兩件鎮館之寶：其一是唯一公開展示的空軍一號總統專機——它曾是包括雷根在內的七位美國總統使用過的專機，在二〇〇一年退役後，被送到雷根圖書館保存和展出。如今看來，專機內的陳設稍顯簡陋，總統休息的床如行軍床般窄小。其他內閣高官的座椅跟普通民航客機上的經濟艙差不多。旁邊二樓的一整面牆上，碩大的世界地圖上，閃亮的燈泡顯示雷根乘坐空軍一號訪問過的世界各地，旅程超過之前的每一個美國總統。空軍一號的會議室內，桌上還擺著一盒雷根生前最喜歡吃的軟糖——每當遇到難題、冥思苦想時，他就從盒子中取出軟糖來吃，吃著吃著就想到了解決方案。

在空軍一號下方，有一家以雷根命名的小商店，出售紀念品和簡餐。這家小店從愛爾蘭 Ballyporeen 小鎮的 O'Farrell's pub 酒吧複製而來，這個小鎮是雷根家族的發源地。一九八四年，雷根與南西訪問愛爾蘭時，曾到這個小鎮尋根。雷根家族有其家族徽章，原來的愛爾蘭姓氏爲 Regan，移居美國之後才改爲 Reagan。

另一件寶貝是圖書館外豎立一段柏林圍牆的斷壁殘垣，這是德國政府所贈送、眞的柏林圍牆一部分。柏林圍牆是在雷根卸任後倒下的——被雷根認爲「過於軟弱」的老布希坐享其成，但毫無疑問，雷根才是推倒柏林圍牆的第一推手。在圖書館內的展廳中，有按照雷根與戈巴契夫在冰島會談的場景而塑造的兩人銅像：雷根恢復了自由世界領導者的自信和攻勢，瀟灑自如、侃侃而談；而戈巴契夫的身體姿態暗示，他知道大勢已去，只能勉強延緩蘇聯帝國的崩潰。當年，雷根在柏林圍牆前發表演講，力排眾議說了一句「戈巴契夫先生，請讓這面牆倒下！」鏗鏘有力、風卷殘雲。不僅是柏林圍牆，泥足巨人般的蘇聯，在這句話面前搖搖欲墜，這就是話語的力量。今天，誰能對中國發出如此強有力的呼籲？

在院子裡，豎立著一尊雷根騎馬奔馳的銅像。雷根身上有一種西部牛仔的激情、勇敢和單純。在其八年總統任期內，幾乎有一年時間是在牧場度過的，這個牧場位於洛杉磯西北的聖伊內斯山。雷根縱馬奔馳，在馬背上作出許多重要決定——他對牧場的喜愛遠超白宮，這個感覺是對的。

一九九四年十一月五日，雷根被診斷出罹患阿茲海默症，他以親筆書信的形式將病情告訴國人，最後一句情眞意切地寫道：「我知道我正走向我人生旅程的黃昏。我知道對美國而言，前方總是閃耀著燦爛的黎明。謝謝你們，我的朋友們。願上帝永遠祝福你們。」雷根的很多講稿都是他親自完成的，他知道怎樣用民眾熟悉的語言演講，知道怎樣打動和贏得人心。

二〇〇四年六月五日，雷根去世。那時，我正在華府訪問，參加了美國政府爲之舉辦、萬人空巷的國葬典禮。之後，雷根的遺體被運到圖書館主廳中，有超過十萬名加州人來此向其致敬。雷根與妻子南希的墓地就在圖書館外的山坡上。墓碑上寫著雷根的一段話：「在我心中堅信，人類的善良及正義的事業最終會得勝，而且每一個人的生命都有其價值和意義。」從這裡，可眺望遠方山巒起伏的風景，太平洋上的海風徐徐吹來。

美國西遊記：從維吉尼亞到德克薩斯

二〇二一年夏，我們驅車從維吉尼亞到德克薩斯，再驅車返回，往返四千英里。一路縱情山水，探訪友人，前後耗時二十多天。這是我們到美國之後最長的一次自駕行。

去程，我們走北線，從維吉尼亞出發，經過西維吉尼亞、肯塔基、印地安納、伊利諾、密蘇里、奧克拉荷馬，最後抵達德克薩斯的達拉斯。回程，我們走南線，經過阿肯色、田納西，回到維吉尼亞。

藍嶺公路：鄉村之路，自由之路

中午，從家中出發，開始從維吉尼亞到德克薩斯、橫穿美國西南諸州的長途旅行。兩家六口人一起出行，行李將豐田 Sienna 休旅車塞得滿滿的。

這趟旅程，往返將近四千英里，是我們家移居美國十年來最長的一次公路之旅。此前，我們最遠開車到過佛羅里達的奧蘭多，這次更遠，更深入美國的心臟地帶。

一路向西，車輛變得稀少，接近西維吉尼亞時，前後一兩英里只有我們一輛車。在華府郊區經常遭遇塞車，上下班的人們苦不堪言。如今，行駛在空曠暢通的高速公路上，心情變得舒暢遼闊起來。

很長一段路，與藍嶺山脈平行，遠山如黛，雖無台灣的山那種高而險的氣勢（整個美國東岸，都沒有三千公尺之上的高山），卻別有一種狂野與原始之美。此時，我才明白這段阿巴拉契山脈爲什麼名叫藍嶺——山的顏色不是綠色，是藍色，比天空深得多的藍色。

在維吉尼亞與西維吉尼亞交界處，我們駛上約翰·丹佛所吟唱的「鄉村之路」。這段公路風景絕美，兩邊是連綿不絕的群山，近處林木茂盛，遠處雲霧繚繞，頗似川西峨眉和青城的山川景象。偶爾有大片平地，散佈著大型農場，有的農場綿延數百英畝之廣，農場主的住宅和農倉如同城堡一般。很多美國農夫的生活，比城裡人更富裕、更愜意，在美國，農民絲毫不含有貶義，農民不是中國的那種「劣等公民」或「低端人口」。

一邊開車，一邊播放百聽不厭的那首〈鄉村之路〉——我第一次聽到這首歌，是在十八歲剛上北大時。在狹小的學生宿舍硬板床上，一遍遍地聽這首美國鄉村歌曲，然後恬然入睡。我對音樂很遲鈍，但這首情深意切的歌深深打動了我。世界上眞有接近天堂的地方嗎？這條公路究竟是什麼模樣呢？那時，我只能靠想像來「神遊」。身邊有不少同學天天背誦新東方的「紅寶書」，已經開始實施出國留學計畫，我卻從未想過去美國旅行、留學乃至「用腳投票」成爲美國公民。如今，我眞的行駛在這條路上，以美國公民的身分，而青春早已不在。

鄉村之路，領我回家
就像是天堂，西維吉尼亞
藍嶺山脈，仙納度河
在那兒，生命是古老的，比森林更古老
但比山脈年輕，像風一樣自在地成長

鄉村之路，領我回家
回到我屬於的地方
就是西維吉尼亞——山脈之母
領我回家吧，鄉村之路

我所有的回憶都圍繞著她：
對藍色海洋陌生的礦工妻子
塗滿黑與灰的天空
私釀酒的迷離滋味

淚水在我眼眶中打轉
我明天就該回到她的懷抱

這首歌問世的時間，比我出生的年頭還早。一九七〇年十二月二十二日，約翰·丹佛和太妃·妮芙、比爾·丹諾夫這對情侶連袂前往華盛頓一家名爲 The Cellar Door 的俱樂部，履行爲期二週的表演合約，當時他們名不見經傳。某晚唱畢，三人相約回去喝酒聊天，回程途中，約翰·丹佛出了一場小車禍，傷到左手拇指。到醫院包紮以後，他又趕到妮芙和丹諾夫的住處聊天。

閒聊中，妮芙和丹諾夫提到他們在寫一首歌。妮芙說，有一回，兩人開車前往馬里蘭，準備參加家族聚會，爲了打發開車的無聊時光，丹諾夫信口編了一首歌，描述這一路上道路之曲折蜿蜒。不久，丹諾夫想起有位友人寄來的一張明信片，是其家鄉西維吉尼亞壯麗的鄉間景色，遂以那位友人爲抒情主人翁改寫了歌詞。兩人原本打算把這首歌賣給鄉村音樂界巨星強尼·凱許，但約翰·丹佛聽過歌以後，十分喜歡，強烈表達想要唱這首歌，也願意幫忙完成。

於是，三人開始唱這首歌，一邊唱一邊修改歌詞。有趣的是，三人都沒到過西維吉尼亞，歌詞的內容全來自一張明信片上的風景——就好像范仲淹沒有到過岳陽樓，卻寫下傳誦千古的〈岳陽樓記〉。他們一直忙到清晨六點才定稿，約翰・丹佛當場宣稱把這首歌放在下一張專輯裡。

十二月三十日晚上，這首歌在那家華盛頓的俱樂部首演。當約翰・丹佛演唱完畢，人們被深深打動，所有觀眾瘋狂鼓掌五分鐘。

幾個月後，約翰・丹佛的新專輯《詩、祈禱與承諾》推出，其中〈鄉村之路〉備受歡迎，在排行榜上攀升到亞軍位置，短短數月間即賣出一百萬張，進而紅遍全球。

這首歌讓西維吉尼亞這個貧窮落後的農業州名聲大噪。曾有資深旅行達人告訴我，美國最美的州，不是夏威夷，不是科羅拉多，而是西維吉尼亞這個「群山之州」。過去我還不太相信，近年來，我與家人多次到西維吉尼亞旅行，越來越愛上她的大山大河。中國病毒氾濫的二〇二〇年夏秋，西維吉尼亞整個州每日染病人數，遠遠少於我居住的費爾法克斯郡一個郡，西維吉尼亞儼然是一片安全的綠洲。那段時間，我們多次驅車去人煙稀少的西維吉尼亞鄉間，置身大自然之中，取下口罩，去除恐懼，自由呼吸，何等愜意。

美國的城鄉對立，不如中國那麼尖銳（中國的城裡人是高等公民，農村人是二等公民），但也有價值觀上的對立：大城市的居民多為裝腔作勢的左派，鄉村的居民多為自然淳樸的右派。一路上，時不時可以看到農場門口有支持川普的旗幟高高飄揚，農夫們毫不掩飾其政治立場——若是在加州或紐約，這樣的旗幟會遭到左派及「黑命貴」破壞，在那些地方，美國公民連表達熱愛美國的言論自由都受到威脅。

遠遠地，我看到有一面巨大的美國國旗在迎風飄揚，那麼大，比政府機關門口的國旗還大。走近了才發現，那是一處露營車營地。開露營車旅行的人，多半是熱愛大自然也熱愛自由的右派。這面被左派厭棄的星條旗，在獵獵的風中，如白頭鷹般展翅飛翔，在藍天白雲的映襯之下，美麗得讓人想淚下。沈從文說過，北平高而藍的天空，讓人想下跪。但如今的北京早已沒有高而藍的天空，霧霾和沙塵暴造就了低而黑的天空。兩年前逃離中國的人權律師陳建剛告訴我，他最愛美國的地方是一抬頭就可以看見藍天白雲——我們到美國時間久了，早已習以爲常，他剛來，視若珍寶。

國旗多的地方，必定是保守派多的地方。從童年起，我天生厭惡中國血腥的五星紅旗，熱愛美國的星條旗（僅從審美而非意識形態而論，兩面旗幟之美醜即判若雲泥），每當看到那張美軍在硫磺島上奮力豎起國旗的照片，我就爲之歎息不已。何其有幸，二〇一八年十二月，我宣誓成爲美國公民，星條旗成了我的國旗。

進入西維吉尼亞後不久，突然有一大片烏雲襲來，滂沱大雨隨之撲面而來，一時間，昏天黑地，原本陽光燦爛的下午宛如深夜一般。我打開雙黃燈，慢速小心行駛。半小時之後，終於到達烏雲的邊界，駛出這片烏雲，又恢復了朗朗乾坤，簡直不敢相信剛才的暴風驟雨。

驅車五個小時，我們來到一個名叫普林斯頓的小鎮（Princeton，不是普林斯頓大學所在、新澤西更有名的普林斯頓鎮），這是一個依山傍水的小鎮。我們在 Cracker Barrel 連鎖餐廳吃南方鄉村菜，這家餐廳附設工藝品和家居用品店，商店差不多跟餐廳一樣大。今天是週末，食客雲集，需要候位，等待的一刻鐘時間，正好逛逛商店。

等到有座位了，服務生領我們入內。餐廳內播放著鄉村音樂，座無虛席，無人戴口罩，亦不必保持社交距離，大家已然恢復了病毒來襲之前的正常生活，這種感覺眞好。服務生是一位臉上充滿稚氣的白人陽光男孩，當我們點啤酒時，他主動告知，他只有十七歲，是一名高中生，利用暑期打工，因年紀不夠，不能幫我們拿啤酒，要請另一位服務生拿酒來。

吃完飯，我們順道去參觀附近的一處越戰紀念碑，它不能與華府的國家越戰紀念碑相比，但體現了當地的民情秩序。它宛若華府二戰紀念碑的縮小版，我們進入一個圓形黑色石拱門，中間是橢圓形的紀念碑，平均劃分爲十多個部分，每一小塊都對應一個郡，上面鐫刻著該郡的名字和該郡在越南犧牲的士兵名字，有的郡多達數十人，最少的郡只有一人。即便是西維吉尼亞的鄉間青年，也有很多人在遙遠的印度支那叢林中，爲自由和反共的事業拋頭顱灑熱血。

剛過陣亡將士紀念日沒幾天，紀念碑前還有人們獻上的紅白藍三色花圈。越戰本是一場可以打贏的戰爭，卻因美國統治階級的游移與怯懦、南越政府自身的腐敗與軟弱，以及左派的破壞和攪擾而終告失敗。即便如此，每一位爲自由而獻身的戰士，都應被國人永久銘記。

在疫情中巋然不動的中餐館．以聖經爲藍本的諾亞方舟博物館

早起，驅車四個小時，抵達肯塔基州冷泉鎮（Cold Spring）楊華開的中餐館。楊華是我在臉書上認識、進而有頗多互動的朋友。最初，他覺得我在臉書上所發表全盤否定中國文化和中國認同的文字太過扎心，曾提出不同意見，但後來慢慢閱讀和思考，漸漸認同了這些論述——就好像很多人剛一看到劉曉波的「三百年殖民地」之說法而怒火中燒，後來看到香港情勢的演變才恍然大悟一樣。楊華買了我的很多書來讀，也在陳佐人牧師主持的華信神學院選修網上課程，網上有人稱讚說，開餐館的福建老闆中，很少有這樣好學深思的基督徒。

楊華的餐廳比我想像的大，牆上掛著各種獎狀和感謝狀。與很多只知道埋頭掙錢的中餐館老闆不同，他積極參與地方事務，常常給教會、警察局和消防隊捐錢捐物。他告訴我們，即便在去年病毒肆虐高峰期，他的餐廳也沒有關門，只要做好防疫工作就不怕了。顧客多是在地的白人，此地很少亞裔居民，餐廳的菜色是適應美國人口味的美式中餐，他跟很多顧客都是好朋友，大家都不願餐廳關門，也不怕危險前來內用。之前，州政府曾下令餐廳關門，附近很多餐廳的老闆、員工和居民組織起來，到州長辦公室外抗議政府干擾民眾的正常生活，迫使政府收回成命。

肯塔基是一個保守的州，基督徒和右派比例相當高。楊華說，之前「黑命貴」領導人策畫來此遊行示威，市長強硬回應說：「你們在別的地方肆意暴動，警察不敢管，但在我們這裡不會這樣，我們每戶人平均有七把槍，你們若敢來，我們見一個擊斃一個。」於是，「黑命貴」的暴徒們知難而退，極左派是不能靠講道理說服的，他們不會尊重表達不一樣觀點的言論自由，他們從來都欺軟怕硬，只能用實力來威懾。

楊華向我們講述他個人的故事，我們聽得津津有味：他是一名來自福州的偷渡客，家境良好，並非因爲貧窮才來美國，而是憧憬一種新的生活。一九九五年，他與一群偷渡客從中國到歐洲，再從歐洲到南美，輾轉長達一年時間，最後到達多明尼加，在當地租了一艘小船開往佛羅里達。結果，船夫害怕被美國海岸警衛隊抓到，在離開海岸很遠的地方就將他們趕下船。幸虧他從小在海邊長大，水性很好，奮力游了很久才上岸。最初沒有身分，只能在唐人街的餐廳打工，咬牙堅持下來。二十多年之後，他得以轉換身分，成爲美國公民，開了好幾家餐廳，還擁有多處商業地產，生意有成，也重新找到了青年時代失落的信仰。

楊華並不掩飾曾爲偷渡客，但今日的他比很多在美國土生土長的白人更愛美國，也比很多透過留學、投資移民等合法方式成爲美國公民的華裔中產階級、專業人士更愛美國。他離開中國之後，從未回過那個黑暗國度，他也拒絕參與被共產黨嚴重滲透的「福建幫」僑社活動，他有一位遠方親戚是紐約的僑領，覺得他精明能幹，想讓他接班，他斷然拒絕，「他就是個黑幫，賣白粉的，卻因爲跟中共領事館走得很近，而被中國官方奉爲上賓，在中美之間兩邊通吃。」

很多來自中國的移民，入籍時雖然宣誓了，卻從來不相信自己的誓言。「黑命貴」沸沸揚揚，有些華裔也跑去蹭熱度，跟左派一起裝出一副悲悲戚戚的模樣，上演「反對仇恨亞裔」活動。我奉勸他們，先不要大張旗鼓地「反歧視」了，應當好好反思自己在美國的所作所爲。

楊華接過話說，在美國的福建人尤其如此。福建幫支持習近平，因爲習近平在福建當過官，他們以能跟習近平套近乎爲榮。習近平訪美時，這些人從中共使館拿到大筆津貼，鞍前馬後地組織歡迎團隊，甚至暴力攻擊抗議人群。當初，這些人歷經千辛萬苦才逃離中國；如今，卻瘋狂地揮舞五星紅旗，好像那面旗幟是他們的效忠對象。楊華說，他以這個「鳥爲食亡，人爲財死」的族群爲恥——民主黨推動大麻合法化政策之後，據說有十萬在美國的福建人，既有合法移民，也有非法移民，爭先恐後跑到加州等地種大麻、發大財。

用過簡單的午餐，楊華陪同我們去參觀「遇見方舟」（The Ark Encounter）主題博物館。《今日美國》曾進行讀者票選「二〇二〇十大宗教類博物館」，「遇見方舟」及其姐妹機構「創世博物館」（Creation Museum）榮獲第一及第二名。

驅車四十分鐘來到館區，發現規模比我們想像的大得多，可以跟迪士尼樂園相媲美。購票入內後，需乘坐園區接駁車才能抵達諾亞方舟及相關建築。遊客熙熙攘攘，買票和乘坐接駁車都需要排很長的隊，大家彼此熱情地打招呼，不必保持社交距離，這就是南方的溫度和南方人對生命與自由的態度。怕死的人很容易成爲專制制度的奴隸，不怕死的人才能擁有自由。

我們步行到諾亞方舟前面，不禁歎爲觀止：嚴格按照聖經記載來修建的諾亞方舟，長一百六十米，寬二十六米，高十六米，立於一百零二根高四點五米的混凝平臺之上，有一點五個足球場那麼大，大致與中型航空母艦一樣大，內部可同時容納一萬六千人，極其恢弘，被譽爲「世界最大的木結構建築」。

「遇見方舟」園區的建造者肯・漢姆，從小是一位虔誠的基督徒，「父母教導我們上帝的話語，不只是祂說了什麼，還教會我如何面對質疑和批評。」長大後，他在澳大利亞當高中科學教師，卻發現越來越多人把聖經視爲某種神話乃至迷信，而非眞實記載的歷史，他們放棄了基督教信仰，將進化論之類漏洞百出的假說當做絕對眞理。他立下誓言，要用某種方式向公眾驗證聖經的眞實性和神聖性。於是，他毅然辭職，與妻子一起來到美國，爲實現重建諾亞方舟的夢想而努力——他不是億萬富豪，如何實現這個看似遙不可及的夢想呢？

美國是一個神奇的地方，沒有背景和資源卻有夢想和勇氣的普通人，能在這裡獲得傳奇般的成功。美國是一個夢想家的樂園，在美國，沒有什麼是不可能的。「越是在信仰受質疑的年代，越需要接觸無神論者，因爲他們更需要尋求生命的解釋和答案，以度過人生的每個階段。」這一理念驅動著漢姆實現重建方舟這個被旁人視爲不可能的理想：建造方舟的初衷，是期望任何想要瞭解聖經的人，可以看到聖經中所描述的方舟。「這艘方舟是個提醒，爲提醒每個世代牢記上帝話語的眞理，而這正是我們向世界呈現的方式。」漢姆希望諾亞方舟成爲極具吸引力的基督教旅遊景點，成爲基督教版本的迪士尼樂園。他的夢想打動了很多人，有各種能工巧匠加入他的團隊，有商人乃至肯塔基州政府注入巨資……從二〇一〇年開始籌備，因爲設計極其複雜，僅各類施工圖就超過五千頁，從設計、籌款、建造，足足花了六年時間，才得以完工。

大洪水和諾亞方舟的故事絕非神話。頂尖的航海工程師們，在研究了上帝啓發諾亞所設計的方舟後，發現該設計方案完美到無懈可擊。「上帝是最偉大的設計師和最卓越的工程師。」方舟的尺寸精確地體現了適航性、重量分布和駕馭度。

我們站在諾亞方舟前面，發現自己如此渺小，這跟幾年前在聖地牙哥參觀中途島號航空母艦的感覺一模一樣。在諾亞的時代，修建如此龐大的方舟，難度可想而知。即便在今天，也需要數百名工程師和工匠悉心合作：方舟外部木結構選用近四百立方的固雅木，光長寬三十釐米、高二點五釐米的木板就耗費了近三百一十萬塊。本色固雅木歷經歲月風化，呈現出溫潤而雅致的淺銀灰色，有一種金屬般的質感。方舟採用綠色環保建造方法，耗材全部來自可再生森林，同時還附有地熱和太陽能加熱，以及雨水收集利用系統——這些倒是諾亞所不具備的技術。

我們從一條長近二十米的中庭坡道，進入幽深的船體，感受到自然光通過中庭傾瀉而下，從屋頂甲板抵達底層，方舟之內的人，頓時沐浴在朦朧柔和的光影之中。方舟內部的空間設計，完全遵照聖經中的描述和記載，分上、中、下三層，共十六米高。在此木製迷宮內部，有超過一百個聖經主題展廳，方舟本身就是一個聖經博物館。

最底層是方舟的介紹，及各類動物的居住地，共設置一百三十二間動物隔間，每個高十八英寸，模擬當時諾亞全家在方舟內餵養和照顧各類飛禽走獸的場景。有趣的是，動物的飲食及排泄物，都有專門的管道輸入和輸出，儼然就是某種半自動裝置。

中層是聖經故事展示，從伊甸園的墮落到洪水來臨前世界的罪惡，都有栩栩如生的表現。今天的世界，已然變得跟諾亞時代大洪水來臨前一樣敗壞，一個展廳用漫畫呈現了當代性解放、同性戀、毒品、酗酒等可怕景象（這些都是左膠所倡導的「自由」，其實，它們不是自由，而是犯罪墮落與自我毀滅），讓人警醒與悔改。

方舟頂層是諾亞一家的生活區，包括燒火做飯的廚房和種植蔬果的菜園，臥室中各種家具一應俱全，參觀者可真實感受諾亞一家的日常生活場景。同時，這裡設有洪水地質學的展覽，包括洪水前後地球的變化等，聖經完全經得起地質學、歷史學、考古學等不同門類科學的驗證——科學與聖經不是對立的，科學也是上帝賜予人類一種認識世界的工具，基督徒不是反科學的反智主義者，很多登上科學之巔的科學家都是虔誠的基督徒。

參觀完方舟，我們來到另一間大廳聽一場關於諾亞方舟的專題演講。這位三十多歲的女性講員，將聖經、歷史、科學融會貫通、娓娓道來，十三歲的兒子聽得津津有味。對他來說，如同上了一場主日學課程——比大部分主日學課程都生動活潑、更有說服力。這是孩子們在學校中聽不到的內容和觀點。兒子一邊聽一邊說，今天聽到的比學校老師課堂上講的更正確。我告訴他，所謂「兼聽則明」，學校老師的很多觀點都是左派的，你可以聽，但不可全信，同時還需要聽其他觀點，然後你再搜集資料研究、對照，最後做出自己的判斷。

這也是「遇見方舟」主題館的初衷：它建造在肯塔基，具有地理優勢——美國各地區約三分之二的人們，只需約「一天車程」即可抵達。園區落成後，每年超過百萬民眾前來參觀，其中至少四成爲非基督徒或無神論者。「即使這些人不認同基督教，也能被這館所有的故事及陳列品所影響，或許其將因此被激勵而談論聖經，甚至認識耶穌。」這也是一種文化宣教工作。

能吸引叛逆期的青少年聽其演講的講員，水準非同尋常。這讓我反省如今大部分教會講台荒蕪的景象：以我有限的觀察，大部分教會的主日課程和主日講道的水準慘不忍睹。在清教徒時代，諸多第一流人才被上帝呼召成爲牧師和教師，他們是學識淵博的百科全書式人物，才華堪與同時代第一流學者媲美，既可在教會講道，也可在哈佛任教。他們參與各式各樣的社會政治活動，讓主的旨意行在地上如同行在天上。他們的學識、人格與生命經驗，無不讓會眾肅然起敬。

研讀美國建國史就會發現，美國獨立革命堪稱清教徒革命或長老教會革命。當時長老教會等新教教會人人皆兵，由長老擔任「上校」，牧師擔任「准將」，革命軍中超過半數以上軍兵是長老教會信徒，其主要訴求是「宗教信仰自由」——所有參加美國革命的上校，除了一位之外，竟全都是長老教會的長老。說美國獨立戰爭是一場長老教會對大英帝國的叛變也不為過。當時，有一位保皇派人士寫信給英王喬治三世說：「我個人以為，所有這些不尋常的行動都要怪長老教會。他們是煽動所有這些誇張手段的主要管道。」當這些「不尋常的行動」傳到英國時，首相沃波爾（Horace Walpole）在議會表示：「我們的表親美國和一位長老會的牧師跑了。」這位長老教會牧師指的是教會創辦的新澤西學院（即後來的普林斯頓大學）校長威瑟斯龐（John Witherspoon），他是美國獨立建國的開國元勳，也是唯一一名在《獨立宣言》上簽名的牧師。

然而，我們不能不承認，今天教會牧師的素質大不如前，相當一部分是二流、三流人才，是勉為其難的職業選擇。他們對聖經缺乏熱忱，將上帝又真又活、充滿大能的道講得枯燥無味。會眾得不到真理上的牧養，教會淪為交際場所和俱樂部。他們不敢討論社會政治議題，害怕引起教會之分裂，一切皆以保住作爲雇工的飯碗爲首要考量，至多不過是「維持會」會長，這是何等可悲的情形。此類牧師們應到方舟中來，聽聽講員如何盡忠職守、勇敢無畏地宣講眞理，如何讓青少年心悅誠服地接受眞理。

晚上，楊華在家中爲我們準備了豐盛的晚宴。楊華家還是多年前買的一棟便宜的小房子，他說不需要換房子，夠住就行，賺來的錢要爲上帝所用。他的兒子剛上肯塔基州立大學，拿到最高的州長獎，是一個謙謙有禮的孩子。此前，我在臉書上曾看到楊華與一位朋友上名校的孩子一場辯論：那個孩子被名校的左派意識形態洗腦，以爲基督信仰的核心是愛和平等，所以基督徒要支持「黑命貴」；楊華告訴那個孩子，基督信仰的核心是愛和公義，沒有公義的愛是虛假的愛。這個例子提醒我們，讓第二代持守具備整全觀念秩序的信仰，是一項巨大挑戰。

在創世博物館，沒有人戴口罩

早上，我到旅館大堂用早餐時，發現有一群大學生模樣的白人年輕人，拿到食物後一起低頭禱告，這是在東岸都會區極少看到的情形。

十點，驅車二十分鐘即來到「遇見方舟」的姐妹園區「創世博物館」。這裡的遊客比「遇見方舟」園區更多，大多是年輕父母帶著幾個孩子全家出動，還有不少是退休的銀髮夫婦——美國不是「老人的地獄」，美國的老人比亞洲國家的老人幸福得多，不用辛苦幫忙照料孫輩，而是自由自在地四處旅行。

步行入場館之前，需經過繁花似錦的創世記花園——這個花園的不同區域呈現不同風格，有歐洲園林，亦有日本園林，有小橋流水，亦有巨木參天。若仔細參觀，單單是花園都要花上大半天時間。

主場館內，分為不同園區，以「動態模式」刻畫聖經人物與動物，並置入基督徒熟悉的聖經時代場景。其中，亞當與夏娃住在美麗的伊甸園，有恐龍的鳴吼聲相伴，一條古蛇盤踡在「分別善惡樹」上。場館內的人與景依《創世記》第六章打造，唯一的差異是到處都是恐龍——恐龍之多，到了有些喧賓奪主的程度，大概是為了吸引孩子，美國的孩子大都是恐龍謎。

我們先觀賞了一場關於上帝如何創造世界的立體電影，如同將聖經的描寫一一展現在眼前。這裡也安排了一場以創世記為主題的講座，孩子們主動提出要去聽，雖然過了午餐時間，他們也沒有說餓，一直聽到最後一句，才戀戀不捨地離開。

該園區比方舟園區更大，但隨著遊客人數攀升，已有人滿為患之感。該機構未來會依計畫陸續打造聖經中所描述四圍築牆的城（Walled City）、巴別塔（the Tower of Babel）及耶穌時代的村落等園區。等這些新園區落成後，我們會再來參觀。

無論在館內還是在花園中，均人潮如織。美國官方公布每天染病數千人，疫情並未結束。或許很多民眾已施打疫苗，或許大部分患者或無症狀或症狀很輕，大家對病毒不再談虎色變。人們摩肩接踵，「親密接觸」，已然回到病毒來襲之前的正常生活狀態。南方人比北方人更珍愛自由，更尊重常識，不願被病毒和恐懼所奴役，不願被政府強迫戴上口罩。

如何對待中國病毒，背後是觀念秩序、文化傳統和生活方式的差異：儒家秩序控制的東亞社會，信奉集體主義，事事仰賴政府，爲了「活著」，心甘情願地犧牲自由，甚至怪政府管得太少，跪求政府管得更嚴；遵循清教秩序的美國，尤其是中部和南部，信奉個人主義，不相信政府，的確是「愛情誠可貴，生命價更高。爲了自由故，兩者皆可拋。」

東亞文明窪地的人們，即便是看似西化的知識分子，一到關鍵時刻，就被打回原形。我在社交媒體上看到龍應台貼出跟在德國長大的兒子安德烈之間的一段對話：

龍應台：（台北）街有猝死者。

安德烈：嗯，這是我們（德國）去年二月的狀況。

龍應台：老人院爆發感染。

安德烈：嗯，這是我們去年三月的情況。

龍應台：政府領導與藥廠有圖利勾結的說法甚囂塵上。

安德烈：嗯，我們這裡去年中也有同樣的說法。

龍應台：政府之混亂、無能、欺騙、冷酷，令人憤怒。

安德烈：嗯，你記得英國首相怎麼說的嗎？「我寧可屍體堆積如山也不能封城……」

龍應台：社會分裂，各說各話。

安德烈：對啊，我們這裡一年半來都是這樣，而且每個人都說得頭頭是道。我們的耳朵已經滿出油了。

龍應台：每天都很悲痛、憤怒，又覺得無能爲力，非常挫折。

安德烈：你這樣多久了？

龍應台：一個月。

安德烈：我們在封鎖中悲痛、憤怒、無能爲力的狀態下活了整整一年半，所以可以告訴你：不必這樣。該怎麼活就怎麼活。該運動就運動，該讀書就讀書，該走路就走路，該吃飯就吃飯，該種花就種花，該開心就開心。生活是自己的堡壘。

無論龍應台標榜自己多麼高尚、進步、文明，一遇到關鍵時刻，中華專制文化的尾巴就露出來了。按照龍應台的邏輯，政府負責一切、管理一切，中共政權的抗疫政策最成功，隨意下令封城乃至將染病家庭的門釘死，這樣的政府是「負責任」的政府。這是一種「自願爲奴」和「活著爲大」心態。而在英美文明中，尤其是在美國，政府稍稍擴權，民眾就想到「老大哥」的陰謀，堅決不願爲了所謂的安全而放棄自由，這背後就是基督教文明與儒家文明的天壤之別，儒家文明中永遠也誕生不了「不自由，毋寧死」的精神。這或許就是龍應台婚姻破裂的根本原因。有人在這段貼文下留言說：「幸虧兒子跟著德國父親一起長大。」這句評論一針見血，不必再多說什麼了。

在楊華的餐廳用完午餐，我們匆匆告別，驅車上路。途中，經過的第一座大城爲路易斯維爾——這個法國名字的城市，是美國第十六大城，也是肯塔基最大的城市。我們看到規模巨大的肯德基總部——這裡是這家國際連鎖餐飲企業的發源地。其創始人桑德斯上校並非眞正的上校，而是因爲其發明了美味炸雞而被州長授予「上校」的名譽稱號。不到百年時間，這家炸雞店擴展到全球，一共有兩萬多家，在美式連鎖速食餐廳中的數量僅次於麥當勞。肯德基的味道比不上台灣的鹽酥雞，但其長處在於全球連鎖店都能按照統一的標準製作，而且從點餐到吃到嘴中只需要一兩分鐘，這就是美式風格。

路易斯維爾曾是美國的工業中心之一，但在二十世紀末的全球化浪潮中，其傳統工業遭受重創，與五大湖區的若干城市一起淪爲鏽帶的一部分。這類城市若想起死回生，美國的決策者必須重新定義全球化。

路易斯維爾與印地安納州只隔著一條俄亥俄河。我們越過大橋，即進入印地安納州，經過印地安納州南部一角，再駛入伊利諾州南部的平原。一路上的景色，與維吉尼亞和西維吉尼亞大異其趣，不再有起伏的山巒，全是一馬平川的平原。美國中部的大平原鬱鬱蔥蔥，跟我年輕時在火車上看到中國貧瘠衰敗的華北平原大不相同。

傍晚，抵達伊利諾伊州弗農山市（Mount Vernon）——用喬治・華盛頓的弗農山莊之名。同樣的名字還出現在其他諸州若干地方。美國人在命名地名時缺乏想像力，地名重複率很高，常常將人弄糊塗。

美國大城市的衰敗與哀歌・越南河粉餐廳的老闆是反共到底的南越難民

早上，繼續驅車往西往南，進入密蘇里州。高速公路依然平整暢通，但兩邊的房屋和城鎮明顯破敗不堪。

今天，我們在路上經過的最大城市是聖路易斯市（密蘇里州第二大城市），它是美國最大的兩條河流密蘇里河與密西西比河交匯之處，是一個水陸交通樞紐。

遠遠即可以見到作爲地標的拱門，此拱門被命名爲「西進之門」，聖路易斯在西進運動中是重要轉運站。該拱門爲全世界最高的拱門建築，也是西半球最高的人造紀念碑，高達一百九十二米，於一九六五年建成。它由芬蘭建築師 Eero Saarinen 設計，這位建築師也是華盛頓杜勒斯機場航廈的設計者。該拱門及其周圍景觀被納入聖路易斯拱門國家公園，這是美國五十個國家公園中唯一一個人造景觀。

拱門雄偉挺拔，卻未能挽救這座工業城市的衰敗。聖路易斯曾有過光榮的歷史：一九〇四年，這裡舉辦了紀念路易斯安那購地一百週年的萬國博覽會；同年夏季，奧林匹克運動會在此召開，它成爲第一個舉辦奧運會的北美洲城市。然而，隨著一九五〇年代的郊區化，以及二十世紀末的全球化，這座城市的傳統產業奄奄一息，失業率居高不下，黑人居民上升到一半以上，市中心淪爲治安混亂的貧民區。

爲應對此狀況，地方政府實施數個都市復興計畫，拆除舊屋以提供條件改善的新屋，但效果不彰，普魯伊特·伊戈公寓即爲一個失敗的例子。該公寓設計者爲美籍日裔著名建築師山崎實，其作品還有紐約世貿中心和蘭伯特·聖路易斯國際機場航廈。一九五五年，普魯伊特·伊戈公寓落成，社區佔地五十七英畝，共有三十三幢十一層公寓大樓，包含兩千八百七十間公寓，爲當時美國最大的公寓社區。其設計思想符合當時風行一時的功能主義建築泰斗勒·科比意在「國際現代建築學會」上提出的理念——人們居住在十一層高樓上，騰出地面空間用作社區活動。《建築學論壇》雜誌讚頌山崎實的設計「給聖路易斯貧民區動了一個大手術」，是「該年度設計最佳的公寓」，該社區可望成爲「低收入人群的垂直型社區」。在杜魯門總統的支持下，這種政府主導的公營住宅模式，成爲風行美國的都市更新計畫一部分。

然而，無論建築設計如何優秀，居住在其中的人問題沒有解決，建築必定會被人所毀掉。而且，政府過度介入，破壞了自由市場經濟原則，其結果必然是災難性的。短短十幾年之後，由於政府沒有給低收入者提供太多工作機會，人們爲了生計而犯罪，導致公寓區和周邊住宅區犯罪率激增，進一步使公寓入住率直線下滑。由於公寓環境維護和治安巡邏是由租金支撐，公寓入住率下降導致資金緊張，公寓周邊設施老化損壞卻無人管理，維護成本越來越高，犯罪率出現爆炸式增長。最終，這裡淪爲犯罪的淵藪，聖路易斯市政府不得不決定拆除這批建築。一九七六年，這裡的所有公寓被全部拆除。然而，由於聖路易斯市人口持續下滑以及市政府財政緊張，截至今日，前普魯伊特·伊戈舊址仍未得以重建。我們行車經過此處，發現現場宛如一片戰爭廢墟，有若干醉酒或吸毒的人在周圍遊蕩。我們不敢停車觀察，趕緊驅車離開。

這種錯誤的城市規劃思路由來已久。在戰後主張中央集權、大政府的思潮之下，美國和歐洲的城市規劃和發展走上一條計畫烏托邦之路——現代主義的烏托邦與社會主義的烏托邦不謀而合。所有建築運動所共享的，是一種對於中央規劃近乎宗教般的信念——每個群體都自認爲大祭司，要帶領人類前往應許之地。在政府官員的支持下，建築師們宣稱建築是「必要的指揮藝術」，是「萬物的鎖鑰」，因此理當是「其他所有行動部門秩序的指引」。就連憎恨大政府概念的現代主義建築大師萊特，也描繪出一個遵照某些普世規則而建立秩序的世界。

羅斯福沒有看到戰後在政府的資助下、按照計畫烏托邦理念打造出來的街道、社區和城市——如果他多活一、二十年，一定會對眼前的「啓蒙烏托邦」讚不絕口。然而，理想主義很快變成災難。義大利建築師和思想家吉卡洛‧德‧卡洛（Giancarlo de Carlo）將國際現代建築會議比作共產黨，這個組織用教條作繭自縛，脫離了眞實人類的關懷。大量超級巨大的城市出現了，個體被淹沒在海洋般的城市之中，政府的管控越來越強勢。鄉村人口逐漸減少，教堂不再是在城市生活的人們的精神中心。城市生活沒有讓人們更加自由、舒適和快樂。加爾文主義誕生於近代意義上的城市，但那是像日內瓦那樣僅有數萬人的小城，而不是二戰後紐約、洛杉磯、芝加哥那樣的超級大城市。紐約、洛杉磯和芝加哥等超級大城市，比聖經中的所多瑪和蛾摩拉更邪惡，它們不再需要信仰，似乎也沒有神學能解決它們的問題。建築批評家珍‧雅各（Jane Jacobs）對於政府出資的貧民窟拆除計畫所造成的現代主義噩夢，寫下一篇辛辣的批判。雅各在其經典著作《偉大城市的誕生與衰亡》中，說明了戰後重建在多大程度上導致城市缺乏群體生活，同時又受困於反社會行爲。

我們繼續上路，下午抵達密蘇里西南邊緣的喬普林市（Joplin）。晚餐找到一家越南餐館，根據多次長途旅行的經驗，對我們的腸胃來說，比麥當勞、肯德基等西式快餐更美味也更健康的餐點是越南河粉。越南餐館遍布城鄉各地，幾乎跟中餐館一樣多。各地中餐館的質量相差甚大，若不是大城市或華人聚居區，味道與食材質量不敢恭維；與之相比，只要是越南移民開的越南餐館，大都能保持基本水準，食物至少在質量上有保證。中式麵條未能像越南河粉在美國遍地開花，從反面說明越南餐館的經營自有其獨特之處。

越南河粉走紅美國，從上世紀七〇年代越戰之後大量南越難民移居美國開始，已有半個多世紀。我們去的這家越南餐館，店面頗大，相當整潔，店主是一位六十多歲、笑容可掬的老者，店內還有一對年輕夫婦在忙碌，估計是他的兒子與媳婦。在靠近吧檯的那張桌子上，有一名六七歲的小女孩在玩耍，一定是店主的小孫女。一家三代依靠這家店維持生計，其樂融融。店內牆上掛著許多越南的老照片，有好幾張是法國統治時代修建的天主教堂。照片是黑白的，頗有滄桑感，大概寄託了店主再也不能回故鄉的鄉愁。

我們在點菜時與店主聊了幾句。果然，他十多歲時從南越逃到美國，親眼看到共產黨軍隊開槍掃射逃離的船隻，有多名親人在逃難路上慘死。他手腳麻利，幸運地爬上船，抵達美國。談起往事，這位老者臉上露出憤怒表情：「共產黨就是一群畜生和惡魔！我永遠不會忘記他們的暴行。」我們告訴他：「我們是從中國逃出來的，跟你一樣九死一生，我們一樣痛恨共產黨！」

在美國的越南裔，教育程度和家庭收入水平不如華裔，卻是亞裔中最反共、最反對一切形式的共產主義和社會主義意識形態的族群，也是最挺川普的族群。《西雅圖時報》曾報導，由於中國因素，二〇二〇年的美國大選勾起越裔對越戰的看法，而網站「越南事實查核」稱，川普對中國的態度強硬，得到大多數越南移民支持。部分越裔團體稱，中共是跨國犯罪集團，美國共和黨籍聯邦眾議員佩里（Scott Perry）接受此說法。來自加州的佩里提出法案，要把中共視爲跨國犯罪集團。一九七九年就移民美國、現在德州運作「越南二〇〇〇基金會」的陳英（Tran Anh）贊同該法案，直言「是爲全球疫情受害者發聲，是我們發聲的時候了，以免爲時已晚。」美國越裔民運人士阮威爾（Will Nguyen）說，反對中國擴張的意識，幾乎「根深蒂固印在每個越南人心中」。他向《南華早報》表示：「許多越南海外民運人士對中國都是鷹派立場，這是因爲他們也厭惡越共，且從歷史上來看，越共和中共算是同根源，現今顯然是相似的一黨獨裁政權。」

與之相比，美籍華人中有很多民主黨支持者，以及「身在美國心在中國」的「美奸」，讓我以身爲這個族群之一員爲恥。由此，我深深理解麥可傑克森爲何要將皮膚漂白。膚色本無高低貴賤，但若是某一膚色的人大都「自願爲奴」，你不得不跟他們保持距離，乃至公開宣稱「我不是他們中的一員」。

小鎮上的百年披薩店·美國是一個信任之國

早上，從喬普林市出發，前往此行的目的地德州。

接近中午，出高速公路，在鄉間公路上開了幾分鐘，就來到奧克拉荷馬鄉間小鎮舍科塔

（Checotah），找到一家名爲Gambino's Pizza的百年披薩店。這個小鎮比不上東岸的維吉尼亞及新英格蘭地區富裕而古老的小鎮，但若以西部標準來看，倒也整潔有序、安靜祥和。

小鎮上有數家古董店和藝術品店，同行的友人購買了一個小小的工藝品，刷卡時將信用卡忘在收銀台。我們已穿過主街進入另一家店逛，店主（一位和藹的銀髮老太太）追了過來，將卡完璧歸趙，友人感激不盡。可見，此地民風淳樸。

中午用餐的這家披薩店，門口鑲嵌著「美國國家歷史保護建築」的銅牌，這棟紅磚牆建築已有一百多年歷史，這家披薩店亦有百年歷史，家族經營，已承續幾代人。進入店內，看到牆上掛著百年前的老照片，還有裝在相框中當年客人結帳的帳單。

這家店很便宜，每人十元，自助吃到飽，披薩全是現烤，有近十種口味，是小號薄皮的，每種可以只吃一小片，遍嘗不同口味。還有有各種蔬菜沙拉及飲料，供客人自行選擇。若是在維吉尼亞，兩倍價格都吃不到如此美味的食物。

這家店一看就是服務社區的「鄉親的廚房」。正值中午時分，很多都是整個家庭男女老幼傾巢而出，各取所需，其樂融融。在前台服務的年輕女孩，跟每個顧客熱情地打招呼，跟老客人親如一家，大概只有我們是遠道而來的外地食客。

在這種本地小店，你根本不會覺察到疫情的存在。戰勝疫情，不是靠政府封城，不是靠人人全副武裝，而是人人照常生活、不被恐懼所征服。與之形成鮮明對比，必勝客等國際連鎖披薩店好一段時間不提供內用（麥當勞和肯德基等亦如是），只能由顧客在車上購買並從窗口帶走。餐廳是否開門，背後也是右派和左派的觀念秩序的差異。

即將離開奧克拉荷馬時，遇到一個收費站。一路上，收費的高速公路極少。收費不多，五元左右。行駛數英里，在德州境內又遇到另一個收費站，收費人員詢問說：「你們從哪裡過來？」我回答：「從喬普林市過來。」收費人員又問：「你們有票據嗎？」我回答：「忘記要票據了。」對方立即表示：「沒有也沒關係，我們要退一半的錢給你們。因爲前面那條高速，你們只走了一小半。」

我大爲感歎：這樣的事情在中國是不會發生的。第一，中國各地廣設收費站，一段高速公路經常多次收費，從來不會出現下一個收費口退還一半費用。此前，有一位中國卡車司機因爲莫須有的超重罪名被罰以鉅款，悲憤之下，當場自殺身亡，此事引發民間熱議，事後亦不了了之。第二，中國是一個缺乏信任或彼此高度不信任的國家，如果你不能提供發票，對方肯定不會退費。在中國，買賣各種發票發展成一個龐大的地下產業。

我想起政治學者福山寫的《信任：社會德性與經濟繁榮》一書。雖然福山從「歷史的終結」開始的多次預測都落空了，他本人亦從保守派滑向自由派，但在其著述中，這本書還算是「有料」的。他指出，民主和資本主義的現代化社會，必須仰賴信任感才能有效運作。一個社會儲備社會資本的多寡與內部的信任關係，是該社會政經結構穩定發展的關鍵。經濟參與者彼此之間已經構建出一個基於相互信任的共同體，每一個共同體都是文化共同體，並非基於剝削性質的規則條例之上，而是基於每一個共同體成員內心中的道德習慣和道義回報。處於危機中的經濟共同體內部如果能夠團結，經過長期努力戰勝困難，就能否極泰來。檢視當今社會許多衝突的根源，究其實是社會核心價值的斷裂。福山的此一分析還是言之成理的。

美國資本主義的興起，離不開公民美德（信任是公民美德之一），公民美德背後是新教倫理。即便是偏離清教秩序的福山也承認價值觀的重要性：「一般來說，社群的倫理制度對價值觀的要求如果越高，那麼加入這個社群的資格要求也會相對提高，而社群成員的團結心與互信程度也就越強。」他發現，在美國這個沒有國教的國家裡，人們的宗教信仰反而是出自真心誠意，因此美國這個世俗生活日益發達的國家，卻比設有國教的歐洲國家在宗教上更虔誠。他進而借用歷史學家威廉·麥克尼爾（William McNeill）的話來說：「近來，輕蔑的馬克思主義者和不耐煩的自由主義者將舊式的宗教視作一個弱點。當出問題的是社會制度和財產權的時候，爲什麼要依靠個體和私人的道德改革？但是在二十世紀，人們努力轉變社會制度、取消或修改財產權，以保證所有人有一個良好生活的物質基礎，而這一切最後遠遠沒有達到人們的期望。很明顯的是，負責分配和再分配的官僚制度或者無力避免或者導致了尖銳的社會弊病。這給自由主義和共產主義的社會改革計畫畫上了相當大的問號。」

那麼，有沒有辦法拯救此種危機呢？當然有辦法，麥克尼爾的答案是：

或許循序漸進的、個體化的、自下而上宗教改革的方法才是更好的選擇。或許，一群信仰者組成道德共同體是社會福祉所不可或缺的一部分。也許只有當這種道德共同體與市場行爲的強勢達成妥協，人類才能在更大範圍內充分收穫分工和提高生產力帶來的好處，而這些正是經濟學家振振有詞地視作經濟發展的合理目標。

我深以爲然，這也是托克維爾在《民主在美國》一書中的關鍵結論。

奧克拉荷馬南部與德克薩斯北部，以河流分界。德州的經濟比奧克拉荷馬發達，從高速公路即可感受到：奧克拉荷馬的路段，老舊而只有雙向或四車道；進入德州後，道路明顯養護良好，變爲六線道、八線道，車輛明顯增多，周圍房屋的建築和養護都好得多。

下午三點多，我們順利抵達達拉斯北郊的普萊諾市。普萊諾是達拉斯北部的一座小城，亞裔人口接近四分之一，經濟發達，生活便利。我們見到了前任華裔市議員鮑莉莉女士，她不久前還曾出馬參選市長，可惜落敗。她是堅定的保守派和虔誠的基督徒，跟我們分享了不少地方政治的經驗。如果有更多像她這樣的保守派華裔人士從政，一定能改變美國主流社會對華裔的刻板印象。

晚上，當地的友人請我們吃道地的德州烤肉。這家店外，候位的食客比裡面的食客還要多。朋友早已訂位，服務生領我們進去，我大吃一驚：果然是德州，什麼都大一號，餐廳宛如郊區的倉儲式超市，空間高曠，大堂足以擺下上百張桌子。正宗的德州烤肉名不虛傳，比我在維吉尼亞吃的那些打著德州烤肉招牌的餐廳美味多了。無論是牛肉、排骨、雞翅、香腸，還是配菜中的馬鈴薯、玉米等，食材新鮮，現場烤出，味道濃烈，香氣撲鼻，眞有一種大口喝酒、大塊吃肉的豪邁之感。美國本土餐點中，德州烤肉在我心目中大概可以排名第一。

「全食超市」與沃爾瑪，老死不相往來：柯林頓帶給阿肯色什麼？

在普萊諾市停留五天之後，我們驅車走上回程，往阿肯色州進發。來時走北線，回時走南線，可以看到不同的景色。

在穿過德州邊界前夕，我們到高速公路旁的休息站短暫休息。休息站窗明几淨，宛如星級酒店之大堂，附設的洗手間是一路走來所看到最乾淨、最豪華的。德州在地的朋友告知，近年來，共和黨政府實施自由市場經濟政策，德州經濟繁榮，政府將大筆稅收花在各項基礎設施上，納稅人對此很滿意。

進入阿肯色州，立刻可以感覺到這是一個經濟衰敗的州。我們進入一個休息站，發現根本沒有休息大廳，只有陳舊而臭氣熏天的廁所，好像數日沒有人打掃過。

兩個休息站相隔不過兩個小時車程，同樣是在美國，卻有天壤之別（幾乎如同美國和墨西哥邊境兩邊的差距），此一現象背後不僅是經濟發展水準的差異（德州是美國最富的州之一，阿肯色州是最窮的州之一），更是政府管理水平與公民德性的差異。

這種差異，在阿肯色首府小岩城更可清晰感受到。我們的旅店在小岩城北郊較爲富庶和安全的地區——此處有被亞馬遜併購、販售高級有機食品的「全食超市」，表明該區域居住的大都是中高收入人士。到「全食超市」購物的顧客，以衣冠楚楚的白人中產階級爲主，也有不少亞裔專業人士。這些人跟小岩城市中心貧民窟中的黑人，雖然同爲美國人，但差不多是老死不相往來。美國從來不是熔爐，只是拼盤而已——即便美國文化有極強的向心力，亦無法將不同的族群融爲一體，而只能讓不同族群各自按照自己的文化傳統和觀念秩序生活，就好像水果拼盤中的不同水果一樣，雖然被放置在同一個盤子裡面，但蘋果還是蘋果，柳橙還是柳橙，西瓜還是西瓜。

我們在一家雅緻的泰國餐廳吃完晚餐，驅車到小岩城市內遊覽。路邊不收費的停車位當然不安全，我們將車停在柯林頓總統圖書館的停車場，此圖書館因疫情已關門數月（即便沒有關門，我也沒有興趣進去參觀），停車場空著，供民眾免費停車。

這是一棟現代、華麗、奢侈的建築，整體結構由玻璃和鋼製成，未來派的「玻璃幕牆」

是一大特色，設計師號稱是爲了紀念柯林頓作爲「通向二十一世紀的橋樑」用，柯林頓本人也曾驕傲地表示：「這座建築將藝術美感與歷史意義相融合，而且使人們即使在一百年後也願意走進來參觀。」遠遠望去，這座建築宛如神祕的太空站，跟柯林頓本人浮誇的現代派風格頗爲契合，卻與周遭的環境格格不入：數百米之外，即是搖搖欲墜的民居和已經關門的商店，街道上亦坑坑窪窪。

柯林頓坐擁數十億美金的基金會總部也設置在小岩城，但它並未給阿肯色的窮人尤其是底層的黑人帶來任何切實的幫助。當地民眾實話實說：「他當過州長，當過總統，他的慈善機構價值幾十億。我沒有看到他花一分錢在阿肯色州。」掙扎在貧困中的在地民眾，早已不將曾經從這裡走向白宮的柯林頓當做自己人看待了。

沃爾瑪的總部也設在小岩城，它固然帶給當地一些工作機會，但它的存在乃是弊大於利。旅行作家保羅·索魯認爲，沃爾瑪並不是幫助，反而已經摧毀了南方許多小鎮，他甚至將沃爾瑪視爲一種可怕的「疫情」。小鎮上若是開張一家龐大的沃爾瑪，必定擠垮鎮上其他大部分商家，然後自身難保，收掉後留下一棟斑斑駁駁的灰色巨型建築。接著，它會在鎮子外再開一家新的、更大的沃爾瑪購物中心，吸走小鎮附近的活力，一般而言，「它醜陋的外觀就像有害病毒的源頭，如同蘇聯的風格」。去沃爾瑪的，通常是窮人；去「全食超市」的，通常是富人。兩種超市，就畫出了一道難以越過的鴻溝。

河濱公園（Riverfront Park）本身很美麗，有長長的步道，有各式各樣讓人忍俊不禁的動物雕塑，有活化的河岸市場，數十家酒吧全都客滿，門口有很多穿著時尚的青年男女排隊。這裡有壯闊的河流，有鍍金時代修建的雄偉大橋，但在地居民資源上的匱乏是明顯可見的，他們臉上充滿愁苦的神態，跟遊客明顯不一樣。保羅・索魯描寫道：「在了無生趣的網格狀編號街道上，商店的門窗釘上了封板、房舍破舊不堪。」當地人使用「食品沙漠」這個說法——在窮困地帶，沒有雜貨店，沒有生鮮產品，連店家都沒有，因為暴力、幫派問題關掉了。

我們在河濱步道漫步，四處都遊蕩著無所事事的、醉酒的年輕人，多半是非裔（這是我觀察到的事實，無關種族歧視）。有不少政府提供的免費單車，被人用完之後隨意丟棄在路上，在汙水中鏽壞。突然，有一名白人流浪漢湊過來詢問說：「你們需要充電器嗎？」一看就像是騙子。我們趕緊搖頭，快步離開，如果跟他說一句話，就可能被糾纏不休。

太陽快要落山時，我們驅車離開市中心，回到旅館。

古斯炸雞店・世外桃源般的花園酒店

早上繼續上路，途徑田納西第一大城曼菲斯，原本計畫去市中心的貓王紀念館參觀——據說，這棟建築是訪客數量僅次於白宮的公共建築，但朋友們告知曼菲斯市中心的治安極差，搶案層出不窮，像我們這樣的亞裔遊客常常被當做打劫對象。我們不得不放棄此一安排，繞過曼菲斯，向東疾馳而去。

曼菲斯市郊的房舍極其破敗，跟我們之前在墨西哥看到的貧民區差不多，很難相信這是在美國的一座名城。這正是川普總統「美國第一」的口號深入人心的原因——美國很多區域衰敗到連第三世界都不如的地步，腐敗且擴權的聯邦政府不願好好整治自己的國家，卻毫不吝惜地花費冤枉錢去援助第三世界國家（這些援助大部分都沒有用到刀刃上，大都被腐敗官員貪汙了），民眾豈能不莫名憤怒？

中午，我們特別繞道去一家號稱全美國最美味的鄉村炸雞店——古斯炸雞（Gus Fried Chicken）。它門口的廣告牌子上寫著：「如果你沒吃過我們的炸雞，你就根本沒有吃過炸雞！」口氣很大，有點像古龍武俠小說中高人的口吻。它宣稱，它的雞肉全都是當天宰殺的放養雞，保證沒有經過冰凍。在美國，單單是這一點就很厲害了，完勝那些雞肉被冷凍多日的國際連鎖店。古斯的名字被很多人仿冒，「連鎖店」開了好多家，就好像台中的太陽餅店四處開花一樣，但這家位於鄉村公路旁邊的店，才是「原初創始店」，而且「只此一家，別無分店」。

古斯炸雞店為一棟略顯陳舊的小小木頭房屋，旁邊的停車場停滿車輛，很多是大卡車和貨櫃車。進入店內，嗆人的油煙味撲面而來，對用餐環境比較講究的人，可能會打退堂鼓。

看來，若不能忍受油煙味，就吃不到好吃的炸雞。大堂不大，大約七八張桌子，正在品嘗炸雞的客人，從外貌上看，要麼是在地的農夫和工人，要麼是路過的卡車和貨車司機，只有我們是亞裔，一走進來，人們都用狐疑的眼光盯著看，大概在暗自嘀咕：「他們是怎麼找到這家店的？」

妻子按照肯德基炸雞的分量點了三十塊炸雞——一行六人，每人吃五塊。結果，等到炸雞端上桌子，不禁大吃一驚：所謂雞翅膀，還包括翅膀後面一大塊肉，一塊炸雞相當於肯德基的三四倍！以我們的食量，恐怕每人只能吃兩塊。就連蘸料，店家也直接用一個大紙杯裝得滿滿的，如此澎湃，前所未見。

拿起一塊咬下去，果然外酥裡嫩，肉汁豐盈而有彈性，跟此前吃過的所有炸雞都不一樣。唯一美中不足的是味道太鹹，大約南方就是重口味。

牆上各種告示威風凜凜又充滿幽默感，這是道道地地的南方風格，其中最大的一個標語寫著：「私人地方，不能隨意闖入。誰敢來犯，一槍打死！沒打死的就再補一槍！」另外一個告示說：「吃完炸雞，從我們這裡走出去的，是世界上最善良的人們。」這兩段話互相補充，剛柔相濟。誰是敵人，誰是朋友，店家心中清清楚楚。

正在炸雞的是一位黑人大媽，身材魁梧，宛如巨人，聲如洪鐘，卻又滿臉笑容，殷勤周到。她告訴我們，這家店從她爺爺那一代開始經營，現在傳到第三代，是家族生意，家人齊心協力維持。用完餐，我們邀請老闆娘在餐廳門口合影留念，她說她早已是網紅，很多顧客都跟她合影。她是典型的南方非裔勞動者，在勞動中快樂幸福著，跟北方城市裡企圖不勞而獲的「黑命貴」暴徒截然不同。人不能以種族和膚色來分類，這正是「批判性種族理論」（Critical race theory）的邪惡之處。「批判性種族理論」支撐的「黑命貴」運動，本質就是燒殺擄掠，就是美式文革。過去一年多，它造成的經濟損失高達五億美金，而且，被劫掠的店鋪，很多是黑人開的店鋪，黑人搶劫黑人毫不手軟，這哪裡是反種族歧視？我設想，若所有店鋪都像這家古斯炸雞店，在門口寫上堅決用武器捍衛其生命財產的標語，對於心懷不軌者，來一個殺一個，誰還敢前來劫掠呢？持槍權是美國最重要的公民權利，也是那些由奴隸組成的國家之國民無法理解的「美國特色」。任何試圖剝奪和限制公民持槍權的政客和政府，無論其說法多麼冠冕堂皇，其本質就是獨裁暴政。

午餐之後再上路，驅車至田納西的「音樂之城」納什維爾（Nashville）北郊，先入住一家普通旅店，再開車二十分鐘去蓋洛德·歐皮蘭德度假酒店（Gaylord Opryland Resort）參觀。該酒店是美國除了拉斯維加斯之外不帶賭場的最大酒店，有近三千間客房，在世界上排名第二十八位。這座酒店友善地對外開放，非入住的人，亦可來此逛街、購物、用餐、免費享用巨大的游泳池。有不少周邊的居民將這裡當做傍晚散步、休閒的最佳場所。

最爲奇特的是，該酒店以巨大的玻璃蒼穹覆蓋，營造出一個與外部完全不同的「內循環」生態系統，一年四季裡面都保持溫暖如春。其內部分爲幾大區域，處處皆爲美侖美奐的花園、瀑布、運河、奇花異草，以及水上世界、游泳池、商業街、店鋪和餐廳，宛若人間伊甸園。試想，若外面是暴風驟雨或大雪紛飛，你卻可以在玻璃蒼穹之下看似露天的餐廳或咖啡館內享受美味佳餚，豈不快意？

印地安人的「流淚之路」·激情澎湃的國際宣教士

上午驅車三個多小時，前往位於田納西小鎮查爾斯頓（不是南卡名城查爾斯頓）的楊鴻博士家。楊鴻我是認識十五年的老朋友，見面機會不多，十五年間只有三次，但彼此投合、心有靈犀、守望禱告。

楊鴻家位於小鎮外，在鄉村公路上開十多分鐘才抵達這個鄉村社區：只有二十多棟大房子，每家每戶都擁有數英畝地。楊鴻家在社區一角，這是他與妻子根據標準設計圖修改之後，自行主持新建的房屋，更符合自己的實際需求。屋後是森林與大河，他常常垂釣，昨日釣了十多條魚，晚上爲我們做南方炸魚。

楊鴻的經歷頗爲傳奇，他出生於河南貧苦農民家庭，是家族中第一個大學生，也是河南大學第一個到美國留學、獲得博士學位的畢業生。在高考中，他的數學考了零分，幸虧那年英語系錄取標準中，數學僅爲參考科目，他幸運地被河南大學英語系錄取。在河南大學學習期間，他遇到兩位從美國來的外籍教師，他們還有不爲人所知的身分——宣教士。他從他們那裡聽到福音，成爲中國學生中的第一個基督徒。後來，兩位老師推薦他到美國留學，他一個人先到美國，三年後將新婚妻子郭喜雲接過來（妻子是他傳福音結出的第二個果子）。

楊鴻得到教育學博士之後，原計畫去東岸名校做博士後研究，恰好他所在教派的國際宣教部希望他去服務，他放棄了學術之路，當上了國際宣教士，一做就是三十多年——夫妻兩人在同一個機構工作三十多年、在同一個地方住三十多年，還眞是奇蹟。他們的兩個女兒也在這裡長大，先後成爲醫學博士和神學博士，一家出了四個博士。

午餐時，楊鴻告知，去年春天，病毒肆虐的高峰期，他與妻子在巴西宣教時染疫，回到家中發作，在床上躺了半個月，發高燒，渾身疼痛，是一生中遭遇最險惡的疾病。我問他有沒有進醫院，他說醫院人滿爲患，他打電話給醫學博士的女兒，女兒建議服用普通的退燒藥和消炎藥，到醫院去，醫生一般也用這兩種藥。他們持續服用這兩種非處方藥，很快痊癒。

午餐後，楊鴻帶我們去遊覽紅土州立歷史公園——這裡曾是印地安人切諾基部落（Cherokee Nation）的祖居地。我們沿著印地安人的「流淚之路」（trail of tears）前行，在內戰之前的大遷徙時期，約有十多萬印地安人原住民被強迫驅離家園，約有一萬五千人在西遷過程中死亡。

切諾基人是原本生活在美國東南部的一個大部族，發源於五大湖地區，在十六世紀以前向南遷徙到藍嶺山脈及其周圍地區，包括北卡羅萊納西南部、田納西東南部、南卡羅萊納西部和喬治亞東北部。他們是最早接受西方文化的部族之一，思想較爲開放，科技比其他很多部落發達。美國獨立戰爭期間，他們偏向英國人，一度出兵襲擊美軍，但被擊敗。美國獨立後，他們審時度勢，向美國政府效忠。一八三〇年代，他們受到傑克遜總統的印地安人驅逐運動波及，被美軍強行驅離世代繁衍的區域，前往密西西比河流域，隨後又被攆進遙遠的奧克拉荷馬。

切諾基人曾嘗試能通過聯邦司法系統來表達對遷移政策的不滿和不服。一八三〇年，由約翰·羅斯（John Ross）酋長率領的代表團在最高法院伸張自己的權利。這場官司在印地安地區開創了先例，但最終徒勞無功。

我們在園區看到切諾基人當年的房舍，有議會廳、酋長官邸以及普通民眾的房舍和飼養牲口的棚子，大都簡陋原始。北美印地安人的文明程度無法與南美印地安人相比，他們一直處於鬆散的部落狀態，未能建立城邦、國家和文明。

印地安人的自然崇拜中，有對水和火的崇拜。園區內有一眼藍泉，在藍天映照之下，清澈的泉水呈現爲湛藍色。藍泉不大，據說數百年來生生不息，無論旱季雨季，既不多，也不少，一直保持原貌，被印地安人視爲聖泉。園區的山坡上還專門設置一處聖火所在，是後來修建的，燃燒的是地下的天然氣。

如今，大部分印地安人居住在中西部保留地，美國政府給予保留地開設賭場的特權，讓這些地方的經濟發展有保障。我記得從奧克拉荷馬進入德州時，遭遇一次少見的塞車，原來前方那幾棟在西部空曠大地上少見的高樓大廈，是蓋在印地安人保留地的賭場和五星級酒店，車輛絡繹不絕，以致造成交通堵塞。然而，開設賭場讓印地安人衣食無憂，卻又帶來一系列社會問題。不勞而獲的錢財，沒有人去珍惜，他們拿去買酒喝，酗酒及其各種後遺症成爲印地安社群的頭號社會問題。

印地安人中，信仰基督教的人很少。美國教會熱衷於向全球傳福音，偏偏忘記了身邊的印地安人。這是清教徒對印地安人的虧欠——他們來到美洲大陸，先是奪取印地安人的土地，將他們趕到保留地，然後給出的補償居然是開賭場的特權，而賭博是聖經中禁止的惡行。

參觀完紅土公園，楊鴻博士又帶我們去參觀由他所在的宗派「神的教會」創辦的李大學、神學院及國際差傳部。「神的教會」是五旬節教會中僅次於神召會的第二大派系，在美國有數百萬信眾，在全球則有數千萬，他們是溫和的靈恩派，特別重視對外宣教。

李大學已從教會中獨立出來，發展成一所擁有五、六千名學生的綜合性大學，楊鴻次女的本科就是在李大學宗教學院讀的。其校園建築大都是維多利亞時代的紅磚房，有點像縮小版的哈佛大學。當年向楊鴻傳福音的兩位老師，一位後來是李大學副校長，一位是社會學系主任，楊鴻與兩位老師數十年間一直保持著密切的師生關係。

神學院與李大學只有一街之隔，楊鴻也在神學院兼課。一樓大廳內有一面名人堂，掛著為神學院做出卓越貢獻的校長、教授和捐款人的名牌。

楊鴻接著帶我們參觀國際差傳部大樓。此時，工作人員都已下班，從總監以下所有人的辦公室都沒有鎖門，他隨意打開門，帶我們進去參觀。這種「晝不閉戶」的情形，在其他任何地方都不可能有，華人教會更不可能，這足以說明這個機構的工作人員互不設防，沒有勾心鬥角。

有趣的是，幾乎每個辦公室內都放置著各種不同模樣的地球儀，可見他們具備廣闊的全球宣教視野。在其董事會的會議室內，一張碩大的世界地圖上，標註著他們已建立教會的地方，其宣教士腳蹤遍及全球。僅以楊鴻夫妻而言，三十多年來，他們每週都外出講道，或是美國國內，或是世界各地，他們去過全球一百二十多個國家宣教，對超過十萬人講道。

楊鴻夫婦身上充滿從心底裡透露出來的喜樂，是我在華人基督徒中極少見到的。我接觸過很多華人教會的名牧和重量級神學家，看上去都憂心忡忡，他們被華人教會的人事糾葛耗盡心神、苦不堪言。到美國之後從未在華人社群和華人教會中生活過的楊鴻夫妻，避免了這一切無謂消耗，活出了美國人和美國基督徒單純喜樂的樣式。

我還記二〇〇六年我和王怡等人到華盛頓參加宗教自由峰會時第一次見到楊鴻時的情

形。那時，他開著一輛闊氣的賓士車載我們去另一位牧師家，那位名牧見到豪車感歎說：「你眞是牧師嗎？在我們教會，牧師若開這樣的車，還不被會眾罵死！」華人教會長期苛待牧師，將牧師當做雇工和雜役，教會中的專業人士個個拿高薪，卻竭力克扣牧師的薪水，還美其名曰，牧師應當耐得清貧。有一位師母告訴我，有一次她穿了一件稍稍漂亮的衣服，有會眾在背後議論說：「這是用我們奉獻的錢買的！」其實，這位師母自己有工作，薪水比牧師高得多，她的衣服是用自己的薪水買的，卻不得不承受惡毒的風涼話。

楊鴻說，在美國白人爲主的教會和機構中，從來不會遇到此類問題。老牧師教授他經營之術，他到美國時身上只有老師給他的二十美金零用錢，讀書期間，他同時打兩份工，其中一份是打掃大學整棟教學樓的廁所，他不以爲苦。後來，他與妻子在工作之餘經營房產和土地，收入頗豐，目前擁有十多處房產和土地，每年向教會和宣教機構捐出的錢，比領取的薪水還多。

楊鴻也毫不諱言年輕時的願望：拿到博士學位，開賓士車，戴勞力士手錶，擁有豪宅和遊艇。現在，這一切都有了，都是上帝的恩典。擁有好的生活條件，同樣可以過屬靈的生活，屬靈的生活並不必然與貧困與苦難相聯繫。他擁有這一切，不是爲了享受，而是讓從上帝而來的一切又爲上帝所用。比如，十六年前他接過我的那輛賓士車，他還在開，開了整整十七年，幾乎沒有出過毛病，他開著這輛車跑了近百萬英里，宣教的路途遍布美國各地。我想，這不是成功神學，而是上帝祝福的成功人生，基督徒爲什麼不能過成功的人生呢？上帝給基督徒的，難道只有悲悲戚戚的人生嗎？

楊鴻博士辦公室的書架上有我的很多本書，其中最醒目的居然是一本盜版書——《余杰精品集》。這是他多年前在北京街頭的地攤上買的，當時並不知道這是盜版書。我將這本書取下來拿在手中，與楊鴻博士一起拍了一張合照。這本盜版書印證了我對中國的嚴厲批判——卑賤的中國人。在中國，幾乎沒有多少人尊重私有財產、智慧財產權和著作權，我一邊面對中共暴政的打壓，另一邊不得不遭受奸商（以及盜版書商）明火執仗的掠奪。

楊鴻博士告知，他希望上帝再給他三十年的宣教生涯，一直工作到九十歲。

飛流直下三千尺的瀑布・什麼樣的孩子讓父母感到驕傲？

田納西山清水秀，美不勝收，風景有點像我的故鄉四川。早上，楊鴻夫婦帶我們進入大山深處，處處可見美麗的瀑布和溪谷。途中還經過奧林匹克划船項目的訓練基地，有很多運動員和年輕人在此激流中訓練。

我們將車停在山腰湖畔的停車場，繼續往一處瀑布前行。沿途遇到不少白人登山者，一看就是專業人士，即便七八歲的孩童，也不要父母幫助，健步而行，歡喜快樂。有些人背著巨大的行李，裝有睡袋、帳篷及生活用品，看來是要在山上運動和居住多日。郭喜雲告訴我們，他們的小女兒就是運動天才，有專業登山證，經常帶團隊進山，一走就是幾天、數百英里。

走了一個多小時山路，終於聽到瀑布的水聲，「飛流直下三千尺，疑是銀河落九天」的瀑布展現在眼前，長期的沖刷，岩石已經變成黑色。瀑布前有數十人嬉戲玩水，還有爸爸媽媽將孩子牽到瀑布下接受流水沖刷。人在大自然中，就表現出天眞單純的一面。這就是美國式的快樂、美國式的旅行。中國人往往無法享受這種單純的快樂。有一次，我帶中國來的親友到國家公園欣賞美好山水，一位朋友說：「風景確實很美，可惜沒有農家樂，若是能來頓野味就好了。」另一位朋友說：「這麼好的風景，要是能擺一桌麻將，豈不快哉。」我聽到後，只能沉默不語。

路上，我們向郭喜雲討教如何培養出兩位博士女兒來。郭喜雲說，他們生活在一個以美國白人爲主的基督徒社群中，這對孩子的成長很有好處，中國文化的包袱、陰影沒有影響孩子的成長。與之形成鮮明對比，很多在紐約、加州長大的華裔孩子，身上全是中國味道，市儈而世故，僞善而淺薄，左派的政治正確一套一套的，對父母也無比蔑視。

楊鴻家的兩個女兒，性格迥異，老大內斂文靜，老二熱情奔放，老大學醫學，老二學神學。郭喜雲跟我們講了一個有趣的故事，是兩個女兒的一次對話，是醫學和神學的交鋒與融匯：有一次，大女兒的手指被車門夾傷了，打電話給妹妹尋求安慰。妹妹說：「我爲妳禱告，神必將醫治妳。」禱告完，妹妹問姐姐說：「姐，妳還疼嗎？」姐姐哭笑不得：「是啊！上帝確實無所不能，但有時候不能樣樣靠禱告啊！若是如此，我念這個醫學博士有什麼用呢？上帝也要使用我們這樣的醫學博士來治病救人啊！」媽媽聽到兩個女兒的這段對話，連眼淚都笑出來了。

川普商品專賣店．基督徒該推動禁酒令嗎？

早上與楊鴻夫婦告別，驅車前往大煙山國家公園。這是美國五十個國家公園中遊客最多的一個，每年的遊客數量是黃石公園的三倍。我們提前兩個月才訂到旅店的房間，同樣規格的旅店比其他地方貴一倍以上。

在美國旅行常常有這樣的經歷：車行在崇山峻嶺之間，數十分鐘，都是荒郊野外的景象，山重水複疑無路之間，終於柳暗花明又一村——拐過幾個山丘，一個熙熙攘攘的城鎮突然出現在眼前。鴿子谷鎮（Pigeon Forge）就是如此。它彷彿是一處世外桃源，隱藏在大山深處，其主街之喧嚷擁擠，絲毫不亞於紐約或洛杉磯等大都市的市中心。街道兩邊除了旅店、餐廳、商店之外，大都是各式各樣的小型遊樂場。孩子上了初中，不再對這些小小孩的遊玩項目感興趣，若是早五年帶他來，他一定會很喜歡的。

我們在尋找午餐的餐廳時，無意間看到街道右邊有一家名爲「川普商品」的商店，車已開過，遂到前面掉個頭，專門繞過來看看究竟。兒子說，這家店有可能是諷刺川普、反對川普的。我們停好車走到大門口，就發現張貼著支持川普、反對拜登的標語——Buck Fiden，將一句罵人的粗話隱藏其中（移動了拜登英文名字的第一個字母）。我一般不喜歡罵人的粗話，但對於卑劣無恥的拜登及民主黨左派集團，罵罵亦無妨。

店內商品，全都有川普的標誌，從旗幟、貼紙、日用品到衣服、文具、玩具等，種類繁多、不一而足。商品價格略貴，但大部分都標註是美國本土生產，基本沒有中國製造（義烏製造），貴一些亦理所當然。店內顧客盈門，熙熙攘攘，有些人掏錢買了一大堆。老闆是一位鬚髮皆白的老先生，一邊大聲介紹這些產品，一邊滔滔不絕地發表其政治見解，比如重複川普說的美國第一、譴責拜登的若干左派政策，很多顧客聽得津津有味，還給他鼓掌。

我買了印有川普家庭照的一個杯子和一個冰箱貼，並邀請老闆合影。老闆欣然同意，還特意從門口將川普眞人大小的紙人搬過來放在我們中間。川普離開了白宮，民眾仍將他視爲總統；拜登竊取了大位，人們卻紛紛對其豎起中指。民心所向，一目了然。競選作弊，可以偷竊權位，卻不能奪取民心；誰眞正愛美國，民心是一面鏡子。

下午兩點，我們在一間表演廳欣賞了一場魔術秀。表演者是魔術大師 Terry Evanswood，兩個小時的節目精彩紛呈，讓孩子們看得目不轉睛。結束表演時，大師還有一段簡短的演講。首先，他說大家要向在場的老兵致敬，是老兵保衛了美國的自由。這時，台下觀眾中，有一位看上去是亞裔（很像韓裔）的空軍老兵站起來接受大家的鼓掌致意。然後，魔術師特別感謝上帝，感謝上帝給大家健康、幸福和自由，而美國是一個上帝庇護的國家——同時，他又幽默地說，你們不必擔心我要開始一場冗長的講道。最後，他說，魔術給人們帶來歡樂，讓人們忘記現實生活中的悲傷，創造一個超越性的時空，所以他選擇魔術師作爲一生的職業和事業。

傍晚，驅車二十多分鐘，進入大煙山下的小鎮蓋特林堡（Gatlinburg）。這是一個比鴿子谷更熱鬧的小鎮，人潮洶湧，川流不息，簡直有點紐約時代廣場的味道了，這是我在中國病毒來襲之後看到的美國遊客最多的地方。難怪此前我在旅遊網站上看到有台灣遊客留言說，這裡像極了台灣的墾丁大街——對我們來說，這可不是一個好的比喻，我們在墾丁遊覽的經歷並不愉快，沒有看到美麗的風景，倒是看到太多的遊客和欺騙消費者的商家。蓋特林堡小鎮亦如此，有些過度商業化，整個鎮的規劃雜亂無章，很多商店出售的都是中國製造劣質的、千篇一律的旅遊紀念品。

街道上飄蕩著濃濃的酒香，小鎮上有好幾家釀酒廠，有讓遊客品嘗的項目，五美金即可品嘗七八種美酒。Moonshine 是私釀酒的意思，早期的清教徒推動在美國禁酒，後來卻發現嚴厲的禁酒令反倒導致釀私酒氾濫、酒類走私氾濫和犯罪率陡然上升，之後又不得不廢除禁酒令。這是美國憲法修正案中少有立法後又廢除的案例，這也是基督徒干預社會生活失敗的案例，值得基督徒和教會深切反省。在嚴厲禁酒時代，Ole Smoky是田納西州第一間取得營業執照的私酒廠。如今，臨街的是店鋪，後面是釀酒作坊，作坊開放給遊客參觀。頗有趣的是，這裡的酒都是用類似罐頭瓶的圓柱狀玻璃瓶裝，比一般的酒瓶更粗更大。酒在小鎮上有重要地位，這點倒是有點像金門。

天空之橋通往何方？

上午，我們坐纜車上山，體驗被稱爲北美最長的「天空之橋」（Skybridge）。排隊將近一個小時。上了山，在觀景台眺望，遠方的山上有一條長長的、繚繞山巒的、微帶淺藍氤氳的薄霧，是覆蓋大煙山國家公園百分之九十五面積的古老森林散發出的水蒸氣，造就了這種薄霧色澤，這才有大煙山之名。

「天空之橋」是北美最長的高空吊橋，走在上面搖搖晃晃，其中有一段，腳底是透明的玻璃，埋頭一看，下面就是萬丈深淵，確實要有相當的膽量才能穿行。

下午，我們驅車二十分鐘，進入樹木遮天蔽日的原始森林，沿著前往彩虹瀑布的森林步道往返走了三個多小時。步道跟一條溪流大致平行，隨著溪水的流向彎曲盤旋。溪水在不同地段呈現不同風貌，有時平緩，有時湍急，甚至形成大大小小的瀑布。

美國的名山大川跟中國相比，有一個很大的不同，既沒有佛教修建醜陋的寺廟（同樣是佛教寺廟，爲何日本的寺廟精美絕倫，中國的寺廟大都有一種少林寺般粗鄙不堪的味道），也沒有土豪高管圈地建別墅（中國陝西秦嶺的權貴大肆修建別墅案，習近平多次批示查處，卻無法推動深入調查），保存了自然界的原始風貌。

晚上，我們驅車回到鴿子谷鎮，到美式連鎖自助餐 Golden Corral 享用晚餐。這是我們在中國病毒來襲之後第一次吃自助餐，疫情期間，自助餐廳是重災區，很多自助餐廳都倒閉了。我們知道風景區幾乎所有餐廳都人滿爲患，家家門口排起長龍且大都不接受訂位，沒有想到連自助餐廳亦如此，排隊的架勢跟機場安檢差不多。排在我們前面的是幾家阿米許人打扮的家庭，看來連與世隔絕的阿米許人也跑出來湊熱鬧了。我們整整排了四十分鐘，才入內用餐。這家的肉湯煮高麗菜，跟我在台灣吃到的甘甜高麗菜一樣美味。

在這片土地上，連熊也自由而快樂

上午，我們到另一處景點，坐纜車上山，山上有一個世外桃源般的小鎮，還有花園、觀景台、商店、餐廳等。這座山比昨日那座更高，上山之後眞有「會當凌絕頂，一覽眾山小」之感。若非身邊都是摩肩接踵的遊客，眞以爲此處是歐洲與世隔絕的古堡。

山上最有名的景點是連接若干樹屋的高空步道。步道用木板與繩索修建，從一間樹屋通往另一間樹屋，從一棵參天大樹通往另一棵參天大樹，足足有一兩英里之長，離地至少有

二、三十米高，走在上面，真有一種長了翅膀飛翔的感覺。

下午，坐纜車下山時，突然聽到上山的纜車上的遊客發出大聲驚呼。循他們指示的方向張望，赫然發現纜車下的森林中有熊出沒——先是看到一頭熊媽媽在一堆倒下的樹幹上跳躍，接著看到兩頭熊寶寶緊隨其後，奔跑嬉戲。大煙山以黑熊爲標誌，山中有數千計的黑熊，今天有幸看到一個熊家庭的日常生活，真是不枉此行。熊的活動區域，離公路僅有數百米之遙，頭上還有纜車，看來它們早已習慣了人類在身邊的存在，彼此「相看兩不厭」。若是在中國，這個熊家庭難逃喜愛吃熊掌的中國人之毒手。生活在美國的熊真是有福了，沒有那麼多窮凶惡極的人類想來殺你們和吃你們。

一家有「職人精神」的日本拉麵館

過去一年，爲躲避中國病毒而被迫自我封閉，讓喜歡外出旅行尤其是到大自然中遊玩的美國人憋壞了，今年暑假出行人數比尋常年分多出六成。我們住的這家旅店已客滿，乘坐電梯上下和用早餐，都需要排隊，這是我們沿途經過的十多個城市中從所未有的。

美國人習慣排隊，無論是在電梯口，還是在早餐餐廳，大家都安安靜靜地排隊等候，沒有中國人排隊時常見的喧鬧和插隊的情形。即便是活潑的孩子，在排隊時候都分外安靜。從排隊這個細節就可看出國民素質之高低。

早餐後繼續上路，行車數小時，回到維吉尼亞南部，在小城羅阿諾克（Roanoke）休息一晚，離家還有三百多英里。

妻子在 Yelp 網上發現了一家旅美日本人開的正宗拉麵館。有位住在加州的食客評論說，這座城市幾乎沒有什麼好吃的餐廳，每次出差到這裡，吃飯都是一件苦事，後來聽說這家拉麵館開張了，發現這間小店是這個城市的亮點，它的日本拉麵比起加州及日本本土那些有名的日式餐廳來毫不遜色。美國的 Yelp 等美式點評網上，通常不會有中國那種花錢買好評的現象，既然加州的老饕都讚不絕口，想必這家店一定正宗。

我們來到這家名為「叉子和勺子拉麵館」（Sticks Spoons Ramen Bar）的小餐廳，小小的門面，掛著一盞紅燈籠，門外停車場的空地上設置了太陽傘和幾張桌子及椅子，門內則圍繞廚師工作台設置三條木頭長椅，大概只能容納十位客人同時用餐。

這家店果然是「一個人的拉麵店」，大廚是一位中年日裔男性，只請了一個白人男青年作收銀員——他說自己是第一天上班，點菜時很不熟練。相比之下，日裔廚師一個人在爐台前忙碌，照料六口鍋，有煮鍋、有油炸鍋、有蒸鍋，卻身手敏捷、不慌不忙，像是一位指揮千軍萬馬的大將軍般得心應手、有條不紊、從容不迫。從各種不同口味的拉麵到煎餃、章魚燒等小吃，全都由他一個人搞定。他煮麵時，使用定時器，做到分秒不差，麵的軟硬程度之拿捏，極其精準。我們點的拉麵、煎餃、章魚燒等，跟京都百年老店的味道一模一樣。這正是日本人特有的「職人精神」！

「職人精神」，是傳統的日本職人一生只從事一職、很少「見異思遷」的執著精神和敬業精神。日本江戶時代的職業分類為「士農工商」，職人屬於「工」一類，在社會上一直受到尊重，這跟中國儒家文化歧視工匠截然相反。日本傳統文化中的「職人精神」與「武士精神」等部分，跟歐美的新教倫理與資本主義精神接近，成為日本社會順利與現代化和資本主義對接的部分。而中國傳統文化中缺乏這一部分，這種缺乏是致命的。這也是日本近代轉型成功而中國近代轉型失敗的重要原因。

自由大學·國家D日紀念地

上午經過林奇堡的自由大學，校園規模龐大，大都是新建築。這是保守派基督教領袖法威爾（Jerry Falwell）創立、號稱全球最大的基督教（新教）大學。大學擁有宏大的千人禮拜堂，以及一間法威爾紀念館——法維爾領導的「道德多數派」運動，是一九八〇年代推動保守主義復興的重要力量。然而，自由大學在美國的學術排名並不高，也未能孕育從重要的基督教思想家，這表明基督教在學術和思想上影響力的衰退。

近半個多世紀以來，若干重要的保守主義知識分子，都與教會保持距離。比如，C·S·路易斯只是偶爾到聖公會的教堂聽聽讚美詩，海耶克相信上帝卻對教會心存疑慮，小威廉·

巴克利有天主教背景卻對教會疏遠，柯克更是對新教教會的世俗化深表失望……教會不再是思想文化的引擎，一流大學甚至成爲教會的敵人。這是基督教最大的危機，可惜教會中人極少體認到這一點。

離自由大學半小時車程，就到了貝德福德鎮郊外的「國家D日紀念地」。這是美國境內最大的紀念二戰的建築和雕塑群，由一家私人基金會創建和管理。它坐落在貝德福德小鎮是有理由的：一九四四年年六月六日，來自貝德福德的十九名小夥子陣亡於D日最血腥的頭幾分鐘。他們是進攻諾曼第海灘第一波美軍士兵中的一批。在隨後的戰役中，又有三名小鎮來的士兵中彈身亡。這個人口僅三千人的小鎮遭受了美國最大的人均損失。

該紀念地佔地八十八英畝，位於藍嶺的一個山坡上，可以俯瞰周圍的平原，視野極爲開闊。其中最讓人矚目的建築是名爲「霸王」的拱門，拱門代表著「霸王行動」的勝利，因D日爲一九四四年六月六日，拱門的高度爲四十四英尺六英寸。拱門之下的廣場，模擬諾曼第登陸的場景：一個大型水池象徵風高浪急的英吉利海峽，沙灘上有姿態各異的官兵雕塑：有的從海水中踏浪而來，有的已中彈戰死在沙灘上，有的在岩石上艱難攀登，有的持槍與德國守軍作戰……噴泉間歇性地噴出，還有模擬的槍聲和吶喊，讓參觀者身臨其境。在旁邊的牆上，鐫刻著在這場戰役中捐軀的四千四百一十三人名字——每一個名字背後，都是曾經鮮活卻在那一天終結的生命。

美軍在戰場上勢如破竹，不單單靠武器，更是靠士氣，而士氣來自於民眾對軍人的尊崇。一個小小的民間基金會，居然能籌款建成如此巨大的二戰紀念園區，這在民間社會孱弱的東方是不可思議的。而這正是美國強大的祕密——眞正強大的國家，不是政府強大，而是民間強大。

下午三點，我們順利回到家中，完成了這趟近三個禮拜的長途旅行。這次西南之行，來回經過大約十個州，明顯感受到紅州比藍州有活力，自由市場經濟帶來繁榮與富足，共產主義及社會主義必定禍國殃民。一路之所見所聞，證實了我在新書《西方左禍與自由危機》中的論述是正確的——對美國和西方危害最大的，不是外部的敵對國家，而是內部形形色色的左派思想。可見，讀萬卷書與行萬里路相輔相成。

我在一路上所觀察和接觸的人與事，無不驗證了大政府之惡劣與小政府的優越，在美國不同的地方能看到這種差異，在全球範圍內國與國之間更能看到這種差異。美國若走向大政府和社會主義的道路，必定是一條滅亡之路；若堅持建國者們創立的小政府和自由資本主義，必定能再次偉大。

美國第一莊園：蒙蒂塞洛山莊

傑佛遜：最像歐洲人的美國人

一九四三年十月十三日，是傑佛遜誕辰兩百週年紀念日，這一天，傑佛遜紀念堂在華盛頓潮汐湖畔落成。該紀念館爲新古典風格，是身兼建築師的傑佛遜本人最喜歡的風格。堂內設置有十九英尺高的傑佛遜像，並雕刻有其著作的若干章節，最引人注目的是銘刻在屋頂的文字：「我於上帝之祭壇上宣誓與宰制人類心靈的所有暴政爲敵！」

凡是到過華府的人必定參觀過傑佛遜紀念堂，可是去過傑佛遜故居蒙蒂塞洛（Monticello）山莊的人卻沒有那麼多。深秋時分，我們一家驅車南下，前去拜訪蒙蒂塞洛山莊。

美國是一個年輕的國家，稱得上文化遺產的地方屈指可數，在申報聯合國教科文組織世界文化遺產時，自然競爭不過歐洲。蒙蒂塞洛山莊與比鄰而建的維吉尼亞大學，作爲跟美國歷史一樣長的、美國精神的象徵物，一起成爲美國僅有的四處世界文化遺產之一。

作爲保守主義者，我更欣賞約翰·亞當斯而非傑佛遜。傑佛遜與亞當斯一輩子都在明裡暗裡地較勁，是針尖對麥芒的政敵。一八二六年七月三日傍晚，傑佛遜陷入昏迷之中，他希望以富於戲劇性的方式安排好離開人世的時間。「今天是七月四日嗎？」他問家人和醫生。那天並不是七月四日，他徜徉於半昏迷狀態，久久不肯離去。直到魔術般的七月四日午後，他才撒手人寰——這一天，正是國會批准《獨立宣言》五十周年紀念日。

幾乎在同一時刻，數百英里外的亞當斯也陷入昏迷之中。在迴光返照那一刻，亞當斯對身邊的親人說：「湯瑪斯·傑佛遜仍然活著。」其實，此時傑佛遜已過世，亞當斯比傑佛遜多活了幾個時辰。對此驚人的巧合，歷史學家埃利斯評論說：「就那一刻而言，亞當斯錯了。然而，對整個時代而言，他無疑是正確的。」

是的，傑佛遜仍然活著，活在美國奮發向上、自強不息的精神氣質之中，活在美國憲法、政府機構的運作原則以及人們的生活和思考方式之中，也活在他那比白宮更舒適的宅邸——蒙蒂塞洛莊園。斯人已去，精神猶在。

蒙蒂塞洛，出自義大利文，意爲「小山」。傑佛遜出使歐洲多年，受文藝復興與啓蒙運動影響甚鉅，畢生鍾愛與義大利有關的事物。他以義大利詞彙命名這片土地——這是他擔任土地測量員的父親，以專業眼光選中的一處居高臨下、視野開闊的山地。傑佛遜從父親那裡繼承了五千英畝土地和兩百名黑奴。在他脫離公務、退居蒙蒂塞洛的日子里，他就是一名亦耕亦讀的農場主。

許多人認爲，在歷任美國總統中，傑佛遜是智商最高者。如果僅僅到華府宏偉的傑佛遜紀念堂，只能看到傑佛遜作爲政治家和總統的一面；惟有到了蒙蒂塞洛，才能發現傑佛遜是一個百科全書式的天才——他是作家、教育家，塑造了美國的公共建築，並致力於園藝、民族誌、古生物學、考古學和天文學，幾乎在人類文明的每個領域都有卓越成就。傑佛遜親自設計了蒙蒂塞洛山莊的每個環節，精心規劃了花園、池塘、樹林、莊園和蔬菜園。

在這座比華盛頓弗農山莊更宏偉的宅邸內，有很多傑佛遜發明和製作的便利裝置：他在時鐘上裝了一個垂直移動的指標，用來指示星期幾，據考證是世上第一個日曆鐘。他安裝了升降梯和傳送帶，透過它把位於地下室廚房裡做好的飯菜直接運送到樓上餐廳，在兩百多年前的私宅中絕無僅有。他一輩子寫下大量書信文稿，僅書信就有一萬九千封，那時還未發明複寫紙，他設計了一個複寫裝置，能一次得到兩份一模一樣的書寫稿，從而使每一封信都有一份底稿。他還發明了一種手提式寫字臺，提在手裡是手提箱，放下一架就是寫字臺，翻開來是他喜歡的紙，小抽屜裡有墨水瓶、鵝毛筆，還有削鵝毛筆的小刀，側面抽屜有日常用封蠟和封印等，即便人在戶外或旅途中，也可隨時寫作。

傑佛遜酷愛讀書，手不釋卷。在圖書室內，收藏有多達六千七百冊圖書。一八一五年，因爲債務纏身，他向國家出售大部分藏書，這批藏書成爲國會圖書館最初的核心部分。他剛剛賣了藏書，心痛不已，抱怨說「離開書我無法生活」，隨即又開始大量購入圖書。

我們在參觀時發現，傑佛遜的書房和臥室是暢通的，他的床位於書房和臥室之間的一處凹室，這是一面敞開的牆。起床之後，向右邊翻身就是書房，向左翻身就是臥室。如此，既節約空間，又節省時間。與我在弗農山莊看到華盛頓睡的床一樣，傑佛遜的床也出奇地小，很難想像他那一米八九的個子如何塞進這張既窄又短的小床？講解員笑著回答說，當時的人們喜歡傾斜身子睡覺，這種相對窄小的床還能容納傑佛遜的身軀。

屋子外面，有傑佛遜設計的露台，他常常邀請朋友來此觀賞山下的景色，麥迪遜是常客之一。傑佛遜安置了一台望遠鏡，可以直接眺望當時山下正在大興土木的維吉尼亞大學。

上帝護佑勞動的人

我去過比蒙蒂塞洛規模更龐大、裝飾更奢華、風景更優美的莊園——比如被稱爲美國最大的私人莊園的比爾摩莊園（Biltmore Estate），以及羅德島的豪宅群等等，但是，如果要使用美國第一莊園的稱號，唯有蒙蒂塞洛當得起。

在室外繞莊園一圈，得花上一個多小時。傑佛遜很喜歡樹木，他有「寵物樹」，用桑樹、皂莢樹環繞成一條條幽靜的小徑。讀書寫作累了，就出去散一會兒步。以樹種之豐富而言，蒙蒂塞洛的小徑勝於清一色是白楊樹、托爾斯泰莊園中的「戰爭與和平小徑」。

更讓我們大開眼界的，是一眼望不到盡頭的蔬菜園。比起魯迅筆下彈丸之地的百草園，這個蔬菜園不知大多少倍。這裡才是真正的「百草園」，傑佛遜在此種植了九十九種蔬菜和其他三百三十種草本植物，他一一作了詳細記載，甚至還研究肥料配方。有很多蔬菜和植物是他首次從歐洲引進，他把蔬菜園當作植物實驗室。他常常卸去繁瑣的正裝和假髮（我們參觀的時候，兒子只有五歲，他看到傑佛遜銅像時，童言無忌地說：「這個大總統的頭髮不好看！」）輕裝上陣，在菜地裡與僕人和黑奴一起揮汗如雨。傑佛遜不喜歡穿正式服裝，以至於一位前來拜訪他的巡迴書商描述說：「他不像一位哲學家，更像一位游擊隊員。」他喜歡穿顏色鮮豔的（通常是紅色）背心，外面是灰色的馬甲和寬鬆的褲子，或是穿著燈芯絨褲子，褲腳通常塞進馬靴裡。

傑佛遜熱愛歐洲紅酒，曾廣泛考察比利時和法國的葡萄園和酒莊，並從歐洲引進優質的釀酒葡萄。維吉尼亞土地肥沃、氣候適宜，傑佛遜作出一句大膽宣言：「我們可以在美國釀出與歐洲風味相捋的佳釀，不會是一模一樣，但無疑是相同地甘美。」然而，這個「紅酒宣言」沒有像《獨立宣言》那樣變成事實。蒙蒂塞洛所種植從歐洲引入的葡萄，未能避免病蟲害襲擊，傑佛遜的釀酒計畫半途而廢。直到二十世紀下半葉，義大利釀酒大師才成功地在維吉尼亞釀造出好酒，維吉尼亞逐漸發展成美國東岸最重要的葡萄酒產地——在蒙蒂塞洛莊園的遊客商店，有多種標註產地爲蒙蒂塞洛的葡萄酒出售。倘若傑佛遜生前能親口喝到由自己莊園生產的美酒，不知會有多麼開心。

傑佛遜以農夫的身分為榮，他在《維吉尼亞筆記》中寫道：「在土地上勞作的人們是上帝的選民……上帝有意讓這樣選民的胸懷成為特別貯藏祂那豐富而純眞的道德的地方。這裡才是上帝保持神聖之火旺盛燃燒的中心，否則這個神聖之火就會從地球上消失。」他從來不喜歡城市，認為城市是傷風敗俗、爾虞我詐之地，只有回到蒙蒂塞洛莊園，才能徹底放鬆和自在。

然而，傑佛遜未能像華盛頓那樣成功地經營莊園。首先是因為自然條件的限制：蒙蒂塞洛莊園在山脈東坡，從審美的角度看，景色無與倫比；但從經營農莊的角度看，卻造成耕種的困難——尤其是這裡的土壤是缺乏基本營養物質的黏土。然後，傑佛遜又遭遇惡劣的天氣和壞運氣，使農莊負債纍纍。傑佛遜在《農事書》中記錄了變幻莫測的天氣和他種種計畫的失敗，後人讀了之後得出這樣的結論：作為一個公眾人物，他是偉大和成功的；但作為一名農民，他眞的是非常不走運。

順著林間小道向山下步行十五分鐘，便是傑佛埃及家族的墓地。傑佛遜的墓碑有點像埃及方尖碑，僅比周圍其他人的墓碑稍大一號，謙卑而質樸。他一生擔任過諸多公職，如維吉尼亞州州長、美國駐法大使、國務卿、副總統，並在一八〇一至一八〇九年連任兩屆總統。但在墓碑上，並沒有顯示出他擔任過總統。墓碑上的文字，是他生前親自擬定的，並告誡後人一個字不能增加——「維吉尼亞大學之父，以及維吉尼亞宗教自由法、美國獨立宣言的作者，湯瑪斯·傑佛遜長眠於此」。這就是他的自我定位，一所大學，兩份歷史性文件，足以不朽。

法國傳統與英國傳統的左右互搏

參觀完傑佛遜故居，驅車到山下，繼續參觀維吉尼亞大學。維吉尼亞大學是美國唯一一所由總統創建的高等學府，該校於一八二五年開始招生時，是第一所提供學生全部選修課程的大學。傑佛遜一手規劃的校區，是當時北美洲最宏大的建築群。傑佛遜相信，受過教育、有獨立思考能力的公民，是民主制能存續的前提。他後半生大部分時間和精力都用於創建和發展維吉尼亞大學。維吉尼亞大學的主樓與蒙蒂塞洛山莊風格近似，具有希臘和羅馬建築的古典與莊嚴之美。

美國精神是在兩種思想源泉激盪之下形成的，一是來自英國基於清教徒傳統的保守主義，一是來自法國的歐陸啓蒙主義。人們一般認爲，在開國之父中，傑佛遜是最親法、最反英的人，也是離基督信仰最遠的人——當年他的政敵曾攻擊他是「敵基督者」。大多數學者都認爲，傑佛遜的信仰傾向於自然神論，那是十八世紀晚期歐洲知識分子一般所抱持的觀點。天主教神學家艾弗里·杜勒斯樞機主教曾指出：「傑佛遜在其求學生涯中，在數名教授的影響下成爲自然神論的哲學家。」他進而總結道：

總而言之，傑佛遜之成爲自然神論者，是因爲他信奉獨一的上帝、信從天命、相信天行有常與死後的審判，而非信服於超自然。傑佛遜視基督教爲自然宗教的最終解釋，以耶穌基督爲無與倫比的道德導師，因而成爲基督教徒。他拒絕信仰正統基督教，也拒絕相信教義中所稱，基督爲上帝之子的肉身、爲命定救主等觀點。傑佛遜的宗教信仰差不多就是當時的美國式自然宗教。

在蒙蒂塞洛莊園的客廳中，我發現傑佛遜特意懸掛了好幾幅具有強烈視覺衝擊、以聖經爲主題的油畫。傑佛遜擅自刪改聖經並編輯成一種所謂「傑佛遜版聖經」，他不是傳統意義上信仰純正的基督徒。不過，他仍傳承宗教改革的遺產，相信造物主以生命、自由與追尋幸福等數種不可轉讓之權利塑造人性，與那些在無神論環境下成長、毫無敬畏之心的人物不可同日而語。

客廳牆上懸掛著傑佛遜每天都會面對的、他最崇敬的三個人物肖像，分別爲洛克、培根和牛頓，傑佛遜稱他們爲「古往今來最偉大的三個人」。這印證了杜勒斯的說法：「傑佛遜在威廉與瑪麗學院的生涯中，以培根、牛頓、洛克爲三位智慧典範。」弔詭的是，這三個人都是英國人，沒有一個是法國人——盧梭、伏爾泰、孟德斯鳩等法國思想家並不是傑佛遜心目中「最偉大的人物」。這個細節說明，儘管傑佛遜的餐具全都是從法國帶回來的，他的園林藝術也借鑒法國特色，但英國文化尤其是英國的政治哲學，在其心目中具有更高地位。

對英國和法國（尤其是法國大革命）的不同看法，成為傑佛遜與亞當斯關係破裂的原因，並成為一八〇〇年總統大選中亞當斯飽受攻擊的核心所在。亞當斯認為美國應當走英國道路，傑佛遜則熱烈頌揚法國革命。亞當斯敏銳地指出，傑佛遜接受了一種錯誤的思想方法，即法國人發明的詞彙「意識形態」，傑佛遜「將想像中看到的誘人前景，與歷史中存在更有限的可能性混淆了」。亞當斯預測，是英國，而不是法國，註定要成為十九世紀歐洲的權力中心，而英國和美國終究會成為親密的盟友——亞當斯的預測是正確的，美國獨立儘管讓英帝國遭受重創，英國卻繼續完成了工業革命和殖民擴張，成為日不落帝國；而英美之間的大西洋聯盟關係，在晚近一百多年來一直是美國外交政策的根基。

多年以後，這兩位針鋒相對的國父終於重歸於好。晚年的傑佛遜在給亞當斯的一封信中承認：「你的預言，最終證明比我的正確……法國革命引發的這一系列震盪造成的是八百萬到一千萬人的毀滅。在一七八九年，我並沒有想到這種動亂會持續如此之久，更沒有想到它會造成如此之多的流血犧牲。」歷史學家埃利斯在《那一代：可敬的開國元勳》一書中評論說：「只有熟諳十八世紀九〇年代歷史的人，才能夠認識到傑佛遜在此作出了一個多麼大的讓步和多麼深刻的個人懺悔。」

在傑佛遜與漢密爾頓等聯邦黨人的爭論中，傑佛遜的小政府理論是正確的，儘管他在總統任內的某些政策並不完全符合小政府理論。在他看來，政府不僅不能「創造」自由權利，反而有可能侵犯個人自由。政府不僅要防止個人侵害群體中其他人之自由，也要自我限制以防削弱個人自由——美國建國兩百多年後，最大的危機就是聯邦政府的膨脹、州權和個人權利的縮減。

在開國之父那一代人中，傑佛遜對美國革命對全世界影響的評估最具前瞻性。在傑佛遜看來，美國獨立戰爭是反對暴政的全球鬥爭第一槍，這種鬥爭註定要席捲全世界。「這個自由之球，我極爲虔誠地相信」，他指出，「現在正運動得如此之好，它最終肯定能夠滾遍整個地球。」傑佛遜反對所有形式的暴政，尤其是企圖宰制人的心靈的暴政，卻沒有料到堪比中國文革的暴政在美國施施然地上演：聲稱「黑命貴」的暴徒們，將傑佛遜塑像推倒在地，再踏上一隻腳。

美國人挺身而出反左，這場在美國內部展開的反左之戰，比傑佛遜參與和領導的獨立之戰更加艱鉅。

敗軍之將，可以言勇：尋訪李將軍和「石牆將軍」的腳蹤

我選擇住在北維州的一個原因是，這裡是美國歷史的肇始之地，這裡既有壯美的自然風景，也有讓人發出懷古之情的歷史人文地景。

在南北戰爭時期的將領中，北方的將領我一個都不欣賞，我最欣賞的是南軍的李將軍（Robert Edward Lee）及他的副手「石牆將軍」傑克森（Thomas Jonathan Jackson）——他們是敗軍之將，卻有資格言勇，他們的才華、人格與信仰，遠非北軍野蠻粗魯的將領所能及。

我多年來一直追尋兩位將軍的腳蹤，曾往北驅車數小時造訪西點軍校——青年時代，李將軍以第二名的成績從這裡畢業，並和另外五人共享「無違規記錄」之榮譽。一八五二年，他成爲西點軍校校長，在西點任職的三年中，他改善了校園內的建築與課程，奠定了西點成爲美國第一軍校的基礎。

我也曾往西南驅車一個多小時，造訪位於列克星頓的維吉尼亞軍校——傑克森走上戰場之前，曾在此擔任自然哲學和炮兵技術教官。與維吉尼亞軍校比鄰的是一所小型研究型私立大學——李將軍晚年曾擔任校長的華盛頓與李大學，讓這所默默無聞的學校一躍成爲美國名校，他指定了該校的校訓：「我們只有一條校訓，就是每一個學生都是紳士。」對於今天的

美國而言，紳士精神「多乎哉，不多也」。李將軍去世後，他的石棺被安置在該大學的禮拜堂內。

離我家只有半個多小時車程的阿靈頓國家公墓，是人們到華府旅行時必定造訪的景點，卻很少人有知道這片土地原本是李將軍的私人財產。過去，人們常常讚賞勝利的北方善待失敗的南方，這個結論只有部分正確。北軍對佔領的南方諸城鎮燒殺劫掠，宛如對付敵國那麼殘暴。李將軍沒有像南方邦聯總統戴維斯那樣被關入監獄，卻遭受諸多羞辱。戰爭結束之後，李將軍曾向官方申請戰後特赦，但未曾獲准。直到一九七五年，一名國家檔案記錄管理局職員發現李將軍身故前宣誓效忠聯邦政府的誓詞後，福特總統才對李將軍發布特赦，並由國會恢復其公民權——此時李將軍已去世一百零五年。李將軍夫婦戰時居住於妻子的娘家，即寇提斯李大宅，戰後遭聯邦政府沒收，成爲今日阿靈頓國家公墓的一部分。在李將軍去世後，法院裁定該處房產遭違法查扣，須歸還其子——幸虧美國的司法是獨立的。最終，維吉尼亞州政府動議撥款收購涉案土地，以現金方式賠償予其子。至今人們到阿靈頓國家公墓參觀，還能看到位於山頂的寇提斯李大宅，站在大門口，可以將一河之隔的華府盡收眼底。

在我家驅車一個小時的車程內，有多處與李將軍和傑克遜將軍有關的南北戰爭歷史遺址。大華府地區排名第一的景點是哈伯斯渡口（Harpers Ferry）。這裡是維吉尼亞、西維吉尼亞和馬里蘭三州交界之處，大山（藍嶺山脈）大河（波多馬克河與仙納度河交匯），河水奔騰，峽谷巨岩，鐵橋鐵路，極爲壯觀。

哈伯斯渡口這個小鎮，當年因爲有煤礦而迅速發展起來，隨即因爲水陸運輸便利而興建了兵工廠。華盛頓和傑佛遜都曾來此視察，小鎮後山上有一處飛來石，傑佛遜曾站在石頭上向市民發表演講，後來這塊石頭被命名爲「傑佛遜石」。站在這塊石頭上，山下奔騰不息的河流一覽無遺，傑佛遜如此描繪此地的景色：「波多馬克河通過藍嶺的通道可能是大自然中最驚人的景象之一。站在高坡，右邊是仙納度河，在崇山峻嶺奔流百里探尋，左邊的波多馬克河也在尋求。在交匯的一刻，它們一起劈山開谷，衝向大海。這一幕瞬間把我們帶到創世記，巍峨山脈中，涓涓細流成河，藍嶺的阻擋讓峽谷變成湖面。而水流的堅韌最終讓它們在此處撕開豁口，將山峰夷爲平地。河床上的一堆堆岩石，特別是仙納度河這邊，印證著改天換地的自然威力。」看到此情此景，不禁感歎上帝造物之神奇及人之渺小。

如今，小鎮上的建築基本保留一百多年前的原貌，很多作坊和商店如馬具店、裁縫店、鐵匠鋪、糕餅店、酒館、餐廳、警察局等，都依照當年的陳設，整理成小型博物館供公眾參觀，最早的建築是一七八二年建成的。在小鎮主街上走一圈，就大略知道當年人們的生活情態。有幾棟頹敗的老建築也整修完成，裡面展示部分地基結構。美國是一個年輕的國家，兩百年的文物足以成爲國寶，但美國對歷史的珍惜和對文物的呵護，卻讓某些文明古國望塵莫及。

在南北戰爭期間，小鎮成為南北兩軍爭奪的戰略要地，八易其手，戰鬥慘烈。戰地記者James E. Taylor描繪說：「走進廢棄的玻利瓦爾高地，風掃蕩著荒野，但見墳墓鱗次櫛比。」

這裡還有一間廢奴運動先驅布朗的紀念館：毀譽參半的激進廢奴運動領袖布朗在此發動起義，成為南北戰爭的前奏——一八五九年十月十六日晚上，布朗帶領一隊武裝分子突然出現，輕而易舉地拿下哈伯斯渡口。

奉命前來奪回小鎮的指揮官，正是後來成為南北戰爭時南軍主帥的李將軍。一天以後，李將軍率領海軍陸戰隊來到小鎮。他先禮後兵，送去一份書面勸降書。布朗拒絕李將軍開出投降條件，李將軍遂下令強攻。

整個戰鬥只進行了幾分鐘，布朗受傷被擒，十名手下包括他的兩個兒子和兩名被他解放的黑奴戰死，三名人質包括哈伯斯渡口的市長被殺，一名海軍陸戰隊員傷重不治。

李將軍將布朗交給維州州長處置。經過將近一個月的審判，布朗被判有罪，被處以絞刑。處決那天，州長害怕廢奴者們劫法場，調集民兵前來防守，先後徵召了一千人，包括維吉尼亞軍校的學員。帶領學生兵的是教官湯瑪斯·傑克森——也就是後來在南北戰爭中被譽為「石牆將軍」的傑克森。

在戰鬥前夕，布朗本來有機會擊殺李將軍。十八日淩晨，布朗的一名手下從窗戶裡發現對面山坡上有一個人舉著望遠鏡往這邊瞭望，他舉槍瞄準，準備打死這個人。就要扣扳機時被布朗發現，一把奪下槍。布朗認爲，這個人穿著便裝，可能是本地好奇的百姓，他們不能傷害平民。其實，這個人並非平民，正是李將軍。那個時代的人們，即便打仗，即便是反叛者，亦有不傷及無辜的泱泱古風。

哈伯斯渡口的秋天最美，層林盡染，宛如一幅幅色彩絢爛的油畫。鐵路和鐵橋還在使用，偶爾可以看到運煤的火車呼嘯而過。中國的山川中，唯有黃山有如此鮮豔的色彩。小鎮分爲上城與下城，下城在平壩上整齊地排開，上城沿著山坡伸展，有點山城重慶的味道。半山坡上有一座古老的教堂，在山風和流水聲中講道或聽道，或許更能領悟上帝造物之奇妙。

在這裡，歷史建築與自然風景融爲一體。喜歡歷史的人，可以在若干小博物館中尋覓歷史遺跡，我來的好幾次，都遇到中小學老師帶著孩子來上歷史課——身臨其境的歷史課，絕對不會枯燥。喜歡運動的人，可以在險峻的山峰上攀岩，這裡是攀岩愛好者的聖地，也是美國最長的阿巴拉契亞步道必經之地。

南北戰爭期間，「石牆將軍」傑克森在哈伯斯渡口打了一場漂亮的仗，但他的塑像不在哈伯斯渡口，而位於離我家僅十五分鐘車程的馬納薩斯古戰場公園。有時，晚飯後，我們全家一起去那裡漫步。公園佔地面積廣大，有可以跑馬的草原，有郁郁蔥蔥的森林，也有險峻的山坡，還有當年作爲軍事指揮部的石頭房子。仿照當年戰場的樣貌，還有用木頭修建的柵欄，柵欄是爲防止對方騎兵發起突襲。戰場上遺留幾十門巨砲，撫摸著冰涼的砲管，可以想像當年砲聲隆隆、血肉橫飛的戰場景象。

極左派企圖取消文化，首要一步就要消滅歷史。李將軍在里奇蒙議會大樓前的塑像已被移走，幸虧傑克森的這尊塑像遠在荒郊野外，還未成為極左派「清除」的對象。傑克森騎在高頭大馬上，滿臉鬍鬚，眼神堅毅，雄姿英發，他因傷去世時只有三十九歲，跟我來美國這年同齡。

就戰場上的表現來說，傑克森比老上級李將軍更為卓越。在兩次馬納薩斯戰役中，他以少勝多，痛擊北軍，北軍如野牛般奔逃，使得戰地留下「奔牛河」的名字。傑克森本來計畫揮師北上，此地離華盛頓僅有兩、三天路程（五、六十英里），林肯聽聞戰敗的消息，已準備逃往費城組建流亡政府。但由於友軍遭遇失敗及後勤補給跟不上，傑克森未能乘勝追擊，痛失佔領華盛頓的良機。

傑克森的軍事天才，讓北軍將領們黯然失色，林肯更換多名最高指揮官，卻無人能擊敗傑克森。在仙納度谷地戰役中，傑克森用運動戰，巧妙穿插，以一萬五千人擊敗八萬敵軍，並牽制十餘萬敵軍，使敵人三面圍攻南方首都里奇蒙的計畫流產。此戰役成為軍事史上以少勝多的典範案例。在哈伯斯渡口戰役中，傑克森更迫使北軍一萬兩千人全軍投降，這一美軍被繳械人數的記錄維持了八十年，直到二戰時日軍登陸菲律賓才被打破。當時，北軍的上萬名俘虜發現居然敗在一群衣不裹體的烏合之眾之手，心中忿忿不平。但當他們得知領導這支隊伍的是傑克森，又變得興高采烈，當傑克森騎馬出現時，戰俘們列隊把帽子扔向空中，向他歡呼，這一場景成爲內戰中的一個奇觀。

當我在傑克森塑像前，眺望落日餘暉中的山巒草地，有鐵馬冰河、風蕭水寒之歎。此時此刻，我想起南北戰爭史詩電影三部曲之第二部《眾神與將軍》。這部電影幾乎是傑克森的個人傳記，戰爭的宏大與慘烈成爲背景，大量情節表現這位虔誠的基督徒將軍對戰爭的思考和對宗教信仰的理解。傑克森對他率領的勁旅維吉尼亞第一旅的士兵說：「各位行了萬里路，充分表現了對他人財產、權利的尊重，證明了你們不是只會打仗的士兵，也願意全心保護善良百姓……」在他看來，南方的獨立戰爭是上帝賦予他的使命，上帝必將使他獲勝，他的戰鬥具有宗教聖戰的氣息——美國本來就是一個由清教徒建立、以清教秩序來治理的國家，在傑克森身上保存了清教徒時代的敬虔與勇敢。

美國的歷史敘事向來是多元而非「成王敗寇」的，南方失敗的將士們並未被妖魔化（只是近年極左派勢力興起，在「黑命貴」運動中才開始有計畫地否定及僞造歷史、推倒歷史人物塑像，南方政治人物和軍事將領首當其衝，連林肯也成爲被打倒的對象）。有些非主流的歷史學家認爲，引發南北戰爭的核心矛盾，並非解放奴隸，解放奴隸是到了戰爭中期才成爲北方瓦解南方的一種戰略選擇——其實，李將軍早在戰前就已讓自己家的全部黑奴獲得自由，而北方大將格蘭特（後來成爲總統）家裡直到開戰時仍蓄養大量奴隸。傑克森對待黑奴相當仁慈，他曾對一名黑人隨從說：「你這樣的人總會獲得自由，不論透過什麼途徑，問題是，只要南方政府能夠敏感地首先並且更快想到這點，就可以令我們的友誼之鏈更加牢固。」

對於傑克森和李將軍以及大部分南方人來說，他們拒絕爲北軍服役而自願加入南軍，乃是他們堅信，保衛家園優先於保衛國家——若「祖國」侵犯「家園」，他們寧願與「祖國」爲敵，爲「家園」而戰。南方人把家園提到更高位置，在他們心中，家園就是土地上的房屋、農場、牲畜、田野、森林等等，當然，最重要的家庭和教會，這些才是値得拋頭顱、灑熱血去保衛的對象，而國家只是一個抽象的、遙遠的概念，是很容易被暴君和獨裁者利用的「利維坦」。華盛頓等國父奮鬥的目標乃在於追求自由，其次才是創建一個國家——國父們十分擔心這個國家（政府）蛻化變質，成爲壓迫人民的工具，在起草憲法時，將重心用在如何確保權力的分割和制衡、防止暴政的出現。

引發南北戰爭的一個關鍵的觀念分歧是：一個州（共和國）到底是否有權自行決定加入或退出美國的聯邦體制？北方認爲州無此權利，南方則堅信州有此權利，戰爭於是不可避免。直到今天，相當一部分美國人仍然認爲州有權退出聯邦，比如德州一直就有聲勢浩大的退出聯邦運動——這樣的運動不會像在某些國家那樣被扣上分裂國家、顚覆或煽動顚覆國家政權罪，主張德州獨立仍是受憲法保護之言論自由。

傑克森宛如一顆流星般升起，又迅速墜落，出師未捷身先死，長使英雄淚滿襟。在錢斯勒斯維爾戰役中，他在夜晚巡視戰地時，被己方哨兵誤射中，醫生為他做了截去左臂的手術，卻未能挽救他的生命，他死於手術引發的肺炎。他臨終前輕輕地說：「讓我們渡河，在樹蔭下休息吧！」李將軍在聽到傑克森的死訊後哀歎說：「你失去了你的左臂，我失去了我的右臂。」李將軍身邊再也沒有像傑克森這樣厲害的將領了，他的諸多副手的執行能力與傑克森相比有天壤之別，他孤掌難鳴。果然，兩個月後的蓋茨堡戰役，由於南方將領的一連串失誤，北軍取得了決定性勝利，南北戰爭落下了帷幕。

歷史學家約翰·科斯基說過，傑克遜的死是內戰中最偉大的「如果」時刻。一個半世紀以來，歷史學家和廣大軍事迷們一直對此爭論不休——如果傑克森沒有在錢斯勒斯維爾戰役中死去，南北戰爭的結局是不是會有所不同？美國歷史是否會被改寫成另一種結局？

但平心而論，即便傑克森還在世，他的文韜武略、運籌帷幄，亦只能讓南方軍隊多堅持一兩年，單靠他一人無法改變整個戰局——在錢斯勒斯維爾戰役之前，南北雙方的實力對比就已逆轉。南方的失敗，不是戰場上的失敗，而是南方經濟結構的落後所決定的。已完成初步工業化的北方，擁有尚是農業社會的南方望塵莫及的經濟實力（如兵工廠和鐵路運輸系統）。決定雙方成敗的因素，除了前方將士的英勇善戰之外，更重要的是雙方的經濟實力。而且，林肯率先解放黑奴，使北方佔據了道德優勢，即便南方聲稱自己是為保衛家園而戰，亦難以與之爭鋒。

作爲一名獨派和分裂主義者，我天然地站在李將軍和「石牆將軍」一邊。如果我生長在那個時代的美國，我願意追隨他們一起戰鬥。

第三卷
知人論世

2018 年 9 月 30 日，余杰夫婦拜訪余英時先生夫婦。

名豈文章著，天地一沙鷗：懷念余英時先生

驚聞余英時先生去世的消息，雖然知道生老病死是人生必然的規律，且先生是以九十一歲高壽、在睡夢中無病無痛安然辭世的，心中仍充滿哀傷與不捨。以後，余先生的著述仍舊可放在案頭時時展讀，但再也聽不到余先生那帶有安徽口音溫和且堅定的笑談了。

余英時先生的學生們早已學術有成，他們當中很多人比我的老師輩還年長，在兩岸三地的名校和研究機構任院長和教授，自然會論述老師的學術成就。我不是學術界中人，斷斷續續地讀過余先生的絕大多數著述，卻沒有能力對余先生的學術成就說三道四。此時此刻，浮現在我心頭和眼前的，是近二十年來與余先生及余師母「忘年交」的點點滴滴。在這段「忘年交」的過程中，我是單方面的受惠者，余先生給予我的，是數不盡的獎掖、鼓勵與幫助，超過我此生中遇到的任何一位長輩和老師，我除了更加努力地寫作之外，無以爲報。

當時搗麝成塵，此日騎鯨渡海

第一次拜會余先生，是二〇〇三年。我應美國國務院「國際訪問者計畫」之邀，第一次訪問美國。在結束正式訪問項目之後，我留出幾天時間來，安排會見一些私人朋友，其中最

重要的一項就是去普林斯頓拜見余先生。

我剛上北大不久，就在圖書館找到余先生的大著《士與中國文化》，這本書與徐復觀的《中國知識分子精神》一起，讓此前深受柏楊、李敖、劉曉波及《河殤》影響的我，發現了另外一種看待中國歷史和中國文化的視角（當然，我的基本立場並未改變）。接著，我逐漸找到余先生的其他一些著作仔細研讀，當時還一度後悔，應該讀歷史系而非中文系——中文系出身的學者著述，比起歷史系出身的余先生著述來，含金量差太遠了。後來，我對歷史和政治的興趣漸漸超過了對文學的興趣，這一轉變，主要是受余先生的影響。

聽朋友說，有人送了我的處女作《火與冰》給余先生，余先生讀了之後頗爲讚賞，願意跟我見一面。而我突然想起《火與冰》中有一篇批判錢穆的文章，我從少年時代受李敖文風影響頗深（後來才慢慢刮骨去毒），這篇文章用了李敖式的標題《我來剝錢穆的皮》。余先生是錢穆的弟子，會不會對這篇盛氣凌人的文章感到不悅呢？心中不免有一點忐忑不安。

然而，跟余先生見面，整個過程讓我如沐春風。那次是程曉農先生開車帶我去的，余宅位於普林斯頓大學校園旁邊的一片森林中，一條小路轉進去，有花園、有魚池，打理得井井有條。這是一棟美東常見的維多利亞風格的紅磚小房，以美國中產階級標準而論，房子只能算是普普通通。

室內的陳設典雅莊重，客廳牆上掛的很多字畫都來歷不凡：有一幅是余先生岳父陳雪屏的對聯「未曾小隱聊中隱，卻恐他鄉勝故鄉」；有一幅是國民黨大老、書法家于右任寫給余先生的字；另一面牆上是溥雪齋的幾幅小畫，還有俞平伯的小楷，內容是《紅樓夢》中的〈好了歌解〉，還有張充和的〈黃州寒食帖〉等等。客廳旁邊就是一間書房，名之曰「小書房」，室如其名，面積不大，各類書籍從書架一直堆到屋頂，滿坑滿谷；中間是一張書桌，堆滿各種書籍，余先生不用電腦，書桌上只有傳統的紙和筆。

余先生和余師母早已準備好茶點等候，會見一名不到三十歲的年輕小子，卻如此隆重，讓我受寵若驚。我不善言談，說話口吃，見到大人物和前輩難免緊張。余先生一點架子也沒有，拿著菸斗笑容可掬地談開了，比我在北大讀書時的很多老師更和藹近人。他對當下中國思想界尤其是異議知識分子的狀況頗感興趣，向我問了很多問題。他是歷史學家，不是政治學家，卻對近期中國發生的諸多人權案件如數家珍，不亞於國際人權組織中的研究者。余先生說，中共暴政舉世無雙，以為誰拳頭大誰就掌握眞理，但抗爭者如野火燒不盡、春風吹又生，自由終將降臨中國，這個信念他從來沒有動搖過。

中共建政後，余先生唯一的一次回中國訪問，是一九七八年率美國漢學家去中國的「破冰之旅」。談起那次的經歷，他說：「那根本不是人能住的社會。人與人之間只有利害關係，只有計算，到處是政治掛帥。所以我不覺得那是回到中國。我回來之後，有幾個月都精神不振。我知道的中國文化已經沒有了。從那以後，我覺得那不是我的故國了。」由此，他超越了那些終生沉浸在虛幻鄉愁之中的台灣及海外文人群體。鄉愁是中共統戰海外人士的法寶，倘若如余先生般擲地有聲地宣稱「我沒有鄉愁」，中共就黔驢技窮了。

不再回中國，更是因爲六四。余先生說：「六四是對我最大的刺激。從前還不是原則上不回去，而是事實上不願意回去。後來絕對是原則上絕不能回去。絕對不能對這樣的政府表示任何支持。」余先生之於六四，絕非旁觀者——六四時被戒嚴部隊槍殺的學生，有一個名叫王楠，王楠的媽媽名叫張先玲，張先玲是天安門母親組織的主要開創者之一。張先玲的妹夫是中共政治局委員和宣傳部長丁關根，丁關根在王楠剛去世的時候，還流淚表示很傷心，但很快就和張先玲切割，甚至兩家人後來幾乎斷了聯繫。張先玲的丈夫是著名琵琶藝術家王范地，她的表哥就是余英時。聽聞侄兒罹難的消息，余英時的表現跟丁關根若天壤之別——他衝冠一怒、拍案而起，從此與在霜刀雪劍中艱難前行的天安門母親站在一起，與所有的被凌虐者和反抗者站在一起，與圖博人、維吾爾人、香港人和台灣人站在一起。古往今來，有很多人，文章寫得筆酣墨飽、字字珠璣，其人品和人格卻遠遜於文章，是爲德不配才。而余先生的人品和人格絕對配得上他的文章，甚至超過了他的文章。

談到錢穆，余先生說，他不同意老師對儒家和中國傳統文化的過度推崇。他青年時代在香港新亞書院求學時，錢穆曾向他問過這樣的問題：「『天地君親師』這五個字，究竟是甚麼時候才變成紅紙條，貼在廳堂上的？」對於老師的問題，他平日留心相關資料，找到許多有價値的材料，最後寫成〈天地君親師的起源〉一文。他認爲，雖然「我們現在還不能確知『天地君親師』起源的上限，但是我偶然發現的一條記載，可以證明它不能早於十三世紀中葉」。具體地說，他認爲「天地君親師」出現於南宋末期的理宗時期。原始儒家中的五倫中並無「師生」一倫，後來「天地君親師」中有「師」，但是列在最末。余先生笑呵呵地說，中國文化中最缺乏「吾愛吾師，我更愛眞理」的觀念，很多老師「仗勢欺人」，打壓學生的不同意見，這是中國學術缺乏創造性的原因之一。他從頭到尾沒有提過我那篇批判錢穆的文章，但他的這番話顯然是要讓我放寬心，他不會因爲我用刻薄的語言批判他的恩師而對我有任何成見，他更絲毫沒有暗示我以後不要再批評錢穆了。余先生對「一生爲故國招魂」的老師錢穆充滿尊重與深情，卻能寬容像我這樣對錢穆不以爲然的後生小子，因爲跟對老師的愛戴比起來，自由和寬容是更高的價値。

談論了一下午，夕陽西下，余先生就說，初次見面，一定要請我吃飯，說一起去普林斯頓的一家中餐館吧！師母開車，輕車熟路，十分鐘就到了。余先生特別強調說，這家有烤鴨，一定要點烤鴨。這家餐廳的烤鴨雖不能與正宗的北京烤鴨相比，但以美國的標準來看還不錯，余先生很喜歡。余師母說，烤鴨是余先生的最愛，而我恰好也是烤鴨迷（北京烤鴨，大概是我對風沙撲面的帝都唯一的想念吧）。後來，有記者朋友要去採訪余先生，詢問我最好帶點什麼禮物去？我就說，去紐約唐人街買隻烤鴨帶去吧！余先生一定喜歡。

在餐桌上，我對余先生說：「如果哪一天中共垮臺了，中國民主了，您來北京，我請您吃最正宗的北京烤鴨，現在北京最好的烤鴨，不是全聚德，而是大董。」我知道余先生早年曾在燕京大學讀書，一定吃過北京烤鴨，多年之後，不知烤鴨的味道有無改變？余先生回答說：「我是悲觀的樂觀主義者，中共遲早要垮臺，暴政不會永遠持續下去，但中共是百足之蟲死而不僵，不會像章家敦所說的那樣很快崩潰。我們這一代人大概是看不到了，但你們一定可以看到的。」那天，我們談到很晚才散去。

有些長輩，見了一面之後，你只好對他敬而遠之；有些長輩，見了一面之後，你就像口中含了蜂蜜，越來越甘甜。跟余先生和余師母的相處，讓我完全忘記了學識、地位與年齡的差異，而余先生送書給我和妻子，居然在題字中以「家弟」、「家嫂」平輩相稱。

唯將秋葉院中景，答謝春風第一枝

二〇〇七年春，我與妻子一起赴美訪學，第一站就是到普林斯頓大學參加由勞改基金會所主辦關於中國勞改制度的國際研討會。余先生應邀前來開幕致辭，此會議不是「純學術」活動，而有明顯的「反共」色彩，一般的華裔學者害怕得罪中共、失去應邀去中國的大學講學、在中國出版著述並享受紅地毯待遇的機會，大都對此類「反共」的會議避之唯恐不及。余先生慨然應邀出席並致開幕詞，痛斥中共的勞改制度和勞改營比起納粹集中營來有過之而無不及，言簡意賅、鞭辟入裡。

一時的反共易，終身的反共難。余先生的反共，不是一種姿態——以反共為一種姿態的人，隨著時勢的不變，就無法保持原有的姿態了。比如，柯林頓競選總統時高調宣稱，要把從巴格達到北京的屠夫都送上審判席，但他上任之後很快就跑到北京去跟江澤民跳交際舞了。比如，那些當年跟隨兩蔣高喊「殺豬拔毛」的國民黨人連戰、郝柏村，看到共產黨野蠻崛起，立即加入「兩岸政商聯盟」，跑到對岸去「發大財」了。又比如，曾經發出「討伐中宣部」豪言壯語的評論人焦國標，被北大開除後到美國晃了一圈，發現沒有多少油水可撈，又回中國去玩變臉遊戲，當習近平的吹鼓手了。與這些變色龍相比，余先生的反共，有始有終，是一種韋伯說的「志業」。反共不會給他帶來什麼好處，而只會讓他失去中共政權可能提供給他的巨大好處。但是，他只是做出最基本的常識判斷：一個真正的知識人，是不可能接受一個殺人的政權統戰的。

在那次會議上，與會的有多名從中國來的勞改受害者，如大右派林希翎等人，年紀與余先生相仿，當年是北大、清華、人大的高材生，在中共建政後的屢次政治鬥爭中成為犧牲品，飽受磨難，歷經滄桑，沉淪社會底層，不得不從事體力勞動維生。他們在台上聲淚俱下地控訴中共的迫害，其淒慘命運讓人垂淚。當後來「平反」來臨，他們青春不再，在專業領域不可能再有突出成就。此時此刻，他們來到自由的國度，舉手投足仍宛如驚弓之鳥，或過於誇張地高喊口號，或不遵守發言時間規則自說自話，與西裝革履、溫文儒雅的余先生相比，眞是天差地別。當時我就感歎，當初還是大學生的余先生若北上投奔新政權，縱然才華橫溢，也免不了成爲被整肅對象，多年後亦只能在這群老右派中「泯然眾人也」。

會議期間，余先生帶我們在普林斯頓校園中散步，向我和妻子介紹校園中一棟棟古老的建築。史學大師親自當導遊，眞是總統也得不到的優待。余先生再次請我們到他家中茶敘，他和師母向我們饒有興味地打聽中國家庭教會的情況。那時候，妻子在北京方舟教會中是半個傳道人，講了好多家庭教會的故事，兩位老人聽得津津有味。臨別時，余師母從室內拿出一本幾乎快要解體的小本聖經，說這是半個世紀之前，她唸小學時，一位閨蜜送給她的，她一直精心保存著，時常拿出來讀。她今天深受妻子講述的家庭教會故事感動，要將這本聖經送給妻子。妻子收下這件珍貴的禮物，這本聖經被我們帶回中國，後來又從中國帶到美國。

那時，中共宣傳部已全面禁止我的作品在中國國內出版，即便是學術論文也不行。我將多年來研究近代史的論文編輯成《彷徨英雄路：轉型時代知識分子的心靈史》一書列印出一份，請余先生推薦給台灣的出版社。當時，我從未去過台灣，也不知道台灣文化界和出版界的情況，只知道余先生在台灣頗有影響力，找他幫忙或許是一個出路。余先生熱心地將書稿推薦給聯經出版社的林載爵發行人。我既非博士亦非教授，在台灣名不見經傳，林先生看在余先生的面子上答應出版此書，這是我在台灣出版的第一本書。後來，編輯告訴我，以學術論文集而論，這本書的銷量還算不錯，學界和讀者的迴響亦頗爲正面，我很高興總算沒有辜負余先生的推薦。

余先生沒有鄉愁，但對故鄉人還是有一番特別的青睞。我的一位畫家和作家朋友、安徽和縣人許宏泉，收藏了大量從清初到民國的文人和學人的翰墨，僅以民國而論，就有羅振玉、蔡元培、周作人、吳梅、錢玄同、顧頡剛、錢穆、梁實秋等人的書法，他以此寫成《管領風騷三百年》一書。他對余先生非常仰慕，請我將書稿及他的一幅畫送給余先生，想請余先生爲此書題詞書名。余先生看了之後很喜歡，許宏泉畫的安徽山水，大概讓他回想到在故鄉潛山鄉間奔跑長大的歲月。他欣然爲之題詞。後來，許宏泉郵寄給余先生一大包上好的宣紙，用故鄉的紙，抒發心中的志趣，不亦快哉！許宏泉還選用余先生的題詞「唯將秋葉院中景，答謝春風第一枝」配上自己《百草圖》中的一幅，爲余先生製作了專用的信箋。我爲自己牽線成就了這件美事而感到高興。

二〇〇七年冬天，張伯笠牧師開車帶著我，冒著大雪從華府北上，去普林斯頓探望余先生。我們一早出發，抵達時已是中午，本來我們計畫請余先生和余師母到中餐館午餐，沒想到余師母早已準備好美味雞湯麵，還有幾樣新鮮時蔬。余師母說，這是幫他們整理花園的工人送來的蔬菜。從這個細節可看出，余先生和余師母不像中國古代的士大夫那樣自命清高、看不起「引車賣漿者」，而對勞工階層頗爲禮遇，跟他們成了好朋友，對方才會常常送來自家種的蔬菜，禮輕而情義重——園丁大概從來不會讀余先生的著作，他們對余先生的尊重，不是來自文章和書本，而來自日常生活中的接觸和感受。

二〇〇八年春，我們的孩子出生了。此前，我取了若干個名字，妻子都不滿意，最後我們決定請余先生幫助給孩子取名。余先生高興地答應下來，兩三天之後，他打來電話說名字取好了，還發來一張長長的傳眞，寫上名字背後的典故及他的祝福。余先生給孩子取的中文名字是「余光益」，英文名字是「Justin」——他知道我最推崇的價值是公義。隨後，孩子剛出生，余師母就郵寄來一套有普林斯頓大學校徽的嬰兒裝，還叮囑說讓孩子穿上後拍照片寄給他們看看。

我們回國後，很快遭到中共的殘酷迫害，先是被軟禁在家、切斷對外聯繫，然後是非法綁架、酷刑拷打。後來我才知道，那段我們與世隔絕的時間，余先生聽到關於我們的消息，非常擔心，四處打電話詢問和查證，也託朋友向美國政府反映，希望美國駐中國大使館向中共施加壓力，讓我們早日獲得自由。

二〇一二年一月十一日，我們全家逃離中國、飛抵華府。美國之音、紐約時報等媒體報導後，余先生看到了，又打電話給若干友人詢問我們的情況。有朋友轉告了余先生的關切，我趕緊給余府打去電話，告知詳情。當我描述遭受酷刑的經過，余先生在電話那頭沉默良久，歎息數聲，我能感受到他對中共暴政的憤怒。他平時大都慈眉善目，但每每聽到中共的惡行，便有怒目金剛狀，先生不曾太上忘情，仍是性情中人。

不久，我們一家三口北上探訪余先生，這是余先生和師母第一次見到光光——這個余先生取名的孩子。余師母很細心，事先專門準備了幾樣玩具給孩子玩。光光趴在地毯上高興地玩耍，兩位老人也笑瞇瞇地注視著他，安靜的余府大概好多年沒有如此蹦蹦跳跳的孩子出現了。余先生說，安安全全出來就好，來日方長，可從容規劃，寫出更多好書來。

余先生又說，這幾十年來，他看到很多從中國出來的人物，有些人剛出來時頭上頂著光環，但他們不自愛，很快光環就褪盡了。在美國生活，最重要的是經濟獨立、享受自由、享受家庭的溫暖並耐得住寂寞。跟余先生聊天，他很少談學問，更多談政治，但談得最多的還是生活經驗。跟很多中國人看重的功成名就不同，余先生說，人生的最高境界是自由自在地做自己喜歡做的事情。那時，我妻子在教會當傳道人，先生和師母都對基督信仰很有興趣，就這個話題又聊了很久。那天離去時，光光將他的一件小汽車玩具忘在余府。次日，余師母就打來電話，說要給我們郵寄過去。妻子說，光光有很多小汽車，不必郵寄過來了。結果，幾天後，我們還是收到了余師母郵寄來的包裹。

這一年夏天，我在香港出版了幾乎為之付出生命代價的《劉曉波傳》。我請余先生為這本書寫一篇序言。余先生慨然應允，數日之後即傳來文稿。余先生不用電腦、不用手機，寫作仍然是手寫，傳稿件則用傳眞。我家無傳眞機，遂請友人陳奎德幫助收傳眞。收到後我才發現，密密麻麻的十多頁稿子若連接起來足有半米長。余先生在這篇序言的最後一段這樣寫道：

以年齡而言，曉波和余杰是兩代的人，但他們卻生活和思想在同一精神世界之中。更重要的，他們之間的「氣類」相近也達到了最大的限度。……陳寅恪形容他和王國維之間的關係，寫下了「許我忘年爲氣類」之句；他們也是「氣類」相近的兩代人。陳寅恪寫《王觀堂先生輓詞》和《王觀堂先生紀念碑銘》，都傳誦一時，流播後世，正是由於「氣類」相近，惟英雄才能識英雄。現在余杰寫曉波生平，不但有過去，還有長遠的未來，攜手開拓共同的精神世界。這將是歷史上一個最美的故事。

我們很快在美國安居樂業，開始了「此心安處是吾家」的人生下半場。得知我們買了房子，余先生和師母專門郵寄來精心挑選的禮物，祝賀我們的喬遷之喜。余師母說，美國太大，大家住得遠，來一趟普林斯頓不容易，你們生活得快快樂樂，我們也就放心了。余先生此前告知，他要集中生命中最後的歲月研究唐代歷史。我們知道，生也有涯，學問和著述無盡，所以很少打電話去打擾先生。不過，每有新書出版，我都會郵寄給先生和師母，他們也都會打來電話致謝和鼓勵。其中有一本《生命書：聖經中的大智慧》，是一本薄薄的小書，余師母說她每天臨睡前都會讀一兩篇，一個月就讀完了，很喜歡，特別郵寄給那位當年送她聖經、從小就信仰基督教的閨蜜。於是，我立即又再郵寄了一本過去。

人靜魚自躍，風定荷更香

二〇一八年秋，劉霞逃離中國赴德國之後第一次訪美，行前打來電話說希望幫助安排去拜訪和答謝余先生——劉曉波被捕和去世以及劉霞被長期軟禁期間，余先生多次仗義執言。

海外包括港台的華裔學者成千上萬，在學術上有所成就、在名校任終身教授者不在少數，但極少有人能像余先生這樣始終如一地嚴詞批判中共暴政並悉心關懷中國的異議人士。比如，若將同爲歷史學家的許倬雲與余先生相比，便高下立現：許倬雲批判美國的資本家和資本主義時不假辭色，對中共的暴政、暴行卻大都視而不見、沉默不語。因爲，就現實利益而言，美國是可以批評的——批評美國，不會失去教職、不會被剝奪出版著述的自由；反之，中國是不可以批評的——批評中國，會失去到中國講學的機會、著述也將不能在中國出版，從而失去中國這個華文世界最大的市場。中共挾中國龐大的市場而控制全世界的人心，無論是急功好利者還是沽名釣譽者，無不如昔日唐太宗所說「天下英雄，入吾彀中矣」。

余先生反其道而行之，他對美國的種種制度缺陷亦有所批評，但他更集中批判極權主義的中國，因爲他深知，批判美國不需要勇氣，而批判中國是需要付出代價的——他在所有的

「敏感問題」上都直言不諱，導致其著述被中宣部下令封殺，即便已出版的、在網上銷售的也全部下架。余先生不會爲之後悔，也不會專門去研究在海外談論中國議題時「打擦邊球」的技巧和策略。很多在海外「打擦邊球」打得好的名教授、名作家，如楊振寧、金庸、饒宗頤、南懷瑾、杜維明等人，兩邊乃至多邊通吃，實現個人利益最大化。他們回中國訪問時，會得到最高領袖接見，滿足當幾分鐘「帝王師」的虛榮心。但對余先生而言，「是，就說是；非，就說非。」人生沒有那麼多的眉角和算計。比起所謂的學術成就、歷史地位更重要的，是良知。

我們幫劉霞聯繫好余先生，約在九月三十日下午到訪余府。那天下午，我們比約定時間早到半小時，余先生還在午休，師母先陪我們聊天。師母說，她提前一天去蛋糕店訂製了一個巧克力蛋糕，希望劉霞今後的日子甜甜蜜蜜、美美滿滿，她還挑選了英式下午茶配蛋糕。大家聊得很開心，劉霞消瘦的臉上終於露出久違的笑容。過去幾年間先後失去父親、母親和丈夫，如今孤苦伶仃漂泊在海外的劉霞好像回到了一個溫暖的家中。

不久，余先生出內室出來，先是祝賀劉霞獲得了自由，然後說一定要照顧好自己，重新安一個家。漢字中的「家」，上面是房頂，下面是豬，一定要有地方住、有東西吃。余先生談話，從來不「務虛」，沒有多少高言大志，而是從人每天的衣食住行著眼。在這一點上，他既不是儒家，也不是新儒家，儘管他對中國文化的某些部分有所堅守、有所眷戀。余先生看到蛋糕很眼饞，請師母切了一大塊給他，很快就吃完了。那時，余先生已經戒菸了，戒菸的人往往對甜品有一種「狂熱的喜好」。我與妻子看到余先生的這一孩子氣的模樣，都衝著師母擠了擠眼睛。

告辭的時候，我們一起在余府門口合影。那一天，余師母很高興，看到妻子穿了一件天藍色的百褶裙，就興致勃勃地說：「我也有一件這樣的裙子，我換上漂亮的裙子來跟你們年輕人比一比。」果然，她換上一件漂亮的裙子出來，還童心未泯地拉起裙擺，彷彿回到那個不識愁滋味的少女時代。

那一次，妻子在幫余師母泡茶的時候，發現他們家的茶壺不太好用，倒水時候容易漏出來。次年夏天，我們到台灣訪問，到台灣國家文創館搜尋台灣的精美茶具，發現有一套桐花圖案的茶具非常驚豔，就買下來，託老朋友、文創館董事長廖永來幫助郵寄給余先生。寄出後，我們忘記給余府打電話告知此事，結果師母收到茶具，不知道是誰郵寄的，打了好幾個電話詢問台灣的朋友卻不得要領。後來我們打去電話告知此事，才解開師母心頭的疑惑。

余先生做事，不做錦上添花的易事，而做雪中送炭的難事。他從不臧否中國流亡者和海外民運的種種是是非非。但他對很多人、很多事心中自有一桿秤，看得明明白白。他說，他不會介入、仲裁他們的紛爭，只是盡力去幫助需要幫助的人。當年，他創立普林斯頓中國學社，收容一批流亡的知識分子和學生。普林斯頓校友捐助的第一筆錢用完後，他特意回台灣找李登輝總統，向李登輝總統要了一筆錢，又讓學社持續了好幾年。他自己生活簡樸，從來不向人募款，但爲了學社的事情，卻第一次也是最後一次向人開口。學社內部紛爭不斷，爲誰有資格進入、誰不該進入發生過多次激烈爭吵，甚至有人將攻擊的矛頭對準余先生，這就是恩將仇報了。很多反對共產黨的人士，卻有紅衛兵的血統。余先生從不表功，也從不辯解。

每個人都有自己心目中的《紅樓夢》，余英時的《紅樓夢》就跟胡適的《紅樓夢》大不相同；每個人也都有自己解讀和接受的余英時。余先生去世的消息傳出後，已然全面義和團化和紅衛兵化的中國社交媒體上，對此消息不遺餘力地封鎖。獨立藝術家高氏兄弟爲余先生畫了一幅肖像，在抖音上發表，沒有加一句評語，卻被屏蔽了，帳號被永久封禁。高氏兄弟感歎說：「審帖者爲了黨國維穩，一點自由空間也不留。他們封的是我的號，但懲罰的不僅是我，更是爲了懲罰終生不與其爲伍的余先生。由此可見余先生乃眞正特立獨行之學者，其始終如一的獨立精神堪可令我等苟且偷生者汗顏和效法。我與余先生素味平生，緣此亦算與其有了一點點精神聯繫。」

微信上更是傳出諸多辱罵余先生的言論，其中的一種辱罵是，余英時是「國民黨餘孽」。這可眞是無知者無畏，余先生青年時代就因寫文章批判蔣政權在台灣的獨裁統治，台灣不給他發放護照，他從香港到美國時使用的是無國籍的難民證件。近年來，國民黨對共產黨卑躬屈膝，余先生看不下去，多次直言批判，比如發表公開信斥責旺旺化的《中國時報》，也支持台灣年輕一代「天然獨」的太陽花學運。余先生也超越了中國傳統的國族意識和忠奸之辨，他爲汪精衛的《雙照樓詩詞藁》寫了一篇萬字長序，「發揮汪之眞實心境，肯定其動機，而惋惜其判斷之誤，並願以其人與其詩合併而觀，以顯示此一二十世紀上半葉之深刻悲劇也」。此舉讓某些「蔣粉」和唾罵汪氏爲「漢奸」的民族主義者玻璃心碎了一地。

余先生認同老師錢穆「爲故國招魂」的努力，不是因爲他有大中華、大一統意識形態，他不是「國粉」（中華民國粉、國民黨粉），更不是「蔣粉」（這兩種粉絲在海外反共的華人圈中頗有聲勢，他們也都企圖利用余先生的名聲）。從其回憶錄中可以看出，他眷戀的不是北京的帝都，而是安徽潛山那個「日出而作，日入而息，鑿井而飮，耕田而食，帝力何有於我哉」的鄉土社會、民間社會。他並不反對我和朋友們的「獨派」立場，也敏銳地看到台灣太陽花運動和香港逆權運動之後本土和獨立思潮的興起。

余先生多次說，他對政治只有「遙遠的興趣」，他不是政治中人，而是書齋中人。但他的學術文章，從來不是那種標榜「純學術」、「躲進小樓成一統」、只爲評級升等的論文，而是寄託了他全部的情感、理想和價值判斷，他與研究對象一起歌哭、一起歡笑，所以即便是學術論文，他也寫得像梁啓超那樣「筆端常帶感情」。余先生曾經寫了梁啓超的自勵詩其二送給我，既是對我的鼓勵，又何嘗不是先生的夫子自道呢——

獻身甘作萬矢的，著論求爲百世師。
誓起民權移舊俗，更研哲理牖新知。
十年以後當思我，舉國猶狂欲語誰？
世界無窮願無盡，海天寥廓立多時。

余先生釋證陳寅恪的晚年詩文，其心境與陳寅恪寫《柳如是別傳》一樣，乃是「自由人彼此擁抱」；余先生寫《方以智晚節考》，也有方以智那樣的「遺民心態」——不過，他不必像方以智那樣屈服於不仁的清帝國，他如五月花號的清教徒那樣遠渡重洋來到美利堅，在這片自由的國土上重新找到身分認同，也重建其學術和思想的疆域，這個疆域比中共統治的九百六十萬平方公里要大得多。在數千年人類文明史的廣闊時空中，他宛如「天地一沙鷗」，展翅上騰。

余先生有喬治．肯楠的遠見卓識，卻不曾像肯楠那樣到華府規劃美國的外交政策。肯楠的前半生是駐外大使和國務院政策規劃司主管，以一封長電報文左右了美國此後半個世紀的對蘇聯政策，是當之無愧的「冷戰之父」。後來，他與白宮決策者意見相左，離開華府，來到普林斯頓大學任教和著述。即便在普林斯頓大學這個美國的頂級學府，肯楠也對美國的清教秩序的弱化、美國思想學術的貧血深感憂慮，他在日記中寫道：「教書也變得非常困難，尤其是在美國。它需要與他人進行大量的思想交流，我永遠無法掩飾自己在智識追求上的失望，尤其對美國社會的失望。但如果流露出這種情緒，就會與美國教育機構構建的神話世界格格不入。」今天的美國，何嘗不是又到了一個新的興衰成敗之轉折關頭？

美國有肯楠這樣的蘇聯問題專家，是美國的幸運，也是美國打贏冷戰的智力保障。然而，美國缺少眞正了解中國的中國問題專家，也缺乏長遠規劃且行之有效的對華政策。結果，在冷戰結束後三十多年，美國不曾將中國「和平演變」，反倒被中國滲透得千瘡百孔，處處落了下風。歷史是中國人的宗教，作爲歷史學家的余英時對中國的脈動成竹在胸、了如指掌。若是對中共和中國既能「入乎其內」又能「出乎其外」的余先生能到華府，像肯楠那樣參與規劃高瞻遠矚的對華政策，會有怎樣的結果呢？在民主國家，書齋與廟堂，並不必然對立。香港政治評論家陶傑感歎說：「余教授不僅是今日華人世界學識最博雅、學問最通達、學養最高貴之人，而且是全球對中西文化本質認知最透徹的一位智者。只由哈佛到普林斯頓，只由教室到書室，在美國，余英時先生五十年來可謂大才小用。若最近二十年，余英時的基地是在華盛頓，講論的地方不是他自己的書房而是智庫，美國的『中國通』以余教授爲理論指導組長，而不是以不懂中文卻膽敢寫了一本七百頁的《論中國》的季辛吉之流，今日的世界，會很不一樣。」作爲歷史學家的余先生若是讀到這段評論，一定會說，歷史不容假設。而幸運的是，同樣也是歷史學出身、同樣對中共極權本質洞若觀火的余茂春教授，雖然只是短暫出任川普時代的國務卿、也是晚近三十年來反共最堅決的國務卿蓬佩奧的中國問題顧問，卻如同肯楠那樣，爲美國的對華政策樹立了新的標竿。

余先生在此一中國與西方展開「新冷戰」的歷史關頭辭世，爲我們留下了彌足珍貴的思想遺產。他對毛澤東、周恩來直至習近平等中共的獨裁者及其背後的制度和文化力量一針見血之剖析，至今仍然無人出其右（如將毛澤東形容爲「打天下的光棍」，以「霸才無主始憐君」揭露周恩來之眞面目，而習近平的「稱帝」其實是因爲其內心的恐懼、「他一定會出漏子的」）；他對胡適、陳寅恪、殷海光直至劉曉波等近代以來傳承自由民主觀念的知識人之張揚，以及他將自己的擺上，形成了一個華語文化圈自身的自由傳統。沒有這個自由傳統，中國的社會轉型必將再次陷入「白骨露於野，千里無雞鳴」的血腥屠殺之中；有這個自由傳統，中國的社會轉型則有可能「出黑暗、入光明」，兵不刃血地「走向共和」。

此刻，對余英時最好的紀念，就是閱讀余英時。

美國之大，處處可以擺下一張書桌：我所結識的十二位北美華裔學人

在美國生活，對我來說最快樂的一點就是：做自己喜歡做的事情，不做自己不喜歡做的事情；跟喜歡的人交往，不跟不喜歡的人交往。大部分時候，我閉門不出，安靜地讀書、思考、寫作。有時也出門拜訪師友，或在家接待來訪的師友。

我往來的北美華裔學人，大都是我的師長輩，還有不少是高出我足足兩輩的老先生。美國沒有儒家世界那種嚴格的尊卑長幼之分，很多老先生都將我當做忘年交，我在他們面前放言無羈，但更多是傾聽他們聊天——「聽君一席話，勝讀十年書」。有這些良師益友，我在美國的生活也就毫不寂寞了。

在這裡，我寫下跟若干北美華裔學人交往的點滴，閱讀他們著作的種種心得體會。美國眞的很廣大，處處都可以擺下書桌，美國憲法明確保障公民的言論、思想和出版自由，在美國作一名學人眞是一件幸福的事情。

張灝

認識張灝先生很早，二〇〇三年我在香港中文大學作訪問學者，有一天造訪香港科技大學，經丁學良教授引薦，與當時在這裡作教授的張灝先生有過一次簡單的交談。

二〇〇七年夏至二〇〇八年春，我赴威斯康辛大學作訪問學者。之後，爲了寫一本關於中美關係的新書，到華府採訪一些智庫和學者，住的地方正好離張灝先生剛遷入的新居不遠。跟我同爲獨立中文筆會理事的廖天琪女士，正好是張灝先生夫人廖融融女士的妹妹，廖天琪請我們兩家一起餐敘，這次才有了一場深談。

廖天琪女士回德國處理一些事務，允許我和妻子在她家住一個月，她擔心我們不會使用美式洗衣機和烘乾機，就請張灝和廖融融夫婦過來教我們。結果，兩位老人面對機器上複雜的按鈕卻不知所措，還是妻子摸索到了使用的方法。我卻與張灝先生在廚房裡談起了晚清思想史——一談起他熟悉的領域，他立即兩眼炯炯有神，神采飛揚。

張灝先生是安徽人，幼年時，正值抗戰，在重慶居住多年，所以算是半個四川人，他與妻子廖融融談話，是一口地地道道的四川話。他溫文爾雅，說話不緊不慢，記錄下來就是一篇好文章。此後，我和妻子常常與張灝夫婦餐敘，或者相約到中餐館吃飯，或者是到我們住的公寓，我下廚做川菜。

有趣的是，有一次我們去張灝先生家做客，我要顯示廚藝，做一道蘿蔔紅燒牛肉。家中沒有蘿蔔，張灝先生自告奮勇要去超市買。結果，半個小時後，他空手而歸，沮喪地說：「我忘記蘿蔔的英文怎麼說了！」我們大家都相視而笑。這位哈佛畢業的博士，當然不是英文不好，而是平時基本不料理家務，對日常生活中的食品、蔬菜頗爲陌生。廖融融打趣說，他們剛結婚的時候，張灝連炒個雞蛋都不會，乾脆就用咖啡壺煮雞蛋吃。

我最感興趣的是張灝作爲「殷門弟子」的經歷。殷海光是我尊崇的自由主義先驅。張灝講到許多往事，歷歷在目，精彩紛呈，也戳穿了李敖書中的若干謊言，比如他和在海外留學的幾位殷門弟子湊錢爲老師治病，並非如李敖所說只有他一人幫助老師。張灝先生回憶說，因爲跟殷海光過從甚密，警總高官專門找到他當立法委員的父親打招呼，警告說你家公子要小心。若不是他很快赴美留學，恐怕免不了會被警總約談。當時，他們經常在時任關務署署長的經濟學家周德偉家中聚會，張灝是年輕大學生，老師們高談闊論，他大多數時候無法插嘴，但聽前輩們痛罵國民黨的獨裁專制覺得很過癮。他記得曾留學德國、得到海耶克眞傳的周德偉意氣飛揚地說：「我像鷹在天上飛，你們台大的教授都像烏龜在地上爬。」這些細節，我聽得津津有味，恨不得早生幾十年，當年能在現場。後來，我到台灣訪問，每次都去紫藤廬與朋友聊天喝茶，想到張灝先生講述的這段故事，不禁從心底裡浮出微笑。

我在北大求學時，花過很多功夫研究梁啓超，張灝的《梁啓超與中國思想的過渡》是我常常參考的枕邊書。這本書讓我對現代文學和思想的興趣繼續往清末推移，意識到戊戌甚至比五四更具轉折意義，後來我的碩士論文就寫梁啓超在澳門辦的《知新報》——當時這是一個相當冷門的題目。而《幽暗意識與民主傳統》更是一本對我的思想觀念帶來極大震撼的著作——此前，我推崇一九八〇年代的思想解放運動和五四新文化運動，思想稍稍偏左，對人性和民主制度持過於樂觀判斷；讀了此書之後，我意識到人性幽暗的一面，因爲人性中的「幽暗意識」，使得民主並非一種完美無缺的制度，如邱吉爾所說，僅僅是「最不壞」的制度。由此，我由積極自由的支持者轉而認同消極自由，也開始對基督信仰與民主憲政之關係有了興趣。後來，我才知道，廖融融女士是基督徒，與倪柝聲的地方教會系統頗有淵源，張灝先生雖然不是基督徒，卻經常跟我們討論基督信仰，對基督教和基督徒持正面評價，認爲中國的民主轉型，離不開基督教價值的浸潤與規範。

經過與張灝先生多次談話，我整理成一篇兩萬多字的訪談錄〈以「幽暗意識」透視中國百年激進思潮〉。張灝在這篇訪談中說，「幽暗意識」的起源是受到基督教人性觀的啓發。基督教的人性觀，讓人看到自己的罪性，看到自己的局限性，從而杜絕人的自我膨脹、自我神話，從而持守低調的民主觀。這正是五四以來中國知識分子接受西方思想時所忽略的一個重要方面。他指出，五四的負面遺產主要有三個方面：科學主義、全盤反傳統主義、高調民主和烏托邦思想，這三者結晶成一條五四的紅線。他強調，從五四開始反思近代中國的激進主義是不夠的，需要上溯到晚清，從戊戌那一代人開始，他在《烈士精神與批判意識：譚嗣同思想的分析》一書中以譚嗣同為例做了透徹的反省。他啓發我將對中國現代史的思考倒推到清末，如此才能對中國晚近一百多年的激進主義做透徹而全面的反思。張灝的反思，已經遠遠超越了魯迅的國民性批判。

後來，我將這篇訪談收入《彷徨英雄路：轉型時代知識分子的心靈史》一書，張灝先生為此書寫了一篇長篇序言——與余英時先生一樣，他一字一句手寫文稿，一絲不苟卻一氣呵成。他在這篇題為〈知識分子研究知識分子〉的序言中寫道：「余杰是一位知識分子，應該說是公共知識分子。作為後者，他對時代有強烈的關懷與責任感。他要針對時代的問題說話，他是以這些問題為基點去回顧與檢討近代知識分子這個傳統。因此，他很明白地說，他的歷史研究不是發自歷史的好奇心，關在象牙塔裡做的，而是發自他所謂的『現實關懷』，希望能與近代知識分子這個傳統的『先哲』對話，從他們的思想吸取教訓，從而認識知識分子對當今的時代問題，應採取的立場，以及應該走的道路。」《彷徨英雄路》是我迄今為止唯一的一本學術論文集，這本書出版後，我的主要精力聚焦於政治評論，因為中國的現實政治越發黑暗殘暴，我不得不發聲，故而放下學術研究（實際上不具備學術研究的心態和條件）——偌大的中國，哪裡能放下一張安靜的書桌？如此，多少辜負了張灝先生的厚望。

二〇一二年，我們一家三口移居美國之後，新家離張灝老師家不過半個多小時車程，我們常常去他家拜訪、聊天。他們的兩個女兒女婿及孫子輩都不在身邊，就養了一條名叫米奇可的小狗，夫妻倆視若掌上明珠。廖融融尤其如此，因爲餐廳不讓帶狗，我們外出吃飯她都不肯去，要在家守著狗。

張灝從台大畢業後，赴美留學，與余英時一樣獲得哈佛大學歷史學博士學位，後來在俄亥俄大學任教長達三十年，退休後又任教於香港科技大學，一輩子都是學院中人。但他的研究並非象牙塔中冷冰冰的歷史，他的著述無一不是克羅齊所說的「一切歷史都是當代史」。中研院方面曾計畫請我爲張灝作一本口述史，後來未能實現，甚爲遺憾。

接下來幾年，我們目睹了廖融融女士日漸老病，連心愛的小狗都無力照顧，張灝先生只能在家寸步不離。廖融融女士病逝時，我們正在台灣，沒能前去向張灝先生致哀。等我們回到美國才知道，張灝先生在女兒的幫助下，賣掉了維吉尼亞的房子，搬到陽光加州的老人院安度晚年去了。

張灝先生是性情中人，友人告知，余英時先生去世後，張灝先生傷心欲絕，大哭一場。此前，從維吉尼亞到普林斯頓四個多小時的車程，因爲年老體衰，兩家人籌劃了幾次相聚都未能實現。

從東岸到西岸，是一段遙遠的路程，我不知何時才能去加州拜訪張灝先生，再次聽他隨心所致地談學問和人生。

二〇二二年四月二十日，我突然接到邵東方教授的電話，告知張灝先生在睡夢中安享辭世的消息。張灝先生享年八十五歲，也算是高壽了。他的一生經歷了大時代的動蕩與流離，晚年「孤懸海外」，卻跟余英時先生一樣保持了錚錚鐵骨，對中共之野蠻崛起不假辭色。一九三〇年代出生的這一代學術大師逐漸退場，但後來者能否接過他們手上所持的燈呢？

夏志清

二〇〇三年，我第一次訪美，在紐約獲頒「萬人傑文化新聞獎」，夏志清教授應邀出席頒獎典禮並發表演講，稱讚說：「中國有余杰，香港有陶杰，都是敢於批判共產專制、落筆驚風雨的豪傑。」會後，我跟夏教授簡單聊了幾分鐘，夏教授將他的電話留給我，歡迎我去他家做客。然而，此後數年，我雖有幾次機會到紐約，卻來去匆匆，沒有跟夏教授聯繫，不敢打擾這位前輩學者。等到二〇一三年夏教授去世時，我再也未能見他第二面。

夏先生身材修長，方臉，臉上帶著孩子般的微笑，有點像晚年的胡適，有一種閱盡人間、返璞歸眞的氣象，卻毫無學界泰山北斗的架子。早在大學時代，我就對夏教授的現代文學研究高山仰止。記得剛上北大時，偶然發現圖書館一間「台港文獻中心」，在裡面讀到夏教授的名著《中國現代小說史》，此時這本書出版已三十多年，仍讓我耳目為之一新：作者極度蔑視支持共產主義的左翼作家群體，對被很多人稱為現代中國文學之父、深受毛澤東推崇的魯迅評價很低，對郭沫若、茅盾、巴金、老舍等的評價更低。反之，作者發掘了錢鍾書、張愛玲、沈從文、張天翼等長期被主流文學史家忽視的作家，在一九六〇年代，他對這些現代文學史上「失蹤者」的評價可謂石破天驚——張愛玲的《金鎖記》是「中國從古以來最偉大的中篇小說」；錢鍾書的《圍城》是「中國近代文學中最有趣、最用心經營的小說，可能是最偉大的一部」（這一點我並不同意）；而我正是讀了這段話之後才成爲沈從文迷的：「在三十年代，沈從文綽約多姿的文體，已自成一家，不能不使人承認，這是他教學其間，對中文各種文體變化苦心鑽研的結果……沈從文卓然而立，代表著藝術良心和知識分子不能淫不能屈的人格。」

記得在紐約中華公所大廳中聊天時，老先生稱讚當時只有三十歲的我敢於挑戰權威，這位笑容天眞爛漫的老人，有如老頑童，卻也是一塊「硬骨頭」。他臧否人物不留情面，先後跟捷克漢學家普實克、歷史學家唐德剛、台灣左派翻譯家顏元叔、台灣文學史家司馬長風等人打過筆仗。後來，有一位記者問他：「您和余英時先生好像有一些共通點——都喜歡罵。」他哈哈大笑之後回答說：「我和余英時確實都喜歡罵，但他比我凶。我的作風跟他很不一樣。他講中國思想的好處，我覺得中國沒什麼思想，一直認爲中國傳統思想是壞的。我罵中國傳統思想，所以中國不喜歡、台灣不喜歡，美國也不喜歡。我說中國文學一無是處，跟西方文學不好比。但有人就會把《紅樓夢》搬出來，我看得都膩死了，一天到晚講《紅樓夢》，我的朋友都寫《紅樓夢》，一本本書出來。《水滸傳》、《三國演義》和《西游記》也都是沒什麼好寫的。」在罵中共政權這一點上，余英時比夏志清「凶」；但在批判中國文學、思想和文化上，夏志清比余英時更徹底，有一些劉曉波「全盤西化」的味道。

夏氏一貫以西洋文學專家的眼光來看中國文學，對五四新文學的整體評價很低：「再讀五四時期的小說，實在覺得它們大半寫得太淺露了。那些小說家技巧幼稚且不說，看人看事也不夠深入，沒有對人心作深一層的發掘。這不僅是心理描寫細緻不細緻的問題，更重要的問題是小說家在描繪一個人間現象時，沒有提供比較深刻的、具有道德意味的瞭解……中國現代小說的缺點即在其受制於當時流行的意識形態。」相較而言：「索福克勒斯、莎士比亞、托陀兩翁，他們留給我們的作品，都借用人與人間的衝突來襯托出永遠耐人尋味的道德問題。托陀兩翁對當時俄國面臨的各種問題、危機都自有其見解，也借用小說的形式說教無誤。但同時也寫出人間永恆的矛盾和衝突，超越了作者個人的見解和信仰。」他認爲，中國文學與西方文學的根本差異在於宗教性的缺乏：

索、莎、托、陀諸翁正視人生，都帶有一種宗教感，在他們看來人生之謎到頭來還是一個謎，僅憑人的力量與智慧，謎底是猜不破的。事實上，基督教傳統裡的西方作家都具有這種宗教感……現代中國文學之膚淺，歸根究底說來，實由於其對「原罪」之說，或者闡釋罪惡的其他宗教論說，不感興趣，無意認識。

夏志清的結論是：中國作家患有「中國痴迷症」，沒有超越中國的邊界，關注人類共同的困擾。

這些分析和評論，對當年剛上大學我可謂振聾發聵，啓發我對中國文學和文化的批判性思考層層深入，一步步超越了中學時代讀得「不亦快哉」的柏楊、李敖，更啓發我對西方文學中基督教母題的不斷探索，十年之後受洗成爲基督徒，亦是這一精神追尋的必然結果——在此意義上，我一直欠夏志清教授一聲「謝謝」。

鄒恆甫

在北美的華裔學者群體中，我最早認識的人是經濟學家鄒恆甫，我們相識還是我在北大讀研究所時。那時，我的處女作《火與冰》剛剛出版，在世界銀行任職的鄒恆甫被北大光華管理學院招攬爲經濟系主任。我對經濟學是門外漢，而鄒恆甫雖是經濟學家，卻喜歡閱讀文史哲類書籍（後來在他中國多所名校創辦高等研究院，即以打通文史哲、培養「文藝復興人」爲目標，這個理想在中國日漸高壓封閉的環境下，最後只能逐漸枯萎），他讀到我的書，愛不釋手，請學生找到我的聯繫方式，約我到他的辦公室聊天，請我在北大的餐廳吃飯。

我第一次見到鄒恆甫，覺得跟我常在媒體上看到的富貴逼人、道貌岸然的經濟學家截然不同：他身穿一件有些俗豔的粉紅襯衫，一張娃娃臉，滿頭蓬亂的捲髮，眼鏡片後的眸子閃閃發光。他說話時湖南口音很重，語速卻極快，果然是傳說中的「狂人」：在我這個第一次見面的年輕後生面前，胸無城府地「華山論劍」，將經濟學領域的當紅人物——從樓繼偉到胡祖六，從李稻葵到張維迎——都罵得狗血淋頭。我也很喜歡罵人，剛剛因為批評北大校方乃至最高當局奉為一代宗師的季羨林而被系主任找去談話，聽到鄒恆甫如此口無遮攔，我們一見如故。

鄒恆甫是天才少年，十五歲考入武漢大學，本來報考的是歷史系，卻被「調劑」到經濟系——那個時代，歷史系的地位比經濟系高，經濟系是冷門；十多年後，經濟系蒸蒸日上，歷史系卻門可羅雀。那時，人們都對他說，經濟學就是打算盤、當會計。後來他回老家告訴老鄉和朋友，他在武漢大學讀馬克思的《資本論》。因禍得福，鄒恆甫在經濟學領域閃閃發光，卻一直沒有放棄對文學和歷史的熱愛。他在武大讀書時，才華畢露，錐在囊中，脫穎而出，深受開明派校長劉道玉之賞識。他將武漢視為第二故鄉，多年後我們在美國重聚時，他請我們吃飯，結帳時從褲兜裡面掏出一大推卡片——這位經濟學家居然連一個像樣的錢包都沒有，將一堆卡片胡亂塞在褲兜中，除了買單時用的信用卡，還有武漢大學的圖書證、東湖的遊覽卡等等，讓我瞠目結舌。

本科畢業，鄒恆甫以高分考入哈佛大學，成爲改革開放之後第一位來自中國在哈佛大學獲得經濟學博士的學子。更神奇的是，剛從哈佛博士畢業，他就被招攬進世界銀行，成爲世界銀行地位顯赫的高級經濟學家。他在世界第一流經濟學刊物上發表的論文數量，多年獨占鰲頭、無人企及。正是有這樣的底氣，他對那些「不學有術（當官之術）」的經濟學界名人嬉笑怒罵，被他罵過的人沒有一個敢公開回應。

光華管理學院是北大最有錢的學院，其新修的大樓富麗堂皇，讓中文系在靜園的小院子望塵莫及。中文系地方侷促，很多教授沒有辦公室；光華管理學院的教授在大樓內都有寬敞氣派的辦公室。鄒恆甫的辦公室中，有好幾箱剛開箱卻還未上架的書籍。我們聊了一會兒天，他突然遞給我一把辦公室鑰匙，對我說：「我很少來這間辦公室，空著也是空著，浪費了，如果你需要一個讀書寫作的地方，隨時可以來這裡。」我果然來過這裡好幾次，有一次一名保安在門口巡視，我只好聲稱我是鄒教授的學生，來幫老師整理書架。

那幾年，我是北大學生中批判北大最厲害的，我所寫好幾篇揭露北大黑幕的文章引發校方震怒，後來一畢業就失業，恐怕也與之有關。鄒恆甫則是北大教授中批判北大最厲害的，他猛烈抨擊張維迎等「學官」，揭露北大資源學院營造淫窟，點名經濟學院院長劉偉性侵女學生。北大早已不是蔡元培時代兼容並蓄的北大，很快就將鄒恆甫解聘了。

二〇〇七年，我在美國遊學寫書，次年，兒子在美國出生。回到美國的鄒恆甫再次與我聯繫上，專程從馬里蘭家中驅車到北維州我們住的小公寓來探望我們。他知道我們囊中羞澀，立即開了一張支票，幫我們付了兩個月房租。

二〇〇八年五月，我們攜剛滿月不久的兒子回中國，正好跟鄒恆甫乘坐同一個從華府直飛北京的航班。他是公務艙，可攜帶更多行李，幫我們帶了一大箱奶粉和尿布。卻沒有想到，出關時，我們遭到海關嚴厲盤查，跟我們走在一起的鄒恆甫亦被殃及池魚，被警察帶到一邊盤問多時——他原本可以使用聯合國護照，走另外一個禮遇通道。經過這番折騰，我們出來後各自行走，我們託鄒恆甫帶的那箱東西，次日他才派了一名學生送到我家。這也算是我們交往過程中的一則趣事。

再後來，我與劉曉波一起推動《零八憲章》，劉曉波被捕入獄，我遭到軟禁及綁架，原本答應將鄒恆甫引薦給劉曉波，再也無法實現了。當我們全家逃離中國、抵達美國之後，我跟鄒恆甫聯繫，才知道惱羞成怒的北大校方將他告上法庭，他被中共當局禁止出國，不得不出庭應訊，並被判敗訴、賠償北大的「名譽損失」——既然北大已淪爲候選的「第二黨校」（此一在「正室」中央黨校之外的「二奶」身分，北大還要跟人民大學和清華大學激烈競爭），中共當局必定出手保護北大的名譽，所有批判北大的人都要被「繩之以法」。鄒恆甫在美國生活太久了，不知道中國官場（學界也是官場）的遊戲規則，遂因說眞話而成爲犧牲品。

被迫滯留中國期間，鄒恆甫的腦部長了一個大腫瘤，幾經周折，終於被允許離開中國，到哈佛大學醫學院動手術。手術之後，在醫院住院期間，他給我打來電話，告知近況。雖九死一生，他在電話中依然是聲如洪鐘、笑聲朗朗。

我們再次見面時，已是二〇二一年夏天。鄒恆甫從世界銀行退休，在中國國內的學術頭銜，如武漢大學高級研究中心主任、深圳大學高級研究中心主任、中央財經大學中國經濟與管理研究院院長、中央財經大學中國經濟與管理研究院學術委員會主席等，大都名存實亡。「現在中國的大學，連英文的經濟學教材都不准使用，我的辦學理想破滅了。」他宛如閒雲野鶴、兩袖清風，而他在中國的那些哈佛同學，或爲財長，或爲央行行長，表面上看威風八面。但他說，一點都不羨慕他們，「我一生都不曾向權貴低頭，對我來說，唯有學術和眞理才是第一位的。」

二十年以來，我與鄒恆甫的忘年交，雖斷斷續續，卻細水長流，彼此心心相印，遇到重大問題，不用通電話或電郵，也會對彼此的立場了如指掌。二十年前的友人，如今大都分道揚鑣，堅持同路走到今天的，寥寥無幾：鄒恆甫在經濟學界的那些同窗和友人，大都成爲中共的幫凶；我在文學界的朋友，大都也成了中共的幫閒——經濟學家可參與制定經濟政策，故而是幫凶；作家只能當化妝師和吹鼓手，故而是幫閒。

我的《大光》三部曲出版之後，華人教會中連死水微瀾都沒有——多年受反智主義影響，知識和觀念支離破碎的華人教會，少有人能讀懂並認同《大光》。反倒是非基督徒的鄒恆甫讀出了這套書的價值，他告訴我：「你的新作眞是讓我拍手稱快：中國文化的出路在於新教倫理。只有全面否定儒家、法家、道家和佛家，中國文化才能走出專制。」

鄒恆甫的經濟學研究在華人經濟學界中獨樹一幟。他說，做人文社科的關鍵在於悟性，悟出新高度和新境界，而海外華人最難達到這一點。那麼多中國人來美國學經濟學，幾乎沒有幾個人提出一個新模型，他在三十年前就提出了資本主義精神的數學模型，分析股票市場、財富分配和經濟週期等，三十年之後才被廣爲接受。他對我說：「你的論述極爲宏大豐富，我只是爲經濟學的分析找到了一個新框架……我們兩人是極少從完全不同角度得到共識：新教倫理應當成爲中國和世界的共同信仰和道德。」

鄒恆甫幾天就一鼓作氣讀完了《大光》三部曲，並給我發來一段簡訊：

信仰在美國政治中有著獨特的功能。《獨立宣言》中，至少有三處使用神學概念闡述建國者們的信仰、權利基礎、建國的理念和要建立的國家的性質。用「被造」（are created）界定何爲人；用「造物主」（their Creator）界定在人類一切自由與權利的來源者和賜予者；用「神聖護理」（Divine Providence）宣示追求自由的努力必須依賴的保障和應許從何而來。說明美國政治的基本理念和原則，來自清教徒的改革宗神學傳統。這種傳統，又來自於從英國到荷蘭的清教徒。

祝賀你花二十年寫出這部驚人之作。我最近幾個月把你的這三本書的大致內容給我的兩百多個學生在微信上講了。他們翻牆看了你的很多文章。我們都感謝你的書和你的文章。

早在三十多年前，鄒恆甫在哈佛大學求學期間，就把資本主義精神放在數學模型裡論證，還被審稿人批判為種族歧視和宗教歧視。後來，他帶領一個小組，將產權、法治和自由納入經濟學的效用函數、需求函數和生產函數之中，有力地論證了私有產權、法治和自由跟勞動力與資本一樣起著最為基本性的作用。正是在他的努力下，資本主義精神正式進入資本主義主流經濟學模型，他也因此成為海耶克創辦的「朝聖山學社」首位來自中國的會員。

近年來，鄒恆甫思考的焦點沒有離開經濟學，卻又不僅僅局限於經濟學。他認為，經濟學不能離開政治學，經濟自由不能離開政治自由。他批評米爾頓·傅利曼認為的經濟自由與政治自由可以分開的觀點——後者以香港為例。然而，香港被中國再殖民或劣質殖民之後法治與自由的崩壞證明，傅利曼錯了，鄒恆甫對了——沒有政治自由就沒有經濟自由。

鄒恆甫對美國社會自由的喪失倍感憂慮。他發現，晚近一百多年來，美國的行政、立法、司法等部門都違背了美國自由的憲法，都在摧毀自由、產權和法治。左翼的平權運動已走向其初衷的反面，似乎所有的運動，如環保、動物保護、女權、種族平權等，其策略都是團結一部分人去實現一個目標，在此過程中，卻迅速地喪失了個人的自由。極權國家在這方面的經驗最爲豐富，他們用不停歇的革命運動來鞏固權力，維持奴役制度。美國會淪爲一個極權國家嗎？我們都應當奮起保衛美國的自由與秩序。

余茂春

《大光》三部曲出版後，結識的一位新朋友是余茂春教授。

其實，余茂春教授算不上新朋友，此前我們在好幾個場合都見過面，簡單聊過幾句。我在擔任勞改基金會的「觀察」網站主編時，余茂春是勞改基金會董事，我們一起開過會。

川普執政後，任命的第二位國務卿爲蓬佩奧。蓬佩奧穩扎穩打，一舉扭轉過去三十年來美國錯誤的對華政策，在其中居功甚偉的是擔任其中國政策首席顧問的余茂春。之前我只知道他是美國海軍學院教授，是學院中人，卻不料他有如此能耐。

於是，我上網查余茂春的資料，才知道他早在一九八五年就赴美留學——此前，他以重慶永川文科狀元的身分考上南開大學歷史系，上大學期間，從美國之音中聽到雷根總統訪華時在復旦大學的演講：「我們相信每個男人、女人和孩子都有尊嚴。我們整個體系建立在對每一個人天性的尊重欣賞基礎之上，尊重他們的自主權和過自己要想過的人生之權利……美國是一個樂觀的國家。我們有無邊無際的天空，高大綿延的山脈，沃土良田和寬廣遼闊的草原。這些使我們能用積極的眼光看待一切事物，讓我們充滿希望。我們設計鼓勵個人奮鬥的經濟制度，是我們對未來充滿希望的最好理由。」這些話讓余茂春心潮澎湃，下定決心要到美國留學。他果然到了美國，師從加州大學柏克萊分校的中國史大家魏斐德教授（戴笠傳記的作者）。之後，他任教於海軍學院，其研究和教學領域包括近代陸海軍史、中美軍事外交史、中國近現代史等。

二〇二〇年春，我接到一通電話，是余茂春教授打來的，他說看到媒體上對《大光》三部曲的介紹後，很感興趣，他常常在網上讀到我的文章，想問哪裡可以買到我的書。我告訴他，我手頭有最近幾年我在台灣出版的書。於是，他約我們全家到他家中餐敘，請我將這些書帶給他，他要買一套。我整理了手中有的三十多本書帶去，他開了一張支票給我，比書本身的價格更多，我說不需要這麼多，他卻堅稱，一定要支持作者。

余茂春的家在海軍學院所在的馬里蘭首府安納波利斯郊區。馬里蘭盛產藍蟹，他妻子款待我們吃美味的蟹餅。我們在後院一邊吃飯一邊聊天，後院再往下走是一條即將注入海洋的河流，河邊有專用碼頭，碼頭上停著一艘遊船。余茂春說，夏天假日時，他會駕船出海釣魚，到時候我們若再來做客，他駕船帶我們去看海。

在學院中的教授，大都是自由派（左派），華裔教授尤其如此，我對余茂春爲何是右派和共和黨人頗感興趣。他告訴我，他最初研究美國的政治史和社會史，一不小心觸及到一個敏感問題：黑人的歷史。他的碩士論文研究一戰前後從美國南方湧入費城的黑人。他發現，這些南方黑人被安置得很好，貴格會的白人基督徒及黑人中產階級出了很大的力。他的結論是從原始史料中得出的。但這個結論相當「政治不正確」，被視爲「淡化種族矛盾」，雖然論文獲得通過，但幾位教授將他訓斥了一頓——他們不顧原始檔案，好像是一群喊口號的民權活動分子。這是他在美國第一次遇到左派對學術自由的壓制。後來，他放棄維吉尼亞大學聘任，選擇任教於海軍學院——由美國歷史學家、海軍部長班克羅夫特創建的海軍學院，在教學方針、行政運作、評估標準、資金保障、待遇福利，以及對不同學術觀點的完全尊重和保護上，都十分優良（而且，軍校比一般院校偏右一些，右派不至於被徹底孤立）。

對於共和黨與民主黨的分歧，以及中共利用這種分歧來推動大內宣和大外宣，余茂春的觀察和分析與多數支持民主黨的華裔知識分子截然不同。他認爲，共和黨對美國基本的立國理念非常堅定不移，就像當年他聽到雷根總統的演講，共和黨人不認爲美國從根本上來講有什麼問題。但民主黨不一樣，民主黨認爲美國在制度層面有一些重大缺陷，認爲一些個別的社會問題（如種族、性別）是美國致命傷。於是中共就特別利用這一點，利用民主黨和左派的一些偏頗看法來完全詆毀美國民主制度的優越性。這一點似乎很有效，至少在資訊不對等的中國很有效，在西方左派那裡也有一定市場。但是，中共不可能在國內施行那麼多慘絕人寰的手段，比如把一百多萬維吾爾人抓起來，然後又攻擊美國的種族歧視問題。中共的最大問題就是它沒有一種自我意識，賊喊捉賊，自己在那放火，然後要打電話給消防隊來滅火，卻在旁邊幸災樂禍、隔岸觀火。

余茂春聊天，言之有物，侃侃而談。他認爲，過去幾十年美國對華政策的失敗，除了總統、國務卿等決策者的短視、華爾街資本家的貪婪之外，美國學術界對中國的誤讀也脫不了干係。比如，像費正清這樣名不符實的「大師」，片面採用原始資料，結果以訛傳訛，誤人子弟，難怪余英時批評說：「四十年來，費正清和許多『中國通』對中共發展的估計，幾乎沒有一次不錯。」比如，從一九四六年開始，費正清便在美國輿論界公開主張美國應該完全放棄對國民黨的支持，趕快和中共取得諒解，他相信中共領導的革命是無可阻擋的，余英時指出：「如果美國政府當時採取了費正清的建議，那麼台灣現在早已經就是中國的囊中之物了。」直到費正清去世前兩年，「六四」屠殺發生，對於包括費氏在內美國的中國研究者是一當頭棒喝，不少以前相當同情中共政權的人都在一夜之間轉變爲暴政的譴責者和人權的維護者。費正清在其去世前完成的《中國新史》中對自己過往的觀點做出大幅修正，他公開表白過去爲中國諱飾的心理。他說，西方漢學家有一種職業病，大概出於「第二愛國」或「愛中國」的心理，即不肯暴露他們所研究對象的壞處。他特別在附注中加上一條「夫子自道」：「我在一九七二年十月號《外交季刊》的一篇文章中竟說：『毛澤東的革命』對於中國人民而言，是數百年來僅此一見的『最好的事』。」如此自我反思，費氏多少保全了晚節。

美國對華政策的眞正改變，是川普上台才開始。跟許多知識精英仇視川普不同，余茂春認爲川普有一整套國內和國際政策，而且勇於對抗既得利益集團的掣肘，努力將一系列新政策付諸實施。他告訴我，大家在外面看覺得川普總統很獨斷、蓬佩奧國務卿很果斷，但是實際上他們對下屬的意見眞是聽取的。他被蓬佩奧任命爲中國問題首席顧問後，他的很多意見都被吸納。他參加過川普召集的對華政策會議，在會上被川普點名發言，川普很認眞地聽取他的觀點。與會的其他人都能發表各種不同意見，大家平等競爭，最後會定在某一個大家比較認同的點上。那段時間，余茂春是在美國高層對華政策圈子裡唯一一個在中國長期生活過、能夠嫻熟地運用中英文、比較了解共產黨的政治文化，而且能夠看出共產黨文件字裡行間意思的人。所以，他推動國務院制定對華政策，就像打蛇打中七寸。他在國務院辦了幾屆「學習班」，向外交官們講述如何認識中共政權的本質——這些外交官很多都是費正清的弟子或受此學派影響，長期對中國心存幻想。

余茂春是重慶人，喜歡吃川菜，後來我請他到我家吃川菜，又有更多聊天機會。我們對重大問題的看法基本一致，也有一些差異。比如，余茂春認爲，川普的對華政策爲「原則性的現實主義」（principled realism），該政策目的是「保護民主自由在全世界繼續存在，反對威權和專制」，包含三大理念，即「拋棄打中國牌」、「拋棄以接觸爲中心」、「認清中共不等於中國人民」。就最後一點而言，他從美國國家戰略的角度，提出要將中國人與共產黨區別對待，這是一種高明的戰略，讓共產黨在中國成爲無根之木、無源之水，如此才能將其打敗。而我則認爲，在歷史、文化和觀念秩序層面，中共與中國、中國人、中國文化難以分割，他們是同構的，需要像剝洋蔥一樣一層層剝開，即便血肉模糊，也要完成「刮骨去毒」。

六四慘案後，余茂春當選柏克萊中國學生學者自治聯合會主席，也參加中國自民黨北美組黨籌備會，舉辦中國論壇，幫助包括吳弘達和方勵之等持不同政見者發聲。可以說，六四成爲他生命的一大轉折點。但後來，他看到海外民運的種種內鬥、內耗，失望地離開了這個圈子。他選擇了一條在美國學術界站穩腳跟、做出成就，然後影響政府政策的正確之路。孫文那樣的職業革命家，對中國現代史的影響是負面的。

因爲余茂春幫助美國政府對抗中共，其母校永川中學將他的名字從歷屆高考狀元的石碑上剷除，又有安徽余氏家族痛斥爲「漢奸」，將其逐出族譜。余茂春回應說：「把我的名字從一個我從未聽說，也從未關心過的族譜上刪除，這似乎很奇怪。」他也被中國的戰狼們評爲跟汪精衛並列的「漢奸」。台灣親共名嘴黎建南將余茂春和我一起列入「四大漢奸」排行榜。我們將這些辱罵像蛛絲一般抹去，連白眼也不給一個。

有趣的是，我在臉書上發了一張與余茂春一起交談的照片，引發很多議論。一種是親共五毛的謾罵，認爲我們是「漢奸聚首」。我反駁說，我們明明是兩個「鐵改余」的蒙古人，跟你們漢人有什麼關係？第二種是左派和反川普人士的辱罵，說我們是兩大右派。我反駁說，「我右我光榮」，右派從未殺人放火，殺人放火的都是左派。另外有不少所謂海外民運頭面人物，勸說余茂春不要跟我來往，說我批評民運，破壞民運的「大業」——這些人不知道美國是一個自由國家，誰跟誰來往，誰不敢誰來往，旁人無權干涉。蓬佩奧還在位時，余茂春邀請一些活動人士與蓬佩奧會面，很多沒有受邀的人鬧翻了天，丟人現眼。而我與余茂春的交往，是君子之交淡如水，彼此無所求，只是分享觀點、交換看法而已。這樣的交往，是那些俗人無法理解的。

何清漣

最早讀到何清漣的成名作《現代化的陷阱》，是一九九八年我還在北大讀研究所時，那一年我的《火與冰》也剛剛出版。《火與冰》不是學術著作，不具備《現代化的陷阱》的學術高度，但同一年出版的這兩本書，都曾洛陽紙貴，被視爲九〇年代末知識人獨立思考的代表作。二十多年後，很多當年走紅的作品已被人遺忘，一個字也沒有留下來；但《現代化的陷阱》仍未過時，書中的若干預言全都應驗——中國沒有一飛沖天，而是陷入深不見底的陷阱；中國沒有走向現代化，而是走向納粹化。對何清漣而言，這是榮耀，還是悲哀？

一九九九年，《三聯生活周刊》將何清漣列爲二十五位時代人物之一，稱她「代表了中國改革的良心」。同一年，《火與冰》亦被席殊書屋評爲十大好書。但是，九十年代末的思想寬鬆和新聞出版寬鬆只是曇花一現。何清漣和我很快都受到中宣部點名批判和打壓。何清漣被任職的《深圳特區報》冷凍，祕密警察騷擾不斷。

二〇〇一年六月十四日，何清漣不堪中共的逼迫，逃離中國。兩年後，我第一次訪問美國，特意到普林斯頓大學拜訪這位我敬仰的學者。何清漣告知，深圳表面上看是中國改革開放的前沿，經濟繁榮，但政治上極左，她在深圳差不多是唯一的敢言知識分子，被深圳地方當局視爲眼中釘。當時，她感覺危險臨近，隨時可能被捕入獄，就安排了逃離中國的計畫。有一天，她什麼行李都不帶，假裝出門逛街，監視她的警察放鬆了警惕。然後，她迅速奔向機場，登上前往美國的航班，而且是幾次轉機的航班。到了美國之後，她召開記者會，譴責中共對學術自由和言論自由的打壓。她並未從事有組織的反對運動，只是著書立說，說出中國的種種眞相和弊端，偌大一個中國，偏偏擺不下她的一張書桌。

去國之後，何清漣與政治學者程曉農組建了新家，後來將兒子接到美國。她在美國撰寫的第一本書，是專門研究中國政府控制媒體的《霧鎖中國——中國大陸控制媒體策略大揭祕》。這本書因資料詳實、分析透徹，受到西方中國研究界與中國國內新聞業者高度重視。不過，二十一世紀初，這是一個冷門話題，直到十多年後，中共對國內新聞封鎖一步步嚴密、對海外大外宣無孔不入，人們重讀此書，才由衷感歎作者的先見之明。

此後，我多次訪問美國，每次都要去住在普林斯頓小鎭的何清漣和程曉農家拜訪。我們在絕多數問題上觀點高度一致，談話毫無障礙，吸引我去拜訪的還有他們家的美食——在我接觸的知識分子中，何清漣是數一數二的美食家和廚藝高手，她能做中國各大菜系的名菜，水準之高，不亞於我在四川往來過的幾位一級名廚。在美國，很多食材不易買到，她就自己製作，如臘肉、香腸、熏魚等。她做的熏魚，自成一家，工藝複雜，從醃製、第一道收水、油炸到煙熏，一步都馬虎不得，是太湖熏魚的做法，加上四川花椒調味，再用湖南的方法煙熏。我到美國之後，每年她都會製作一些郵寄給我們品嘗。

當斷不斷，反受其亂；當斷則斷，自由自在。何清漣不惜放棄在中國一切所有而流亡美國，是為了追尋學術自由和言論自由。她對中國的未來看得非常通透，中國不會變好，只會越來越壞，沒有必要將一生都耗在那裡。在她離開中國的二〇〇一年，中國經濟表面上正在長足發展，中國加入世貿，與西方步入蜜月期，似乎政治改革也有一線生機。那幾年，我和劉曉波等友人亦覺得推動中國民主轉型，尚有可為之處。那幾年，我訪美時，何清漣每次都勸我要有離開中國的準備，中國的形勢將全面惡化。我雖屢屢遭到警方傳訊、恐嚇，在國內被全面封殺，最終不能有一篇文章見報，但總想再努力一把，下不了離開的決定。結果，二〇一〇年，迎面而來的是生不如死的酷刑折磨。

等到我下定離開中國的決心，要離開這個鐵幕背後的幽暗國度，卻比〇一年何清漣的離開更加艱難。到了美國之後，我一安頓下來就給何清漣打去電話，感謝她的先見之明和真誠忠告。此時此刻，我才明白，勸我離開中國的，是真正愛惜我的良師益友；鼓勵我堅守中國的，是對我生死存亡毫不在乎的居心叵測之人。之後，若有中國國內異見人士來詢問我「留守，還是離開」，我不假思索地回答：「離開。」

這幾年，我跟何清漣、程曉農兩位老師保持密切來往。我有新書出版，會請何清漣寫序或寫書評；我也推薦她的書稿到台灣出版——八旗文化的總編輯富察很看重何清漣的作品，先後爲之出版了《中國：潰而不崩》和《紅色滲透：中國媒體全球擴張的眞相》兩部力作，在台灣和華語圈引發巨大迴響。

耐人尋味的是，蔡衍明旗下的中時集團以「妨礙名譽罪」起訴八旗文化出版社與何清漣，訴狀中認爲《紅色滲透》一書中說中時旗下的媒體是「紅媒」乃是「妨礙名譽」。何清漣告知，她仔細查了該書第五章涉及中時的五條內容，全都是西方和台灣主流媒體報導過的公開資料，談不上「妨礙名譽」。中時身爲「紅媒」而又不願承認是「紅媒」，這個立場讓人不齒。更荒誕的是，出版社告知，中時的律師要求出版社交出陸委會爲何清漣辦入台證時的資料、何清漣來台與離台的時間，以及在台活動情況——這些情況跟這個案件毫無關係，這已經不像「妨礙名譽罪」的司法調查，更像是中國情報機構想通過台灣的司法途徑了解何清漣在台見過什麼機構與人物。由此可見，共產黨在台灣的紅色滲透何其厲害。這個案件，後來無疾而終。

我與何清漣不僅批判中國的共產極權主義，還批判美國和西方的左派思潮——在海外華人學者當中，就前者能達成共識的不少，就後者能心有戚戚焉的卻很少。何清漣和我都看到西方左派是隱藏的共產黨這個事實，從保守主義和古典主義立場，予以批判和反擊。儘管整個華語圈幾乎找不到一個有影響力的右派媒體，我們的聲音顯得「知音少，弦斷有誰聽」，但我們不畏懼左派之打壓而發聲——我們都經歷過共產黨殘民以逞的統治，對西方左派的伎倆自然看得清清楚楚。有一年，我們訪問台灣的時間有幾天是重疊的，我們一起出席一場八旗文化主辦的讀者見面會，暢談保守主義理念，那是多年來我們第一次共同登台演講，眞是人生中的一大快事。

二〇一八年夏，離開中國後的劉霞第一次訪美，我們北上紐約，接到劉霞，帶她到普林斯頓拜訪余英時先生，然後到何清漣家享用她精心準備的晚宴。此前，何清漣知道我們要到普林斯頓，主動提出要做一桌好菜款待劉霞。從這個細節可看出，何清漣給外界的印象是潑辣強悍、文章一針見血的湖南女子，但更有心細如髮、柔軟而溫情的一面，她知道劉霞在中國吃了很多苦，剛出來不久，還沒有走出劉曉波去世的哀慟，主動提出要設家宴款待劉霞。這是一個受過暴政迫害的女子對另一個也受過暴政迫害的女子的關愛與憐惜。事前，何清漣專門詢問我劉霞的飲食口味，特意準備了幾道劉霞喜歡吃的菜。劉霞本人也是美食家，她說，那是她出國後吃到最美味的一頓飯。

陳奎德

與陳奎德認識，緣於二〇〇一年劉曉波推薦我爲剛成立的《觀察》網站寫稿，陳奎德是《觀察》的創刊主編。那時，我逐漸被中宣部封殺，只能在海外中文媒體發表文章，曉波跟很多海外媒體關係熱絡，就推薦我去發表文章。我跟曉波後來成了《觀察》網站的台柱，曉波在《觀察》發表了三百多篇文章，後來結集成《未來自由中國在民間》和《追尋自由》兩本書出版。我移居美國後，曾短暫出任《觀察》的主編，算是陳奎德的後繼者。

《觀察》這個名字，來自於上世紀四〇年代儲安平等自由主義知識分子創辦的《觀察》雜誌。一九八〇年的思想解放運動中，新聞界老前輩戈揚創辦了《新觀察》雜誌，延續《觀察》的流風餘韻，當時還是中學生的我有幸讀到幾本，覺得字字珠璣、百讀不厭。六四屠殺之後，《新觀察》被停刊，成爲廣陵絕響。陳奎德辦這份以《觀察》爲名的網刊，希望在海外承續百年中國的自由火種。那幾年，我每週寫給《觀察》寫一篇文章，陳奎德精心編輯，若細節上有瑕疵，他會提出來與我仔細探討。

後來，陳奎德離開《觀察》網刊之後，又自行籌辦《縱覽中國》網刊，我轉而爲《縱覽中國》寫稿好幾年，直到陳奎德退休。我們的作者與編輯的關係維持了十多年。我的很多「有爭議」的文章，他全都照登不誤，包括對海外民運某些大咖的尖銳批評。一家評論類刊物，要辦成第一流的，就應當容納「有爭議」的文章——文章若無爭議，通常不是好文章。可惜，之後有一些邀我寫稿的媒體和編輯，都不明白這個淺顯的道理，很害怕有爭議的文章，尤其是我寫的對某些人和事直接點名批評的文章，甚至發生過好幾起文章已發表卻又被撤稿的荒唐事。跟這樣的編輯打交道，眞有點秀才遇到兵有理說不清的感覺。此時此刻，分外懷念與陳奎德合作的美好歲月。

在我們的通信中，我才知道，陳奎德是四川人，在重慶長大，是改革開放之後復旦大學第一批哲學博士，之後任華東化工學院（今華東理工大學）文化研究所所長和上海《思想家》雜誌主編，八〇年代中後期，他在上海各種組織學術活動，有「北包（包遵信）南陳」之說。六四之後，他在上海知識界被當做重點清查對象，遂匆匆逃離中國，到美國後加入余英時促使成立的普林斯頓中國學社，至今仍是普林斯頓中國學社執行主任。

二〇〇三年，我第一次訪美時，陳奎德熱情接待我，帶我去吃了大華府地區的好幾家川菜館。他是老饕，對哪家餐廳有哪些好菜了如指掌，他也做得一手好菜，還專門做了一瓶美味辣醬送給我。或許因爲他在上海生活的時間比在四川更多，他的身上有一種上海人的優雅和講究，平時亦西裝革履，頭髮一絲不亂，家中窗明几淨、一塵不染。在六四之後流亡海外的知識人中，他是公認的厚道人，種種派系鬥爭，無不輕舟而過，各方人物都與他保持良好關係。這大概是編輯和學術活動組織者的先天優勢吧！

二〇〇八年十二月八日，劉曉波被破門而入的警察抓捕之後，在美國的陳奎德在第一時間發表《零八憲章》，並在海外徵集知名人士簽名，大概只有他的充沛人脈才能在短短數天之內徵集到上百人聯署。《零八憲章》後來有那麼大影響力，跟陳奎德在海外夙興夜寐地呼籲和傳播分不開。

陳奎德最重要著作之一是《海耶克》。這本書出版於一九九九年，至今仍是中文世界裡最好的一本海耶克思想評傳。二十多年之後，華語學術圈似乎言必稱海耶克，海耶克成爲一種時髦，但眞正讀懂海耶克的人寥寥無幾。在台灣，殷海光和周德偉等人早在一九五〇年代就引入海耶克及其思想，但後來台灣知識界左派思想氾濫，海耶克的思想傳統只剩下娟娟一線。陳奎德是海耶克的知己，他來自共產極權的中國，經歷了六四屠殺這一驚天動地的劇變，因而比過於安樂的西方人更能讀懂經歷過納粹時代、對極權主義體制痛定思痛的海耶克。正如陳奎德所說，海耶克多年受西方左派杯葛，「但是，經歷苦難和滄桑的共產主義國家的千千萬萬民眾，卻對他投以極高的敬意；歷史，無可爭辯地、眩人眼目地赫然站在他一邊。」陳奎德在書中提煉出海耶克對復興古典主義的重大貢獻，主要包括以下幾個方面：第一，沒有共同目標的社會秩序是可能的與合理的。第二，企圖指導社會一齊趨向某一特殊的目標是徒勞無功的。第三，知識是透過社會機構和行爲準則而交流傳布的。第四，政治自由對和平共處是必須的。第五，習慣與傳統締造了文明；離開文明，人類是野蠻的，其行爲是不可預測的。第六，自由締造秩序，自由的秩序使社會形成並存在下去。第七，在種種不同的文化形式多樣性中，正義都是清楚明確的。

離開中國之後，陳奎德已經有三十多年沒有回過中國，他卻沒有「孤臣孽子」的遺憾與鄉愁。有一次，我跟陳奎德聊天，他提及當年在復旦讀博士時，室友是比他小好幾歲的王滬寧。王滬寧最早也研究自由主義和民主憲政這些題目，後來學而優則仕，成為江澤民、胡錦濤和習近平三代黨魁的文膽，甚至成為毛的祕書陳伯達之後首位以文人之身躋身政治局常委的人。陳奎德絲毫不羨慕這個成為中國權力最大七人之一的昔日同窗。他嘲笑說，王滬寧謹小慎微，與此前在社科院美國所任職的前妻離婚之後，乾脆娶了一位在中南海餐廳工作、沒有受過教育的服務生，這樣一位半文盲妻子對他來說才是安全的，「這種如履薄冰的日子，哪裡一點有我們在美國的自由自在呢？」

陳奎德多才多藝，精通書法，很多會議或紀念活動的橫幅，都由他揮毫潑墨；他也是古典音樂發燒友，每次到他家中吃飯，飯後都能聽聽他收藏的古典音樂唱片，他家的音響效果是我在北美華人家聽到最好的。反對共產黨的知識人，不是非得過苦日子，不必一塊錢掰成兩半花，無論在哪裡，照樣可以過得優雅和瀟灑。

康正果

我因廖亦武的牽線而認識了康正果——康正果是最早將廖亦武的作品推薦到西方的學者之一。二〇〇三年我第一次訪美，專程赴耶魯大學拜訪康正果。康正果是身高一米八五魁梧的西北漢子，一臉謙和憨厚的微笑，我怎麼也想像不到這副外表的人，會選擇唐代豔情詩爲研究題目——他應當是研究邊塞詩啊？

那一次，康正果熱情地帶我參觀耶魯校園，又帶到一家中餐館吃飯，然後去他家中喝茶。我很感歎，這樣的一位好人，爲何在中國就成了「反動分子」？

在美國的環境中，康正果是波瀾不驚的老好人；但在中國，他卻跟這個道路以目、腹誹入罪的社會格格不入。一九六四年，他被陝西師大以「反動學生」開除學籍；一九六八年，又被捕遭勞教三年。他的判決書中如此寫道：「經查，罪犯康正果被開除學籍到建材廠就業，仍堅持反動立場，表現不規，藉文化大革命之機，進行翻案活動。尤其嚴重的是，該犯於一九六七年五月十二日以西安外語學院康振國名義，直接給蘇修莫斯科大學圖書館去信，索取已被我一九六七年五月十一日《人民日報》揭發批判的叛徒作家帕斯捷爾納克寫的反革命小說《日瓦戈醫生》，並藉機歪曲和攻擊我們對反動小說《日瓦戈醫生》的批判，妄圖與敵掛鉤，進行反革命活動。依據『關於在無產階級文化大革命中加強公安工作的若干規定』

的精神，決定對思想反動、妄圖與敵掛鉤的康正果勞動教養三年。自一九六八年九月十九日至一九七一年九月十八日爲止。」《日瓦戈醫生》是我最喜歡的小說之一，我卻沒有想到康正果只因爲想讀這本書，就付出了失去三年自由的慘痛代價。

坐牢三年被釋放後，康正果失去了工作、戶籍，在西安附近的農村當農夫。此種賤民身分，沒有女孩敢跟他交往，他到山溝裡找了一名不識字的農家女爲妻。後來，他到耶魯大學當中文老師，糟糠之妻一直相伴——他的妻子果然是吃過苦的農家女子，到美國後，到工廠當工人，幹體力活，絲毫不亞於墨西哥裔膀大腰圓的勞動婦女，掙錢不比丈夫少，還有一句名言：「美國最好的東西就是美元。」他們的婚姻堪比胡適與江冬秀，雖非紅袖添香、夫唱婦隨，卻也如魚飲水、冷暖自知。

文革後，恢復高考，當了十多年農民（是眞正的農民，不是知青）的康正果考上研究生，重新回到校園。他的碩士論文，最初打算寫晚唐詩人韓偓的《香奩集》，卻被導師否決，因爲那是不入流的「豔情詩」。他被迫換了題目，寫杜甫，才拿到學位。但他的豔情詩研究並未中止，後來寫成《風騷與豔情》一書出版。這本書被耶魯大學東亞系主任孫康宜教授讀到，大爲讚賞，邀請康正果到耶魯當中文老師。那時，康正果難以忍受國內六四屠殺後的壓抑氛圍，正在跟學校的新政官僚鬥法，立即決定全家離開中國——這個決定，讓五十歲的他在自由的美國展開了人生精彩的下半場。

我移居美國比康正果晚十八年，我們偶爾通幾封電郵，也在幾次學術會議上相遇，簡短交談過。我到美國時，正是康正果從耶魯退休那一年，他已滿頭銀髮，仍思維敏捷，聲如洪鐘，佳作不斷。

康正果在耶魯的中文教學波瀾不驚，他退休時如此總結說：「我在耶魯教書十八年，沒在教學質量上出過任何問題，也沒觸犯過哪條校規。對於把中文當外語來教的工作，我既談不上有多麼專業，也不敢自詡有多大程度的熱心和奉獻，只能說做得還算敬業和盡力，把這份謀生的工作幹得無可指責而已……十八年來，我沒有參加過一次中國院校內那種總支書記政治訓導的全系大會，沒遭受任何人的不良舉報，也從沒被叫到領導那裡挨批評寫檢討……十八年來，在廣闊的耶魯校園內，我的活動範圍始終十分有限，大都是在自己的辦公室和授課教室之間來回走動，做完了當天的工作，就驅車回家了。」他是教中文的高級講師，不用像其他部門的教師需要評終身教授，更可安心地「處江湖之遠」，沒有經歷於梨華在小說《在離去與道別之間》中描寫大學教師之間的明爭暗鬥。不是教授，或許讓康正果擁有更多自由。

在教書之餘，康正果筆耕不輟，著述不斷。教書只是謀生的職業，著書立說才是其志業。他的著述大都超越了中文這個學科的範疇，關涉歷史學、政治學、社會學等諸多領域。他的自傳《出中國記》，力透紙背，寫出了一個「好人」在「壞國家」生存之艱難，余英時先生在爲該書所做的序言中寫道：「康正果的特立獨行，守正不阿，和不平則鳴，以及由此而招來的種種『憂患』，使我自然而然想起五百年前他的一位同宗和同鄉——康海，號對山。康對山是陝西武功人，明代文學史上著名的『前七子』之一。他雖然在弘治十五年以進士第一人及第，但由於平生『直道而行』又『性喜嫉惡』，因此一生宦途坎坷，飽嘗『憂患』。」

康正果的《百年中國的譜系敘述》是一部「大歷史」的巨著，全書六章：一爲痛訴暴力土地革命貽害，辨析脫貧與致富的悖謬；二爲細說兩岸統獨是非，審視從威權到民主的經驗教訓；三爲探源民族主義眞諦，揭示極權政體的精神焦慮；四爲縱論民國世代風貌，發掘走向共和的民德資源；五爲重建民族記憶，呼喚歷史觀的根本轉變；六爲構建人文精神光譜，薈萃民國人物的風神精彩。其視野和論述之深廣，中國國內的文史學者少有人能企及。

康正果的《還原毛共》是近年來批判毛澤東的又一力作，「毛共」一詞揭示了中共之本質，中共是蓋上毛烙印、特殊的共產黨。在此一視野下理解習近平爲何向毛澤東回歸，如庖丁解牛。此書在台灣出版時，我正好在台灣訪問，趕去永樂座書店參加新書發表會，遇上大雨，趕到時已進入讀者提問環節。從讀者提問中可以看出，台灣人對毛的理解太少、太淺，康正果仍然耐心作答。

後來，康正果請我到台北國賓飯店的川菜餐廳吃飯。我知道他這位西北漢子也能吃辣，只不過，台灣的川菜極少有正宗川菜生猛的麻辣味道。這一次是我們最長的談話。康正果感歎，在台灣，他的讀者不多，書也不暢銷，或許台灣人對毛澤東這個老掉牙的話題興趣缺缺。「殺豬拔毛」已是兩蔣時代的往事，如今是「人民幣爲王」的時代。然而，台灣人若不能洞察「毛共」之特性，就無法知曉中共對台灣的狼子野心，也就無法保衛台灣民主自由的社會制度和生活方式。康正果的《還原毛共》是一本台灣人的必讀參考書。

有人說，敦煌在中國，但敦煌學在日本。就康正果的經歷而論，即便是研究唐詩，在中國都找不到一張書桌，這張書桌，他要遠渡重洋來到美國的紐哈芬小鎮才能找到。中國的狹隘與美國的遼闊，不言而喻。

宋永毅

與宋永毅結識，是劉曉波推薦我爲《議報》網刊寫稿。《議報》是楊建利創立的「二十一世紀基金會」旗下的網刊，二〇〇二年楊建利回中國搜集工運資料被捕，宋永毅在危急時刻出馬承擔《議報》的編輯工作，也就成了我文章的編輯。那幾年，我收到的稿費支票，上面都是宋永毅的簽名。

宋永毅當然不僅僅是一位編輯，更是一位優秀的歷史學者、圖書館學者及學術活動組織者。早年，他在上海參與反對張春橋的紅衛兵活動，被捕入獄五年，在獄中對毛主義有了全面而深入的反思，認識到中國災難的根源就在於「毛病」。一九八九年，他赴美留學，之後在幾所名校的圖書館任職。一九九九年，他回中國徵集紅衛兵小報，作爲其「文革資料庫」的一部分，中共卻以非法獲取「國家機密」和「不准出境的文件」罪名，將他關押半年——文革的紅衛兵小報，居然是「國家機密」，在這個國家，還有什麼不是「國家機密」？習近平女兒的照片是國家機密，黨國領導人在瑞士銀行的存款更是國家機密。

宋永毅被捕，引起美國政府和國會的高度關切，在美方的壓力之下，他很快被釋放回美國——幸虧那是一個美國施加壓力還有效的時代。等到習近平上台，根本不將美國的壓力放在眼中。那段時間，宋永毅從一名象牙塔中默默無聞的圖書館員和學者，成爲美國主流媒體廣泛報導的人物，之後更獲得美國二十一世紀圖書館員獎、美國圖書館協會「學術勇氣獎」等獎項。

我幾次到美國訪問，都曾與宋永毅相聚。他們夫婦是上海人，卻不像一般的上海人那樣世故和傲慢，頗爲關心我這個後輩。每次見面都會關切地詢問我和家人的生活情況。他主辦關於土改、反右、文革等課題的大型學術會議，每次都邀請我前去參加並做主題發言。我是與會者中少數不在大學任教、沒有博士學位和教授頭銜的人之一。可見，宋永毅有一種「不拘一格選人才」的博大胸襟，我對他邀請我與會並在論文集中收入我的論文深表感謝。很多在美國大學任教的華裔學者，知道我是中共政權的「眼中釘、肉中刺」，不敢與我有交往，害怕萬一跟我的交往被中共知道，他們回中國「衣錦還鄉」或發大財會有麻煩。我理解這種擔憂，但我感歎：這些人到了自由世界，卻沒有得到真正的自由，仍然需要看中共的臉色行事。中共善於利用胡蘿蔔，像吸引愚笨的驢子一樣吸引在美國取得一定成就的華裔人士，這一招數屢試不爽。這背後的根本原因，不是中共有多麼狡詐，而是中共抓住了人性深處的貪婪。宋永毅在中國遭遇了兩次牢獄之災，知道若非共產政權崩潰，他不可能回到中國，所以他心目中不再有任何禁區，放手研究中國當代史中最為「敏感」的內容，也不會認為跟我來往會「連累」他。

宋永毅是一位卓越的學術活動組織者。組織學術會議，從申請基金到確定會議地點、安排與會人員食宿，再到編輯出版論文集，可謂千頭萬緒，不能有一個環節出差錯。宋永毅心細如髮，組織和安排的多次學術會議，或在加州，或在紐約，每次都有條不紊、滴水不漏，且會後必有高水準的論文集問世。

多年來，宋永毅無私地投入巨大的時間和精力，從事歷史資料的搜集整理工作，這是為人作嫁。這項工作讓他在中國遭遇了一次牢獄之災，他卻不曾止步。多年來，經過他和同仁們共同努力，完成了規模浩大的《中國當代政治史資料庫》，收錄三萬多份文件、近三億字。該資料庫分為《中國文化大革命資料庫》、《中國反右運動資料庫》、《中國大躍進—大饑荒資料庫》、《中國五十年代初中期的政治運動資料庫：從土地改革到公私合營》等四大部分。這是世界上第一個、最大的有關毛澤東時代政治運動集體記憶的資料庫，也是以現代圖書館學和資訊科學技術建立起來的動態開放電子資料庫。很多研究中國當代史的學者從中受益匪淺。

宋永毅也是一位見解獨到、論述頗豐的歷史學者。他的新作《毛澤東和文化大革命：政治心理與文化基因的新闡釋》，得到學術界普遍好評。這本書透過毛澤東、劉少奇、林彪、周恩來、江青、張春橋等六個人物切入文革史，從傳統政治文化基因和現代心理學的角度對這些人物和事件進行闡釋，很多分析和論述都讓人拍案叫絕。

王飛凌

二〇二〇年十二月十一日，美國國務卿蓬佩奧在喬治亞理工學院發表演講，嚴詞譴責中共政權對美國大學的滲透、偷竊技術和腐蝕學術自由。他向大學生們發出呼籲：「我們需要學生們能眞正捍衛言論自由，捍衛他們自己的言論自由，包括那些在美國長大的人，尤其是在我們校園裡中國學生的言論自由，他們來到這裡是爲了學習，改善他們的權利和生活，享受我們在美利堅合眾國提供給他們的自由果實。」他特別提及這場演講原來安排在麻省理工學院，但校方害怕得罪中國，以疫情爲名婉拒：「麻省理工學院沒有興趣讓我到他們的校園來做這些評論。拉斐爾・萊夫（Rafael Reif）校長暗示，我的觀點可能會侮辱他們的華裔學生和教授。當然，沒有什麼比這更偏離事實的了。我的這番話正是要保護這些人，要保護他們的自由。」美國名校的墮落，眞是不堪入目。

蓬佩奧這場演講以喬治亞理工大學華裔教授王飛凌的遭遇開頭，王飛凌本人也在演講現場：

幾年前，王教授去中國旅行，在中國境內遭安全人員逮捕。他被關押在一個祕密地點兩個禮拜。王教授受到了審問和威脅，中共想了解他關於中國的研究以及他在我的母校西點軍校教書的經歷。那些故事他能講得比我好。他們認爲可以恐嚇他或者招募他，因爲他是華人。

感謝上帝，王飛凌教授今天能和我們在一起。值得慶幸的是，在來自很多機構領導的壓力下，他被釋放了。

此前我並不知道王飛凌有這段遭遇。有趣的是，跟我有往來的華裔學者，幾乎全都是對中國持尖銳批判立場的，大都在中國遭遇過騷擾和關押，這大概是物以類聚、人以群分的道理。

王飛凌曾任教西點軍校，也是美國外交關係協會（CFR）成員，專長爲中國政治及社會體制、中西比較政治以及中美關係。幾年前，我讀到台灣八旗文化出版的王飛凌大著《中華秩序：中原、世界帝國，與中國力量的本質》，大爲傾倒。作者從歷史、文化、思想視角，分析中華政權歷代的行爲慣性，發現中原的地理生態特性，加上以儒家爲表、法家爲體的秦漢式政體，導致中國兩千多年政治發展高度中央集權，和歐洲民族國家的西伐利亞體制有著截然不同的大一統傾向。中華世界秩序是建立在秦漢政體之上，這是一種用儒學孔教包裝的法家理念，一言以蔽之就是：中央集權，從上而下，一個聲音，一個統治，一個制度，天下一樣。王飛凌指出，今天中國的全球治理觀依舊停留於歷史上的「天下觀」，中國走向世界中心意味著要重塑以清朝爲範本的中華世界秩序。我讀完這本書，很快爲之寫了一篇書評——我寫書評的書，是我眞心喜歡的書，很多作者我並不認識。

後來，我請八旗文化總編輯富察爲我牽線，跟王飛凌通上了電郵。他把我加入一個美國華裔學者的郵件群，並在郵件群中轉發我好幾篇觀點尖銳的文章（比如，我那篇批評朱雲漢的文章），還引發其中某些人的強烈反對。我問王飛凌教授：「是不是給你帶來麻煩了？」他回答說，無妨，這一點的言論自由還是有的。

王飛凌的《中華秩序》被西點軍校等美國名校列入學生必讀書單，王飛凌也應邀到五角大樓爲將軍們的授課。多年來，美國政府的決策者們對中共政權的本質認識不清，導致對華政策一錯再錯，最終養虎爲患、難以收拾。余茂春、王飛凌等華裔學者，擁有的先天優勢就是，他們從中國出來，對中共的特性了如指掌，他們的研究遠超乎大多數美國白人的「中國通」（其實這些人對中國一點都不通）。

中共政權的本質早就被毛澤東一句話全盤托出：「我是馬克思加秦始皇。」王飛凌的《中華秩序》，重點在闡釋中共政權「秦政」的一面，如譚嗣同所說，中國兩千年皆行秦政制。而後者，或許要用另一本書來論述了——馬克思只是手無縛雞之力的思想魔頭，毛用老祖宗馬克思自比，是要與蘇聯爭奪共產陣營老大哥的地位，其實，他有樣學樣的還是希特勒和史達林。在蘇聯已褪色的蘇聯模式（如黨國一體的權力系統、以檔案控制全民、國有企業壟斷經濟命脈、用高科技武裝的祕密警察等），在今天的中國仍是鐵打的一塊，巋然不動。

二〇二〇年一月，我們全家從佛羅里達旅行歸來，途經亞特蘭大，順道拜訪剛剛從亞洲講學歸來的王飛凌教授。他請我們在一家著名的南方烤肉餐廳一聚，食物很美味，有些是我首次吃到（比如烤綠色番茄），我們的交談更開心。王飛凌是安徽人，他的安徽口音很像余英時先生和丁學良教授，他的妻子是四川人——我們一度用四川話來交談。

眞正志同道合的朋友，無須居住在同一個城市，也不必常常見面。對我來說，只有一面之緣的王飛凌教授，卻比某些常常見面的人更能「掏心」。我們彼此欣賞，彼此砥礪，我們相信，中共政權如同毒太陽，總有下山的一天，我們的每一篇文章、每一點努力，雖說如精衛塡海，但總能加速毒太陽的下山。

連曦

連曦教授的讓我感到驚豔的第一本著作爲《浴火得救：現代中國民間基督教的興起》。我本人是在二〇〇〇年之後中國城市新型教會興起浪潮中成爲基督徒的，既是此一浪潮的參與者，也是觀察者和思考者。我們參與創立的方舟教會是城市新型教會，卻無法脫離兩百年來中國本土基督教的傳統。這一傳統，既有寶貴的遺產，也有在神學和教會建制上的缺陷或偏差。

連曦的這本書從太平天國開始寫起，主體部分研究二十世紀中國帶有「民間宗教」特質的本土基督教，如眞耶穌教會、耶穌家庭、山東大復興、馮玉祥的「基督軍隊」，以及三名具有代表性的教會領袖——王明道、宋尚節和倪柝聲。作者的結論是：「五旬節之火」和「前千禧年之火」是救贖近代中國「普羅民眾」的「救贖之火」，這種「火的救贖」既有在苦難中磨煉的意思，同時也可以視爲藉著「聖靈之火」而得救贖。

後來與連曦見面時，他分享自己的信仰歷程說，他在福州長大，從小在倪柝聲的「小群」教會中耳濡目染。他記得文革後期，教會在政府高壓下堅持聚會的情形。但是，他身在其中，卻又能出乎其外，對倪柝聲的神學和「小群」教會的建制提出若干反思和質疑。這一點極爲可貴。基督教的中國化乃至民間宗教化，使得中國基督教脫離了大公教會的傳統和宗教改革的傳統，而無法建構成有影響力的基督教文明。這也正是我在《大光》三部曲中試圖回答的一個大哉問：爲什麼從一八〇七年就傳入中國的基督新教，卻被一九一七年才傳入中國的馬列主義打敗？失敗是必須承認的事實——今天的中國是共產黨的中國，而不是基督教的中國。

當我在台灣博客來網站看到連曦的新書《血書：林昭的抗爭、信仰與殉道之路》，正要準備訂購一本，就收到連曦發來的一封電郵，說他從我的文章中看到我很景仰林昭，要郵寄一本新書給我。幾天之後，我收到了這本書。

基督徒的傳記當然應當由基督徒來寫。普立茲獎得主張彥（Ian Johnson）將《血書》稱之爲「近年來出版有關共產革命時代捍衛人權的抗爭最重要的書之一」。《血書》不僅是有關林昭的第一本英文傳記，也是有關林昭的書寫作最嚴謹的一部。

二〇二一年聖誕前夕，我們全家南下旅行，正好經過連曦任教的杜克大學神學院，事先與連曦聯繫，希望能小聚。連曦做事認眞細緻、熱情周到，立即發來杜克大學附近幾家餐廳的介紹，詳細告知這些餐廳的特色，請我們從中挑選一家。

我們驅車四個多小時，傍晚抵達餐廳，連曦教授和夫人早已在餐廳門口等候。連曦個子很高，面容清瘦，文質彬彬。飯後，他和妻子邀請我們去他家中，招待我們吃點心和水果。第二天上午，他抽出大半天時間陪同我們參觀杜克大學校園，杜克大學是衛理公會創辦的大學，校園中有一所美侖美奐的大教堂，跟歐洲大城市的大教堂相比毫不遜色。連曦帶我們去他任教的神學院大樓中還有一個中型禮拜堂。連曦告知，紀念林昭的音樂會就是在此舉辦的。然後，他又帶我們去他的辦公室參觀。他是教會史家，辦公室中掛著〈景教碑〉之拓本。

在不到兩天的相聚中，我們的討論主要圍繞林昭展開。我非常佩服連曦寫這本書，他是杜克大學講座教授，以此頭銜可以在中國找到諸多發大財的機會，他卻被林昭的殉道事跡感動，耗費八年時間，訪問數十名與林昭有交集的人員，搜集大量原始資料，完成這本別具一格的林昭傳記。這本書一出版，共產黨不會無動於衷，或許以後他回中國就很難了。

跟此前出版的幾種林昭傳記不同，連曦在書中特別探討了基督信仰在林昭的政治抗爭中所起的作用，他寫道：「林昭的基督教信仰使她在抗爭中堅強。同時，信仰也制約了她的反抗。她無法在這場鬥爭中認可暴力。『作爲一個基督徒、一個奉著十字架作戰的自由志士，在我看來：殺滅共產黨並非反對以致清除共產黨的最好方法。』」由此可見，林昭的非暴力，不是策略，而是恆定且穩定的價值。

連曦認爲，是基督信仰支撐林昭的抗爭，林昭徹底、公開地摒棄了馬列主義、毛澤東思想這一整套理論和信念，在毛時代的抗爭者中，是精神上最獨立、反抗也最徹底的人之一。林昭所捍衛的是「受自上帝的完整人權」。連曦引用二十世紀初德國哲學家特洛爾奇（Ernst Troeltsch）的一段話來解釋基督信仰爲何是反抗獨裁暴政的思想資源——基督教因其「無限的個人主義和普世精神」，對任何形態、完全世俗的權力都起著瓦解作用。

連曦說，他很喜歡我寫的《劉曉波傳》，曾經在課堂上介紹給學生。他爲林昭作傳，跟我爲劉曉波作傳一樣，是爲著薪火相傳。劉曉波與林昭的一生都是殉道的一生，他們向死而生，死後亦讓中共政權寢食難安。如今，林昭的墓地成了警察雲集的國安重地，連曦說：

我想禁止民眾祭奠林昭與迫使劉曉波骨灰海葬是同理。他們所象徵中國人對民主、自由和人權的追求，他們所傳遞的普世價值對中共統治的合法性構成了太大的威脅。

邵東方

我剛到美國時，張灝先生曾跟我說，你若要去國會圖書館查資料，可以找亞洲部主任邵東方教授幫忙。我那時心想，人家是國會圖書館亞洲部主任，位高權重，未必會有時間跟我這個後生小子見面。

後來，蘇小和兄告訴我，邵東方教授很欣賞我的文章。於是，我就從蘇小和那裡得到邵東方教授的電郵，抱著試一試的心態，有些忐忑不安地發去一封電郵。我知道自己身分敏感，較少主動與人聯繫，免得讓人家爲難。

沒有想到，邵東方教授很快回信，極其禮貌和客氣，作爲年長的前輩，卻稱呼我爲

「兄」。他說，隨時歡迎我去國會圖書館，他會親自為我導覽。他讀過我的書和文章，隨後專門請同仁查一查國會圖書館中收藏了多少我的書，很快就給我發來一張有二、三十本書的書單。他又說，如果我還有其他重要著述不在書單中，可以告訴他，他再請同仁購買和收藏。

疫情讓我去國會圖書館拜訪的日期延誤了一年多。二〇二一年冬，我們先在網上預約好參訪時間，再與邵東方教授確認，他說他會在門口等候我們。我們先自行參觀之後，再與邵東方教授在門口會面。邵教授個子高大魁梧、玉樹臨風，言談溫和儒雅、謙和沖淡。他帶我們到他的辦公室坐下來聊天，疫情期間，員工都在家中上班，亞洲部的辦公區域，除了我們之外，別無他人。

我最初沒有上網查邵東方教授的履歷，想當然地以為，余英時先生和張灝先生等學界前輩都很信任邵東方，視之為子侄，邵東方給我發的電郵，措辭文雅古樸，或許他有台灣背景？後來，稍稍查了查資料，才知道邵東方教授祖籍江蘇南通，從小在北京長大，還是大院子弟，讓我大跌眼鏡。邵東方教授在一封電郵中說：

兄說到我和余先生、張先生很接近，我想除了思想觀點相同外，大概與學術經歷及研究興趣（intellectual history）相近也有關。此外，有中國背景的學者，在美國人數很多，但是脫胎換骨、重新做人者少，故多數人難入余先生和張先生的法眼。這點想法與兄分享之。

見面一聊天才知道，邵東方是北京景山中學的學生，跟我在北大讀碩士時的導師夏曉紅教授是中學同班同學，不禁感歎世界眞小。邵東方在中國經歷了文革的反智風暴，卻從未被裹挾到紅色浪潮裡去鬧革命，而是悄悄鑽進機關圖書館的書庫，熟讀中國古籍、西方翻譯作品和各種「內部刊物」。這爲他以後的學術發展打下了根基。文革之後，他考上北京師範大學，師從歷史學家劉家和先生。一九八六年赴美留學，先後取得夏威夷大學歷史學博士、聖荷西州立大學圖書館學暨資訊學碩士等學位，從事中國思想學術史、目錄學、文獻學、圖書館及資訊學方面的研究。他曾任教於多所大學，後擔任史丹福大學圖書館亞洲部主任。二〇一二年，也正是我們全家逃離中國那一年，他獲聘國會圖書館亞洲部主任。

美國國會圖書館是藏書量世界第一的圖書館，其中文館藏極爲豐富。那麼，什麼書被收藏，什麼書不被收藏，有什麼標準呢？邵東方教授解釋說，館方有一套嚴格的甄選標準。他舉例說，李敖去世前，曾聯繫國會圖書館，說要將他的著述和藏書捐給國會圖書館，但國會圖書館在經過一番評估之後，認爲這些書籍並不具有收藏價值，婉拒了李敖的申請。我對李敖的這個表現感到可笑，更對美國國會圖書館的決定拍手稱快：一個仇恨美國、甚至使用汙穢的語言辱罵美國（他攻擊美國的書名爲《陽痿美國》）的作家，一個爲九一一恐怖劫機叫好的作家，其著作眞的不配放入國會圖書館。

邵東方教授待人接物，讓人如沐春風，他與王元化、余英時、張灝等前輩學者之間的忘年情誼，寶貴如珠玉。他性情溫潤，但對若干人事，特別是中共的暴政，並非視而不見。他有官方身分，不便直接撰文評論，但心中卻有定見。比如，他傳給我一篇香港學者陳方正紀念余英時的文章，告知「這篇文章的作者雖是余先生的老友，但其觀點不能苟同」，並表示「我很慶幸拙文沒有和陳文刊登在同一刊物上，我不願與此君同流合刊」。

再比如，對於余英時與何炳棣的爭論，邵東方教授看得一清二楚。談論到這個問題時，我傳去此前我所寫批評何的文章，這位歌頌毛澤東和文革的歷史學者，缺乏基本的常識、智慧和良知。我不是歷史學家，對何的學問只能先打一個問號。邵東方教授回信說，對我的文章，他「認眞拜讀，所言說中要害，點破實質，甚佩甚感」。他又說：「其實何從來不能在美國學術界做到不卑不亢、從容不迫，一直處於某種自卑感之中。他的晚年英文作品，特別是與亞洲學會前會長的商榷長文，被美國高等學府歷史專業作爲負面教材使用，因爲其字裡行間充斥著非理性的狹隘思維。而其晚年研究先秦兩漢的中文著作均不爲中國史專家所看重，因爲其不懂出土文獻，對傳世史料解釋錯誤，這些文字頗有在學術上落伍之嫌。」這段話足以讓每個在美國的華裔學者都警醒、反思。

李少民

在臉書上注意到李少民教授，一開始不是因爲他的文章，而是因爲他的畫作——疫情肆虐期間，他在臉書上貼出不少帶有普普色彩的諷刺畫，將中共利用疫情暴戾恣睢和中國民眾麻木不仁的眞相形象地描繪出來。後來，李少民教授就任教於老道明大學——老道明大學位於維吉尼亞重要港口諾福克，離我家只有三小時車程，我們全家不久前剛去那邊旅行過。於是，我就在他的臉書上留言說，很希望有機會一聚。

李少民教授很快回信說，他正好要到我居住的費郡來，跟一幫北大老同學餐敘，邀請我出席。我請他吃飯前先到我家來聊聊。初次見面，李少民教授高個子，穿著樸素，背一帆布包，一口北京話讓在北京住了二十年的我頗爲親切。在我家中聊了一陣，我們再去餐廳吃飯，共餐的有他的五、六位當年北大經濟系的同學，大都已退休或即將退休。能保持幾十年的同學情誼頗不容易，尤其是李少民本人是中共眼中的「敏感人物」。他們那一代人比較重情重義，到了我們這一代人，幾乎沒有哪個同學敢跟我來往——即便在自由的美國。

李少民出生於北京，其父是曾受中共開明派總書記胡耀邦重用的原中宣部理論局副局長李洪林，所以，他頗有家學淵源。李少民自幼研習美術，文革中擔任軍隊宣傳員，繪製宣傳畫及毛像。文革後，他考入北京大學，後赴美留學，獲普林斯頓大學社會學博士學位。一九八六年，胡耀邦下台，哥倫比亞大學和普林斯頓大學的一群中國留學生給中共寫了一封公開信抗議，李少民是發起人之一，很快就有一千多名留學生響應簽名。這是中國留學生第一次聯署公開信抗議中共的政治迫害，被稱爲「新公車上書」。當時，國際媒體紛紛要求採訪當事人，只有楊小凱、于大海和李少民願意接受採訪，「普林斯頓三劍客」之名不脛而走。

我們聊天時談及李洪林先生在七〇年代末以來思想解放運動中的重要貢獻，李洪林先生是最早撰文呼籲破除對毛個人崇拜的黨內改革派理論家，此後常常被胡耀邦邀請起草中央文件。李少民告知，胡耀邦跟他父親並無私交，當他父親被左派鄧力群等構陷時，胡不敢出面保護。胡沒有自己的派系和人馬，被元老們逼下台時，毫無還手之力。

我也談及李洪林先生在香港出版的一本重要著作《中國思想運動史》，我正在寫新書《鄧小平與蔣經國》，或許書中有可以參考的資料。李少民立即說，他幫我從香港訂購一本。果然，幾個禮拜以後，我就收到了這本大作。書中對中共從一九四九年到一九八九年的思想鬥爭運動做出清晰的梳理，尤其是揭示了鄧小平「假民主眞獨裁」之本質——中國人好不容易擺脫「兩個凡是」，卻又深陷鄧小平的「四個堅持」。

六四之後，李洪林長期遭到軟禁，更不可能發表文章。而李少民本人也坐過中共的牢：二〇〇一年二月，當時在香港城市大學任教的李少民，在訪問中國期間遭到中共逮捕，並以間諜罪起訴。此舉引發美國學界嘩然，美國政府施壓要求中共放人。同年七月十四日，北京市第一中級人民法院以李少民為台灣間諜組織收集情報的罪名將其驅逐出境。李少民本人對此指控予以否認——他只是被高瞻案波及的無辜者。高瞻是一名聲名狼藉的雙面間諜，高瞻案風雲詭譎、峰迴路轉，可以寫成一本大書。我告訴李少民，據說高瞻家就在北維州，高瞻服完刑後，在網上做針對中國小留學生的留學仲介生意，一個留學生收取數萬美金服務費，生意頗為興旺。有些人就是那種打不死的小強，怎麼都能活得很滋潤。李少民聽了之後，唯有一聲歎息。

李少民教授蒙受了一場不白之冤，回到美國，應聘擔任老道明大學商學院教授，在學術上成就斐然：二〇〇八年，維吉尼亞州授予他「傑出教授獎」；二〇一二年，老道明大學授予他「卓越學者」稱號。

後來，李少民教授請我幫他推薦台灣媒體發篇評論文章，我介紹了「關鍵評論網」編輯跟他認識。他在「關鍵評論網」發表了一篇題為〈「舉國大公司」的崛起：西方公司如何對抗資源無限的中共指導企業？〉的評論，這篇文章對台灣讀者認識中國的經濟從來都為政治和政府服務的本質尤為重要。

李少民教授是在大學任教的學者中，少見公開支持川普、反對「黑命貴」的保守派。他告訴我，這個立場當然會在學校受到一些壓力，但他不會保持沉默。他在〈紐約州以多元化之名立法，實則以「血統論」分化美國人、大開民主倒車〉一文中，嚴厲批評紐約的亞裔細分法案：

人們一旦被貼上獨特的標籤，比如來自中國的美國人，就必須區別對待……這就要問：支持這項新法律的立法者，是想給與這些以血統新區分出來的美國人以僅有他們可以享受的利益，還是要剝奪或歧視他們？無論是多給或少給利益，都是基於血統的歧視，這恰恰是全世界的民主國家和美國社會正在大力消除的。

李少民進而痛斥西方左派包括部分華裔政客的瘋狂行徑：「除了花費更多資金外，新法律的直接結果是煽動美國人之間的鬥爭，長遠看，這個立法可能會蔓延到全美，讓血統論在美國社會生根。支持這項立法的紐約州政客們，打著多元化的旗號，浪費納稅人的錢，製造內訌，復辟落後的血統歧視文化。這些人，要麼故意使壞，要麼已經失去了常識。」可見，投票不能以相同的族裔來判斷，必須以價值觀來判斷。

李少民知道父親因爲堅持說眞話而歷經坎坷的一生，他曾計畫爲自己的家族寫一本歷史，可成爲二十世紀中國人追求自由的一個縮影。因此，他在言論自由狀況比中國好若干倍的美國，更要像父親那樣堅持說眞話：「幸運的是，我們不是在中世紀的歐洲或當代的共產主義國家，在那裡反對主流觀點可能會喪失生命。在美國，人們反對『政治正確』大不了就是被雇主如政府學校等解雇。但如果我們怕丟飯碗而不敢挑戰錯誤的流行觀念，我們失去的將不僅僅是工作。」這段話，擲地有聲，讓我肅然起敬。

美國人的體面與中國人的面子

《余英時談話錄》中記載了余英時先生晚年的一段談話：「人到老的時候，怕死是一定的。你要記住孔子講的一句話：『及其老也，戒之在得。』……這個『得』不光是財，主要是名譽，人家承認不承認，受不受人家注意，怕寂寞。這就是黃宗羲早年講的一句話：『士大夫不耐寂寞，何所不至。』只要你不耐寂寞，什麼事都會幹。」

余先生耐得住寂寞，無欲則剛，與那些晚年跑到中國去跟共產黨暗送秋波、發大財、走紅地毯、警車開道形形色色的「大師」們宛如天壤之別。這種選擇，既是由余先生的品性、閱歷決定的，也跟余先生在美國生活了一個甲子、自覺地用西方知識人的標準來洗滌中國士大夫的虛驕之氣、早已成爲美國式個人主義者有關——不尚虛名、不羨榮華、自得其樂、敬天愛人，是清教徒的寶貴遺產。余先生雖非基督徒，卻比許多名義上的基督徒更有信念和勇氣，在少有人走的路上「千山我獨行」。

余先生溘逝之後，根據其生前遺願，喪儀從簡。余師母和兩位女公子在余先生骨灰下葬後，才向外公布消息。美國國會圖書館亞洲部主任邵東方教授在〈涓滴教誨見眞情——懷念余英時先生〉一文中，記載了他與余師母的一段談話。余師母對人之生死的態度豁達開通，她說：「余英時在睡夢裡離開。他現在可以在天上與他的父母和我的父母交談了。」余師母提到，余先生去世後，她沒有立即發訃告，這是她和余先生生前的約定。直到余先生安葬之後，她才通知中央研究院和普林斯頓大學有關人士，連她的兄長也是從外界的新聞發布始知余先生謝世的。那幾天她一直將家裡電話設置爲靜音，不願意麻煩別人。余先生去世之後的頭七，有朋友去余先生墓地獻花，余師母說：「他們說今天是余先生的頭七。我這個人可能比較西化了，所以不太清楚頭七和五七之類的習俗。」八月九日，余師母又跟邵東方教授通話說，普林斯頓大學東亞研究系主任田安（Anna Shields）給她打電話告知，普林斯頓大學校園從次日起降半旗三天以悼念余先生。余師母希望讓邵東方教授代她向所有吊死慰生的朋友轉達衷心的感謝，盛情已領，容她目前不能一一回謝，至深歉仄。余師母說，余英時是一個很低調和單純的人，從來不想出風頭，沒料到他的去世引起這麼大的迴響。邵東方回答說，大家都想表達一下對余先生的悼念之情，「思由憶生，不憶故無情」，所以形成了一個悼念的高潮。

邵東方教授記載余先生身後事的細節，讓我感慨萬千。這才是眞正的大師、眞正的體面。余先生身後沒有舉辦盛大的葬禮，沒有高官顯貴出席，但絲毫無損余先生崇高的學術地位和高風亮節。一個人被別人懷念，絕對跟其葬禮的規模和出席的人數無關。獨裁者如史達林、毛澤東、金日成的百萬人呼天搶地的國葬，並不能改變他們遺臭萬年的終局。

從如何處理身後事上，可清晰地看出東西文化的巨大差異。我在美國居住了十年，參加過好幾次葬禮或追思會，有在教堂中舉行的，也有在墓園舉行的，全都簡樸肅穆，一兩個小時即完成。參與者都是逝者生前親朋好友，不可能有不認識的官員前來致辭，說些不鹹不淡的場面話。更沒有中國或台灣常見的吹吹打打、哭哭啼啼、車水馬龍、冠蓋雲集乃至僧道鬼畫桃符、煙霧繚繞。尤其是基督徒的葬禮，整個過程喜樂平安，充滿永生的盼望，絕無半點悲悲慘慘戚戚。在美國，人像人那樣體面地活著，人也像人那樣體面地離世。

在台灣，有一則引起全國譁然的新聞：民進黨立委高嘉瑜遭恐怖情人林秉樞暴打、拘禁，檢警火速拘提林並向法院聲押禁見獲准，檢方認定林涉犯傷害、妨害自由、恐嚇等七項罪名。事件起因是十一月二十四日林母出殯當天，高嘉瑜現身告別式，林秉樞卻抓狂辱罵——據說高嘉瑜此前向林秉樞承諾請副總統賴清德前來出席公祭，但當天高嘉瑜告知，賴清德無法出席。林秉樞當即崩潰，扯掉高嘉瑜的口罩、帽子，還高聲要她下跪磕頭道歉。林更逼著高馬上傳訊給賴清德本人，但高不從，林一度作勢要搶過高的手機、自己傳簡訊。

這就是中國式的葬禮——連副總統都成爲趨炎附勢者之玩偶。這種禮儀一點都不體面，儘管看上去很有面子，有那麼多貴人富人來出席或送花。這個面子，當然不是死者的面子（死者已死，早已無所謂面子了），而是生者的面子。林秉樞並非孝順的兒子，就在其母親去世前不久，還傳出他毆打母親的醜聞。他之所以如此看重葬禮上出席的人員，是要利用這些關係網絡來牟利。一個鐵定的規律是：在父母生前越是不孝的子女，在父母身後越是要搞出驚天動地的葬禮來。

中國式的葬禮（包括婚禮）都是表演給別人看的，請來的重要嘉賓，大都是死者生前不認識、亦並無交情的名流。在台灣，很多地方官員和民意代表必須花費大量時間和精力參加各種婚喪嫁娶活動，給主人面子，才能得到主人（及其家族）的選票。這是一種最醜陋、最卑賤的文化和習俗。被這種文化和習俗所捆綁的社會，不配稱爲現代文明社會。

中國人好面子，美國人和西方人講究體面，兩者一字之差，謬之千里。很多中國人到西方生活多年，仍然只有面子，而沒有體面。

比如，自稱「中國民主之父」的魏京生，剛到美國時，一度被西方視爲反抗暴政的英雄，但沒有幾個月，就落得個無人問津、門可羅雀的境地。他本人的解釋是共產黨特務搗鬼、陷害他——所有罪過都可推給共產黨特務，共產黨特務眞是好用的代罪羔羊。

《華爾街日報》記者張彤禾（Leslie T. Chang）寫了一篇名爲〈一位把在美國的自由變成監獄的中國異議人士〉的負面報導，魏京生的反應是一如既往地暗示記者被共產黨收買了。其實，張彤禾是台灣移民後代，其祖父是抗戰勝利初期在東北被共產黨土匪殺害的工程師張莘夫，她對共產黨不可能有好感。後來，張彤禾與作家何偉（Peter Hessler）結婚——後者寫的《江城》等中國三部曲被譽爲認識中國人心靈的鑰匙，她本人也寫了《工廠女孩：在變遷的中國，從農村走向城市》等重要著作，他們夫婦對中國的研究、書寫和批判早已超過了只能「想像中國」的魏京生，魏京生的「特務說」不攻自破。

在多年前那篇報導中，張彤禾寫道，一九九七年抵美受到熱烈歡迎的魏京生，剛恢復自用，我行我素，很快完全陷於孤立，似乎「跟全世界對立」。一九九八年，加大柏克萊分校邀請魏前往該校完成獄中回憶錄，他住的公寓禁止吸菸，愛菸逾命的他一次次鬧得公寓火警大作，他卻嗆聲說：「美國不是自由的國家嗎？為什麼連吸菸的自由都沒有？」他在高速公路上開車超速，被警察攔下，用僅會的幾句英文對警察咆哮說：「我是中國民主之父、未來的總統！」後來，他甚至說美國政府策畫暗殺他，美國國務院回應說：「他當然有權說任何話，但設計交通事故不是美國政府的行事辦法。」「民主之父」對民主的理解，還不如美國的普通小學生。魏京生定義的「民主」，就是他的面子為大，「民主之父」可以超乎法律之上。

張彤禾的文章中，還寫到一個很有趣的細節：有一次，魏京生參加一個正式會議，姍姍來遲，穿著寬鬆的藍短褲、皮涼鞋，手上夾著香菸，而與會者個個都西裝革履。記得作家韓秀曾談及此類細節，引用魏的一句解釋：「在監獄裡，我們都這樣穿戴。」是啊，既然有過坐牢的光榮經歷，誰有資格批評其穿著不符合社交禮儀這樣的細節？但是，魏京生偏偏忘記了一個常識：你要得到別人的尊重，首先你就要學習尊重別人。

在人權團體舉辦紀念六四的活動中，我聽過魏京生的一次發言——此類活動，他必須被安排在第一個發言（除非有地位更高的美國官員出席，他至少要在華人中排名第一），否則他就拒絕出席，這是「老大」或「大老」的面子。此類紀念活動，發言先後次序頗有講究，一點都錯亂不得。在發言中，魏用於自我表揚的篇幅遠遠多於紀念死難者，他凸顯自己重要性的論據，居然是中國使館的高級外交官約他吃飯，向他尋求建議——這也是一種面子。我不禁感歎，爲什麼到美國多年了，這名「反共義士」的自我價值認定，仍需由中共來加以確立？這是諸多中國流亡人士和異議分子最可悲的地方——他們口口聲聲說反對共產黨，但他們早已被共產黨鎖定，連語言和行爲方式都跟共產黨如出一轍。

多年以後，魏京生仍沒有一絲一毫地方像美國人，當他被昔日遭受他性侵的女士及私生女告上法庭時，他回擊的武器是將淒苦無助的母女扣上共產黨特務的帽子，就像共產黨給數百萬人扣上「地富反壞右」的帽子一樣。他爲了子虛烏有的面子，不惜犧牲其最後的、殘存的體面。在美國，支付孩子（包括私生子女）撫養費，不單單是人的道德底線，更是公民必須負擔的法律義務。魏卻視若無物。如果他眞的當上中國的國家主席，不會比共產黨更仁慈。作家廖亦武忍不住撰文勸戒和譴責這個不配稱爲男人的男人：

我希望這次訴訟是一個轉折點，也讓魏京生「愛和憐憫油然而生」——劉懷昭和

Charlotte 不是你的敵人，這麼多年，已經夠了！你不是上帝，有什麼權力置弱小於如此不堪的境地？該自省了！你有監獄病，沒有認錯的習慣，那就在你的親生女兒跟前，從頭開始培養——太多的異議分子就毀在這個「沒有認錯的習慣」上，他們活一輩子，就是為了證明自己一貫正確，跟自詡「偉大、光榮、正確」的共產黨一樣。

你的人生價值就是反對共產黨。那麼「養成認錯的習慣」，也是反對共產黨的一部分。魏先生，給我們作個榜樣吧，如果說你當年為《第五個現代化》付出的代價是值得的，那麼《第六個現代化》——個人身心的民主化——也是值得你付出代價的。

脫離中國的醬缸文化，融入美國的自由文化，需要經過一個漫長甚至痛苦、蟬蛻般的過程。很多從中國到美國的新移民，因為迴避這個過程，就永遠為了面子而失去體面。

這些年來，我在美國觀察到很多新移民不體面的言行舉止：我居住的社區內，養狗的居民很多，早晚在外面遛狗的人很多。我家在一處拐角的地方，草地面積很大，時不時有小狗在草地上奔跑。在社區內生活多年的居民，個個彬彬有禮，遛狗時隨身帶著裝狗糞便的塑膠袋，一旦小狗排便，立即就裝入塑膠袋中。近年來，遷入的新移民（主要是亞裔）愈來愈多，我家草地上不曾被主人收拾的狗的糞便也愈來愈多。我自行清理了多次，忍無可忍，從亞馬遜購買了一個溫馨提醒的招牌，上面寫著：「請不要讓您的小狗在草地上大便。」旁邊還有圖示。我將招牌插到草地邊緣，此後在草地上發現小狗糞便的次數有所降低。很快，周圍好幾戶鄰居也如法炮製，在草地上插上招牌，可見他們跟我一樣被這個問題所困擾。有時，我不禁想，如果我是白人，遇到這種情形，當然會對不遵守基本規矩的新移民產生排斥之心。所以，不要總是抱怨「種族歧視」，自己先學會文明的生活方式，過體面的生活。文明和體面無關乎金錢，而關乎基本的教養。

我居住的區域，華人不如紐約和加州多，但亞裔的比例增長到四分之一左右。我在好市多購物時，發現華人顧客愈來愈多。某些新移民的表現讓人不敢恭維：好市多賣西瓜，數百個放在巨大的紙箱中，顧客可自行挑選。我好幾次看到一幅驚人景象：有留學生父母模樣、白髮蒼蒼的華人老人，直接跳到紙箱中，對著若干個西瓜誇張地拍拍打打，耗費數分鐘之久才挑中一個，笑逐顏開地抱著跳出來。在亞洲超市中，他們還有更精彩的表演：將原本裝在塑膠袋中的蔬菜全倒出來重新篩選，他們以為是在中國的菜市場，可以一根菜一根菜地挑選。他們將超市裡免費的塑膠袋、廁所裡的捲筒衛生紙通通往包包裡裝。有工作人員善意地提醒他們，他們卻針鋒相對地回答：「不都是免費隨便拿的嗎？我多拿點怎麼了？又不犯法，而且又不是我一個人拿！」

我還遇到一位依親移民到美國的、中國名校的退休教授，他剛到美國，在家中很寂寞，就到教會認識新朋友，教會當然歡迎他。他逢人便說，他在中國有好幾套房產，價值數千萬，每月退休金也上萬，炫耀在中國有錢、有房、有地位。但他在美國沒有工作、沒有收入、沒有財產（住在子女家），因此符合申請福利的條件，填了幾份表格後，每月白白得到數百美元福利金——他並沒有在美國工作過一天、納過一分錢的稅。由此，他得出結論：美國人太蠢，有太多漏洞可以鑽，中國人只要稍稍多打幾下算盤，就能撿到天大的好處。這位教授還跟牧師打聽，附近有沒有中共的黨組織，他是中共黨員，希望過黨的「組織生活」。禮拜天到教會找朋友聊天，有免費的午餐吃，如果週間再有機會參加黨小組活動，他的人生似乎就完美了。

華人移民生財有道，讓美國人感到匪夷所思。住在紐約的張菁女士在臉書上披露說，在紐約上州某豪華賭場大酒店側門，每天堆放著大包小包及塑膠袋，這些包的主人，是一群來自紐約華人社區的法拉盛、布魯克林第八大道等地的中國人，這些人每天的工作就是來回搭乘賭場巴士，賺取賭場贈給每位乘客的十五至二十五美金。假扮乘客的這群中國人把現金券又便宜賣給其他賭客，每天來回幾趟，據說月賺一千至數千美元不等。這門差事不查身分、不繳稅，坐坐車而已，比打工送外賣強多了。那一排排的包包裡，多是他們自備的食物和水果，以前坐在賭場裡的乘客休息室裡吃，被禁止後，就一堆人站在賭場門外吃喝。這景觀直接影響了建築的層次及遊客觀感，賭場及周圍以白人為主的社區居民對其深惡痛絕。這群人站在進門處一餐廳矮木隔欄旁，一邊聊天一邊看著客人用餐時，客人往往送來鄙夷的眼光。

餐廳不得不在每張桌子上貼上中文「桌椅僅限用餐客人」的告示。張菁感嘆說：「中國人眞是聰明絕頂，爲何那些貧窮、被很多中國人看不起的黑人或印度人就看不見這一線生機？就想不出這條生財之道呢？搶劫冒坐牢之險，坐賭場巴士賺錢基本合法，最多遭人白眼，又不痛不癢，何妨？難怪中國人成規模、有秩序，並精於此道。」

網上流傳著一位做翻譯的華人一段隨感。他的主業是法律相關領域，經常被緊急召去事故現場、警局、法庭等地，爲當事人翻譯，其中接觸比較多的是從中國來的老人家。他工作中最常翻譯的對話如下——

老人：「我不知道這個不可以啊！」

警察：「不，你應該知道。作爲一個成年人，你應該知道你的行爲必須遵守你所在地的法律。」

老人：「我們老家那兒都是這麼幹的（比如捕捉野鴨回家製作烤鴨），沒人管！」

警察：「你可以在你們國家幹任何你們國家允許的行爲，但你現在是在美國，必須遵守美國的法律。」

老人：「我是第一次，初犯，能不能就算了，下次我一定注意。」

警察：「目前這個處罰就是根據第一次違反決定的，第二次違反就受到更重的處罰。」

老人：「我年紀那麼大了，不是有心的，就不能從輕發落嗎？」

警察：「任何一個成年人，都應該對自己的行為負責，跟年齡無關。」

老人：「你們是不是看不起中國人！故意找我們碴！歧視我們中國人！」

警察：「如果你對我的執法過程有任何疑問或不滿，我的警號是○○○○，你可以在○○日內向法庭申訴。」

老人：「你們欺負人啊，欺負我一把老骨頭啊，我不活了，我跟你們拼了啊！」（大喊大叫坐地哭鬧）

警察直接掏出手銬，甚至手槍，制服認為有攻擊性或自殘行為的當事人。

老人則裝病裝暈倒。

警察直接叫救護車送醫院。費用由當事人自理。

類似的場景不斷上演。這位翻譯感歎說，對於這種軟硬不吃的老人，警察出面的教育最管用。

這一幕場景再次區分了面子和體面的天淵之別。在美國，別人對你的尊重，永遠不是你活了多少歲數，或者在某個位置上待了多久，而是取決於你怎樣對待別人、對待事物。一個人最大的優點就是認識到自己有很多缺點。千萬不要讓人家尊重你的理由，只剩下你可憐的歲數。

第四卷

與兒同行

二○二二年余杰生日，余杰、兒子與藏書的「身高」比賽。

我們全家抵達美國時，兒子還不到四歲（二〇〇八年春，他在美國出生，出生之後不到兩個月，我們全家就一起回中國了）。他在中國的最後一年是在四川老家跟爺爺奶奶一起生活，他離開中國時還是一口地地道道的四川話，剛到美國，他一句英文都不會說——很快，幾個月之後，他的英文就十分流暢，而四川話一句都不會說了。

兩三個月後，我們在北維州買房安家，生活逐漸走上正軌，將兒子送到附近一家收費幼稚園。美國的幼稚園絕大多數都是私立的，收費昂貴，我們選擇的一家普通的幼稚園，每月收費差不多一千兩百美金——比我們一家人每月用於食品的開支還要高。

上了兩年幼稚園（中間換了一家，上一家因經營不善關門），到了六歲，兒子可以上小學學前班了（K年級）。這家小學離我家只有五分鐘車程，有校車接送學生。每天早上，我將兒子送到離家僅兩三百米遠的校車站，下午再去接他。

等兒子讀完三年級，我們又從威廉王子郡搬到費爾法克斯郡一個更好的學區，夏季學期開始，他轉學到一所新小學。

小學的最後幾個月，遇到中國病毒肆虐，學校停課，上網課，然後稀里糊塗就小學畢業了。

二〇二〇年夏，兒子進入中學，讀七年級（中國的初中一年級、台灣的國中一年級）。因爲兒子的成績是全A，所以可以挑選一所具有資優班（也稱天才班，可以選修超前兩年的課程）的學校。第一年仍是在家上網課，網課的效果當然遠遠不如在學校面對面上課。網課持續了一年，次年夏，兒子升到中學二年級（八年級），學校終於開學上課，但要求師生戴口罩。

在孩子的成長過程中，父子之間需要互相學習，互相成長。這幾年，兒子的學習生涯，我一直在旁邊觀察、陪伴。一方面，我跟兒子一起學習——特別是學習怎樣成爲一個美國人。比如，兒子的中學的校訓是三個以 R 開頭的單詞：準備好、負責任和尊重他人（three Rs: being ready, responsible, and respectful）。尤其是負責任和尊重他人，是中國的教育中被嚴重忽略的兩個基本素質及品格。另一方面，我每天跟兒子討論在學校學的內容，尤其是歷史和文學的部分，幫助他去除學校中的某些左派洗腦教育，如「批判性種族理論」等等，幫助他從小樹立保守主義的觀念秩序、常識及基本的是非觀念。

聖經中說：「教養孩童，使他走當行的道。」雷根總統在一篇演講中指出，美國人面臨的一項挑戰，是爲了維護個人和國家的自由和繁榮，必須在未來的每一代人中培育和培養對美國國家建國原則的欣賞。但是現在，有些事情已經改變了。年輕的父母們不確定，對美國抱著一種不加掩飾的欣賞態度，是否是教育現代孩子的正確方法。對此，雷根告誡說：

> 我們必須做得更好，讓人們知道美國就是自由——言論自由、宗教信仰自由、企業自

由。自由是特殊而罕見的。它又是脆弱的，需要保護。讓我給大家上關於美國的第一課：美國所有的重大變革都是從餐桌上開始的。所以，我希望明晚在廚房開始討論。孩子們，如果你們的父母沒有告訴你們作一個美國人意味著什麼，讓他們知道並讓他們明白。那將是一件非常美國化的事情。

最近幾十年，美國公立學校急劇左傾，到了大學更是如此。若是等到孩子上大學，再跟他們討論價值觀問題，已經來不及了，信仰和觀念秩序的基礎需要從小就幫孩子打牢固。我眼睜睜地看著不少朋友的孩子，學業優異、考入常春藤名校，卻成爲左派洗腦教育的犧牲品，成爲同性戀、成爲反美主義者、成爲社會主義者，跟父母形同路人乃至仇讎，那是何其傷痛的結果。

陪伴孩子一起成長，是我和妻子這十年美國生活中最重要的部分。我深知，一個人在外面無論如何光鮮亮麗、道貌岸然，若在子女心目中不是好父母，所有成功、所有事業就是一敗塗地；一個人無論用文字和言語折服、感動多少人，卻不能引導子女行走在上帝定規的正途上，其學識和名聲都是過眼雲煙、黃粱一夢、統統歸零。

時光荏苒，白駒過隙，還不到十四歲的兒子，已經比我高了。我竭盡所能，作一個好父親，也作兒子的好朋友。

美國小學生心中的英雄是消防員

孩子們的友誼是奇特的。作爲爸爸的我，始終弄不清楚兒子爲什麼會跟這個小孩成爲好朋友，而不會跟那個小孩成爲好朋友。判斷是不是好朋友，兒子自有其標尺。而朋友之間似乎也有一種特別的吸引力，即「來不來電」。古龍說過，愛情是瞬間發生的，友情需要很長時間來培養。這句話並不準確，有時候，友情的發生，也取決於彼此第一印象如何。

兒子在學前班（K年級）結交的第一個「鐵哥們」，是跟他不同族裔、拉丁裔的同學艾登，而不是他班上的華裔或亞裔同學。兒子上學前班沒過幾天，回家談論的話題，就圍繞新朋友艾登展開，艾登長、艾登短，而且他很快就獲得了許多關於艾登的「私密」信息。看來，小孩子們之間的聊天，並非大人以爲的那樣大部分都是廢話，而是充滿有價值的資訊。

兒子告訴我們，艾登是拉丁裔美國人，在家中說英語，也說西班牙語。艾登家跟我們家一樣，也只有一個兒子。艾登的媽媽在家當全職家庭主婦，最神奇的是，艾登的爸爸是一名神氣的消防員！

有一次，老師給全班同學講消防員的故事，艾登舉手告訴老師：「我爸爸就是一名最勇敢的消防員！」艾登頓時贏得全班同學無比羡慕的目光。（後來，兒子上中學時，他的一位同學，也是我們鄰居的馬修，媽媽是ＦＢＩ的特別調查員，有一次應邀到學校跟孩子們講ＦＢＩ的故事，也贏得了同學們的羨慕。）

有一次，學校組織校外教育活動，帶領孩子們到附近的一個消防站參觀。艾登的爸爸正好在那裡上班，負責跟孩子們講解消防員的工作。孩子們在消防員的辦公室就地圍坐成一圈，很快安靜下來聽講。艾登的爸爸一邊講解一邊放幻燈片，孩子們聽得聚精會神、津津有味。然後，艾登的爸爸將孩子們輪流抱上消防車，讓他們坐在消防車上，嘗試一下當小小消防員的成就感。

那一天，是艾登最得意的一天，作爲艾登最好的朋友，兒子似乎沾了不少光，回家後滔滔不絕地跟我們講述在消防站的種種見聞。甚至晚上做夢時，也夢見他跟艾登長大後成了威風的消防員，開著呼嘯而過的消防車去滅火和救人。不過，他把動畫片裡忍者龜大戰噴火龍的情節也加入夢境中，一起床就大聲叫嚷：「我和艾登是忍者龜消防員，我們一起打敗了噴火龍！」

我特別讚賞小學安排此類校外教育活動，除了參觀博物館、植物園、動物園這些常規項目外，還去不同族裔的文化中心、教堂、警察局、軍隊營區、垃圾處理廠等處實地參觀。生活在華府郊區的一個好處是，學校還會組織孩子們到各國的大使館參觀，體驗不同國家的文化。這類實地教學活動，讓孩子們從小就理解不同族裔、不同國家的文化傳統，以及美國這個社會究竟是怎樣運行的，有哪些部門和人士在為公眾默默服務。由此，孩子們從小就樹立起飽滿的公民意識，特別是對消防員、士兵和警察這些冒著生命危險保護公共安全的特定群體之理解與尊重。

兒子所在的小學每個學期都組織一次消防演習活動。活動之前幾天，校方會發電郵給家長，讓家長提前跟孩子講述該活動的具體程序，讓孩子心中有數。孩子們都很喜歡消防演習，他們一點都不害怕，將其當做有趣的遊戲，在演習中學會不少求生和自保的基本規則。演習中，消防員會親自到現場向孩子們演示一些重要事項。

與之相比，我童年的教育中從來沒有類似活動，惟一有記憶的是每年清明節去給「革命烈士」掃墓。那個陰森淩亂的墓園勾不起孩子們的「革命激情」，只是走在山路上看自然風景時心曠神怡。上中學後，我讀了不少禁書、瞭解更多歷史知識後才知道，所謂「革命烈士」，都是死於國共內戰的解放軍士兵，而國軍抗日英烈的墓地早被紅衛兵搗毀了。

直到上大學，我在學校的課堂上從未聽過關於消防員的事情，也沒有接受過預防火災、地震等災害的訓練，自我保護的安全教育相當欠缺。中國的孩子大都不知道尊重消防員、士兵和警察，也不願意從事這些有危險性的工作——按照儒家文化塑造的一套價值觀，所謂「萬般皆下品，惟有讀書高」、「書中自有顏如玉，書中自有黃金屋」、「學而優則仕」，誰願意去從事類似「藍領」且有危險的消防工作呢？

兒子過七歲生日時，我們爲他籌備一場生日派對。兒子很有主見，自己在一張白紙上列出要邀請的小朋友名單，在名單上名列第一位的，當然是他的「鐵哥們」艾登。於是，我們準備好邀請卡，讓兒子帶到學校送給每一個他要邀請的好朋友。

那一天，我們家來了十二個小朋友和他們的父母，有的是父親或母親帶孩子來，有的是父母一起出動。那是我第一次跟艾登的父母見面，他媽媽是一名胖胖的黑髮女性，他爸爸不愧是消防員，牛高馬大，身材壯碩，一頭宛如士兵鍋蓋頭式的短髮。

在孩子們在草地上奔跑玩耍時，我好奇地跟艾登的爸爸聊天，向他詢問在美國什麼樣的人才能當消防員。

艾登的爸爸告訴我們，想成爲消防員，最基本的職業要求是：高中畢業或同等學力，這是最低要求；擁有駕照，並保持良好的駕駛記錄；品行端正，通過消防局的背景調查，不能有犯罪記錄，背景調查資料可能長達數十頁；最好接受過緊急醫療救助培訓，因爲消防局近七成的事務與緊急醫療救助相關。

申請者通過這些基本篩選後，還必須通過三項考試：筆試、消防隊員候選者體能測試和智力測試。入選者接受完基礎訓練，還要進行六個月下隊實習和集中培訓，經考試合格，才能成爲正式的消防員。幾輪淘汰下來，消防員的錄取率通常不到百分之一，甚至比哈佛大學的錄取率還要低。

我接著詢問：消防員是高危險行業，你當初爲什麼會選擇這個職業呢？

艾登的爸爸回答說，消防員確實是高危險行業。美國是個火災頻繁的國家，由於民宅多爲木結構建築，一遇到火災，便非常危險。在各類災害事故中，因火災死亡的人數位居第三（第一是車禍，第二是各類犯罪活動）。每年全美都會有數十名消防員因公去世，數萬名消防員受傷。但是，這卻擋不住民眾希望加入消防隊伍的熱情，因爲消防員在美國是排名第一、最受尊敬的行業，就連風光的美國總統也僅名列第二十六位。

艾登的爸爸拿著一杯啤酒，一邊喝一邊聊，神情逐漸變得凝重起來：九一一恐怖襲擊事件之後，消防員在世貿大樓的英勇表現感動了全世界。在紐約，每一個有隊員在當天遇難的消防站，門前必有一塊銘牌，上面鐫刻著殉職消防員的名字，有的還附上他們生前的照片，供過往行人致敬。他們是美國人心目中的英雄。「那時，我剛剛大學畢業，看到媒體上關於消防員們事蹟的報導，就決定去報考消防員。那眞是過五關、斬六將，最後才如願以償。到了今年，我已經幹了十二年的消防員。在這期間，我受過傷，也遇到過相當危險的情況，但從來沒有想過不幹了。」說到這裡，他撩起袖子，給我看他手臂上的一處傷疤。然後，他又爽朗地笑著說：「消防員是一份非常有挑戰性的工作，我很熱愛這個工作，我決定一直做到退休。按照規定，不論年齡多少，只要在消防部門工作二十五年後，政府就能保證退休，並享有相應的福利待遇。」

艾登的爸爸又介紹說，消防員有著較靈活的工作時間，和一般上班族從週一到週五、每天朝九晚五的上班時間不同，他們實行輪班制，以保證每一位消防員能得到充分的休息。他們每年有一段時間在職進修，以便提高職業技能。消防員的職責不僅僅是滅火，還要兼任緊急醫療技術師、處理危險物品、應付各種天災人禍，需要不斷學習新知識、應對新情況。

我告訴艾登的爸爸，我也有這樣的經歷。有一次遇到交通事故，不到五分鐘，警車、消防車、救護車就幾乎同時抵達現場。看到現場並不需要消防工作，消防車才離去。

我又問：「你們有哪些先進裝備呢？」

艾登的爸爸如數家珍地介紹說，首先是像百寶箱一樣的消防車。「我們使用的是一種集滅火、搶險、急救三種功能於一身的消防救護車。在車尾會留出小部分空間用於急救護理，裡面安有緊急急救箱。就像人們通常在電影裡面看到的那樣。消防車成了我們的第二個家，或者是最忠實的伙伴。隨身設備方面，我們配備過濾式空氣呼吸器、防化學腐蝕和高溫的防護衣、有害氣體通報器，以及多種檢測儀。另外，還配備有一些輔助工具，如防爆手電筒、護目鏡、移動式供氣源、雙瓶呼吸器、多用途濾毒罐、防化手套、防化安全靴等。這一套裝備價值不菲，卻是消防員在火災中確保安全的必備器械。」美國確實有很多關於消防員的電影和電視劇，不過，內行看門道，外行看熱鬧，我只是爲那些千鈞一髮的情節所震撼，而不知道其中的專業技能何等重要，它們決定了消防員的生死，很多時候生死就在一線之間。

眞是聽君一席話，勝讀十年書。我對於消防員的收入也感到好奇，但在美國，直接詢問別人的收入是不禮貌的行爲。我忍住好奇心，稍後上網查詢美國消防員的收入情況，發現消防員的待遇相當優厚。根據美國勞工統計局二〇一四年四月數據，美國共有三十萬名消防員，平均年薪近五萬美元，平均時薪二十三美元。年薪超過七萬三千美元的有十個地區，其中舊金山大都會地區，消防員平均年薪達九萬美元，相當於很多行業經理的收入。根據來自「透明加州」組織的公開數據，臉書總部所在地矽谷 Menlo Park 消防局的滅火隊員，平均年薪爲十三點五萬美元，高於當地大學教授的年薪。對應消防員承擔非同尋常的壓力和危險，這樣的高薪是應得的。

在美國，還有一種是義務消防員，他們平時從事其他職業，接受消防員的基本技能訓練，也能參與一些普通事故的處理。

對比之下，台灣和中國消防員的社會地位和工作環境與美國不可同日而語。在台灣，消防員不僅薪水低，而且設備陳舊，被譏諷爲「宛如乞丐」。更可怕的是，消防衣不耐燃、氧氣面罩常常蓋不上。本來台灣應有兩萬八千名消防員，卻只有一萬五千人，缺額高達一萬三千人，迫使消防員們加班加到死。在高雄發生的氣爆和大樓火災中，屢屢有消防員殉職的悲劇。

中國的情況更糟。在天津大爆炸中，消防員們在接到火警時，並沒有人告知前方有不能沾水的危險化學品。一位名叫李廣清的消防隊員說，出警時並不知道前方起火的原因。「我們不上誰上？沒人能預測未來。」在沒有充分偵察的危險化學品火災現場，消防員們以高壓水龍頭和滅火器去處理正在起火的化學物品，甚至用肉身抵禦化學物品的爆炸，數十名消防員瞬間罹難、血肉模糊。在罹難的消防員中，多名是九〇後，最小的僅十八歲，這意味著他們很可能還沒接受過消防常識培訓。他們的勇敢固然是美德，但消防員不能靠勇敢完成使命。在中國，消防職業化始終沒有進入良性循環，職業消防員很難有晉升機會，待遇和福利很低。有經驗的老兵留不住，只能讓缺乏經驗的年輕人不斷頂上去，每次大火幾乎都有年輕消防員犧牲。如果缺乏專業學習和訓練、缺乏全社會的關心和尊重，他們只能成爲無謂的犧牲品。

有一次，我出席某人權組織舉辦的活動，發表主題演講。先是主辦方致辭，介紹我的經歷，稱讚我用一支筆對抗一個帝國，是一名勇敢者。兒子偷偷在我耳邊詢問說：「爸，我覺得艾登的爸爸才是最勇敢的人，他是消防員，他到火災的現場去救人，他才應當得這個給勇敢者的獎。你天天在家裡對著電腦寫作，又不需要冒險，爲什麼別人說你勇敢呢？」

我在演講的最後，引用兒子發出的疑問，講到「美國的孩子認爲最勇敢的人是消防員的時候」，在場所有的美國人都發出會心的大笑。我接著說：「是的，我沒有消防員那麼勇敢，但我來自一個在電腦前寫幾篇批評領導人的文章，就被祕密警察黑頭套綁架和酷刑折磨、險些失去生命的國家。在那個國家，當說眞話的作家比當消防員還要危險。」

美國小學老師怎樣向學生介紹自己？

金秋九月是開學季，兒子上二年級了。

以美國公立小學的慣例，正式開學之前的一個週五，是學校開放日，即報到日。家長帶孩子到學校與班級老師（類似於中國的班主任）見面，並領取相關資料。

上二年級，要換新老師、新同學和新教室。出門時，兒子說他有些緊張。於是，媽媽一直鼓勵他，跟他一起禱告，求主賜予他一位跟此前的老師莫莉女士一樣耐心溫柔的新老師。

在教室門口，迎接孩子和家長的是一位看上去很年輕也很有親和力的白人女老師，她穿著鮮豔的裙子，大概剛剛從海濱度假回來，臉上還有太陽晒出來的雀斑。

教室門口是老師親手製作的一張綠色公告，是一棵鬱鬱蔥蔥的大樹，樹上結滿果子，每顆果子上面寫著一個孩子的名字。兒子先是尋找到自己的名字，然後仔細數完果子的數目：一共有二十五個！老師沖著他豎起大拇指，他頓時活潑起來，一點都不害羞了。

一年級的座位是由老師分配的，二年級的座位是孩子自己挑選的，先來的就先選。每個座位上，都放著老師給家長和孩子的一封歡迎信，印在紫色的紙張上。這封簡短的信是這樣寫的：

歡迎來到羅頓女士的二年級班級！

在新學年裡，能夠成爲您孩子的老師，我感到非常興奮。我們要一起學習這麼多的東西，我都迫不急待要馬上開始了！我將更多地瞭解您們的家庭，並且在這一年裡跟您和您的孩子成爲好朋友！

我的名字叫林達絲·羅頓，我在威廉王子郡擔任老師已經十五年了。二〇〇六年這所小學剛一建立，我就在這裡任教。我於二〇〇一年秋天在東卡羅萊納大學獲得教育學學士學位，之後就開始我的職業生涯。接下來幾年，我在喬治梅森大學完成教育學碩士課程。在我的教師生涯中，我教過二年級和三年級的孩子。我很高興成爲一隻野貓（這所小學的吉祥物是野貓）！

我從小生活在北維州，如今我和我的丈夫保羅以及三個孩子居住在附近的小鎮赫馬克。瑞林，是我的第一個孩子，她今年六歲，這個秋季將上一年級。保羅，是我的二兒子，今年四歲，即將上幼稚園中班。然後就是最小的伊麗，她只有二十個月。我們全家喜歡聚在一起從事户外運動，特別是夏天度假的時候到海濱去騎自行車！我如此激動地想盡早跟各位分享我們一家夏天冒險的經歷！

在附件中，您可以看到學校的日程表以及每天核心課程的安排，您可以將這些資料帶回家中，我們還可以在九月二十九日晚上六點到七點的親師會繼續討論這些內容。但我還想告訴您，在我們每天的午餐時間之後，如果您願意來學校，我可以與您有一段享受點心的時間，並一起討論孩子教育的問題。

請您每天爲孩子準備健康的點心，讓孩子帶到學校享用。同時，給孩子帶一個可持續使用、乾淨的水瓶，這樣在上課時，如果孩子感到口渴，就可以在座位上喝水，而不必跑到教室外的飲水機那裡喝水。

聯繫我的最好方式，是發電子郵件。我把我的電子郵件地址放在下面。我期待未來的一年裡，跟您建立牢固的友誼，並觀察您孩子的學習和成長！

這是一名普通的美國小學老師給家長和孩子的自我介紹信。老師將孩子和家長當做朋友，向他們介紹自己的家庭、學歷、職業生涯和興趣愛好，希望由此建立一種超乎於工作關係之上的友誼。

信如其人。兒子在羅頓老師班上的兩年，果然過得非常愉快。羅頓老師是兒子遇到的第二位好老師，兒子剛到美國時候上幼稚園，第一位老師是莫莉太太，是一位六旬開外的白人老太太。當兒子第一天到學校時，一句英文都不會說，緊張得連我們事先教他的「尿尿」這個詞都忘記了。但莫莉太太非常耐心和藹，第一個禮拜，她很多時候都將兒子抱在懷中，輕聲細語地跟他講英文。兒子很聰明，像錄音機一樣將老師的話錄在腦海中，很快就重複出來。這樣，過了相對艱難的第一個禮拜，兒子很快就適應了在幼稚園的生活。後來，兒子過生日時，我們特意將莫莉太太請到家中來作客——看到滿屋子的孩子都是她的學生，老太太高興地合不攏嘴。

大部分美國孩子的父母不會爲羅頓老師的這封信感到驚訝，在他們看來，老師本該如此。作爲來自中國的新移民，我把這封信捧在手上讀了又讀，非常感動。

我在中國讀小學時，我和我的父母從來沒有收到過來自老師，從措辭到內容都溫馨、平等、和藹的信。一位老師即便教了學生好幾年，學生也絲毫不知道其家庭、職業及興趣愛好等細節，學生與老師之間存在著一道深深的鴻溝。

我至今還記得，我的小學班主任是一位姓熊的男士，其外貌跟他的姓很相似——身材高大、絡腮鬍子、面容嚴肅，大家對其敬畏有加。在這群小不點們心目中，這位熊老師宛如一尊不能冒犯的天神，誰敢奢望跟他成爲朋友？

記得有一次，熊老師正在上課時，我跟同桌講了幾句話，被他發現，他一個箭步衝上來，抓住我的衣領，將我從座位上拎起來，把我拖到教室最後面，命令我站在擺放垃圾桶和掃帚的角落裡，站得筆挺的，一動也不能動。中午放學之後，他將我單獨留下，站在他宿舍門口足足一個小時之久，餓著肚子看他慢條斯理地炒菜、吃飯。那一天的經歷，在我心中留下深深的烙印，那種恐懼和羞辱，伴隨我很久很久。直到上中學，我還很經常夢到類似的受罰場景。很多中國的中小學老師，生活不如意，就常常將學生當做出氣筒，他們不覺得這樣做有什麼不對。

後來，我跟同年齡的人分享小學老師的話題時，會談及這個細節。但他們都說，你這個遭遇算得了什麼？你也太敏感了！很多人都遭受過各種各樣更可怕的體罰，甚至被老師打耳光、用皮鞋踢。大部分的家長還對老師說，謝謝老師的嚴格管教！中國人相信所謂的「嚴師出高徒」，若孩子被老師體罰，家長不僅不去找老師算帳，還對老師感激涕零。

我的初中班主任更過分，有一次她動闌尾炎手術，住院幾天。回來上課時，忽然話鋒一轉說：「有些學生，不要以爲自己成績好，就可以不尊重老師。老師生病了，家長居然沒有到醫院看望老師！」我立刻脹紅了臉，我知道她說的就是我，我那時是班上的「白專」（文革中指政治覺悟低、專業成績好的學生）典型——只知道自己一個人讀書、學習，極少參加集體活動，不知道在老師面前好好表現，更不知道告訴父母說，老師生病了，要準備禮物去醫院看望。在這樣的羞辱和壓力下，我只好回家告訴父母去給老師送禮，父母這才驚慌失措地準備了各種營養品送去老師家，算是亡羊補牢。這樣的老師，又怎麼能夠讓學生和家長尊重呢？

對比自己學生時代的經歷，我怎能不羨慕兒子在美國接受、如沐春風的小學教育！老師願意成爲學生的朋友，這是民主式教育的第一步。惟有在這樣的教育之下，公民意識和公民精神才能生根發芽、茁壯成長。在美國，當家長也很輕鬆愜意，不用挖空心思想著怎麼樣才能討好老師、讓孩子在學校得到較好的對待。我們從來沒有給老師送過特別的禮物，只是在每年的教師週，準備一張一兩美金的禮品卡而已。

在今天的中國和台灣，沿襲儒家專制主義的「奴才教育法」仍盛行不衰，給老師送厚禮是普遍現象。在兩岸的開學季節，從幼稚園、小學、中學一直到大學，很多地方都會舉辦「拜師禮」。校方要求學生列隊，一一向坐在台上的老師跪拜，認爲這是「尊師重道」的表現，並稱之爲「美德」。

在美國，老師將小學生當做好朋友；在中國和台灣，老師卻將大學生當做下跪的奴才。二〇一五年秋，台灣明道大學、台灣師範大學和東吳大學等學校，高調推行三跪九叩的拜師禮，引發學生和民眾的反感。二〇一五年九月一日，東吳大學法商學院的新生入學典禮，各班班級代表上台進行「拜師禮」，手捧「六禮」和「拜師帖」，以跪拜的方式向老師行禮，象徵未來將虛心誠意地向老師請教學問。

很難想像，東吳大學這所有基督徒背景的大學，會成爲儒家奴役文化的肆虐之地。對此，現場參與敬禮的東吳大學政治系一年級新生邱暄皓，在網上發表公開信表示質疑。信的一開頭就指出：「我深深認爲，此種行爲已經違反大學校園應該有的自由學術風氣，代表階級劃分的封建遺毒，此種行爲不是只應該出現在博物館的展覽中嗎？」

邱暄皓說出了一個常識：師生雙方在知識上是不對等的，但在人格上是平等的。但是，那些高高在上接受學生跪拜的教授們，卻連這一點常識都不具備。跪拜，不單是一個禮儀，這一舉動背後滲透了嚴格的權力關係。它表明師生之間是強者和弱者、統治者與被統治者之關係，用邱暄皓的話來說就是：「跪拜實爲建立臣服者（跪者：學生）與權勢者（老師）間的權力結構關係，然現今自由進步社會已鄙棄此風氣，爲何校方仍欲進一步以此迂腐過時的概念，來鞏固虛幻的師生主從關係？」

邱暄皓如此提醒東吳大學校方：「切勿將學生視爲鞏固權力的消耗品，而是應將學生視爲主體，消滅理應不存在之以家父長式意識爲基礎的師生關係，以落實學術自由風氣的理念，並爲師生謀求雙贏。」他的這封信寫得文采飛揚、鏗鏘有力、有理有節、不卑不亢，那些爲人師長、接受跪拜者不一定寫得出來。邱暄皓是太陽花學運和反課綱運動催生出來的英才，具備了蔡元培在五四時代倡導的「獨立之人格、自由之思想」，代表了台灣的未來與希望。拒絕跪拜的人才是公民社會的基石。

再看對岸的中國：教師不再是讓人尊敬的職業，教師早已喪失職業道德。學者資中筠在《美國十講》一書的新書發表會上，透過對比美國和中國的教育，表達了深切的憂慮：「我現在的焦慮是民族前途，我們現在的民族從精神上要墮落了。」她認爲，中國目前的教育方式傳授的就是完全扼殺人的創造性和想像力的極端功利主義，從幼兒園教育開始，價值取向就太庸俗，把孩子們教成勢利小人。「八一學校居然到了這樣的地步，過年的時候學生們給老師禮物，有個孩子帶來一件自己做的、精緻的東西，結果老師往地上一扔，說『這種東西也拿得出手』。在老師心目中，以金錢衡量禮品的價值，這樣的老師能夠培養出什麼樣的學生？」

毀滅一個國家國民的人格，首先從毒化教育開始。我將羅頓老師的這封信鑲嵌在畫框中，掛在我的書房裡。每當抬頭看到這封信，就想起另外一封老師的信：二戰之後，一名納粹集中營的倖存者，成為美國一所學校的校長。每當有新老師來到學校時，校長就會給這位老師一封信，這封信是這樣寫的：「親愛的老師：我是一名集中營的倖存者，我親眼看到人所不應該見到的悲劇：毒氣室由學有專長的工程師建造；婦女由學識淵博的醫生毒死；兒童是由訓練有素的護士殺害。所以，我懷疑教育的意義，我對你們唯一的請求是：請回到教育的根本，幫助學生成為具有人性的人，你們的努力，不應該造就學識淵博的怪物，或者是多才多藝的變態狂或受過教育的屠夫。我始終相信，只有孩子具有人性的情況下，讀書寫字算術的能力才有價值。」

願更多的孩子、更多的家長讀到這封信。

家長之怒，楊金之勝

家長崛起：包庇變性色魔的學區董事會成為衆矢之的

二〇二一年十一月二日上午，我與妻子去我家附近的投票所，投票選維吉尼亞州長、副州長、州檢察長及議員。這是我二〇一八年成爲美國公民之後的第三次投票。

這次投票不單單是兩黨候選人的對決，更是兩種價值觀和美國未來兩種走向的對決。選前一週，我家的郵箱中收到一張共和黨候選人楊金（Glenn Youngkin）的彩色宣傳卡片。五十四歲的楊金曾擔任凱雷集團CEO，是一名在政壇全無經驗的商人，個人財富高達四點四億美金，其棄商從政的人生軌跡與川普極爲相似（他拿出兩千萬美金做廣告）。所以，其民主黨對手、曾在二〇一四至二〇一八年間擔任維州州長、後來又出任民主黨全國委員會主席的政壇老將麥考里夫（Terry McAuliffe）不斷打出「反川牌」，以「投給楊金就是投票給川普」來打擊楊金。但楊金的公共形象和選舉策略比川普更加溫和：他努力將自己塑造成穿羊毛背心的和藹郊區老爸，在工作之餘義務教孩子們打籃球的志工（他身高兩米〇一，曾經是萊斯大學籃球校隊主力），不像川普那樣咄咄逼人，卻又與川普的政見高度相似。

楊金的宣傳卡上有中（繁體中文）英文介紹，列出其主要政見爲：保護社區安全，保證警力；重建優秀教育，禁止「批判性種族理論」；減稅，降低生活成本，投資修建高速公路；讓政府爲選民服務，恢復投票必須審核身分證件的法案，清除選舉舞弊；增加四十萬個工作機會，增加十萬創業機會；支持企業發展，減少政府管制。這些政綱都是我所認同的，尤其是第二條深得我心——最近兩年來，「批判性種族理論」及「LGBTQ+平權運動」深入校園，左派教師以此對學生進行洗腦，校方粗暴剝奪家長的教育權，種種倒行逆施，已讓作爲家長的我怒火中燒。

最可怕的是，維州的幾個深藍郡和市的中小學貫徹「性別多元化」教育，鼓勵學生發展跟生理性別不同的性別認同，告訴學生可以自我選擇男生或女生的稱呼，除了男女之外，還可選擇中性詞語及其他類別。勞登郡中學董事會通過一項所謂性別包容政策，允許學生根據性別認同（心理性別）而非生理性別，選擇洗手間、更衣室與參加體育競賽。勞登郡在我家所在的費爾法克斯郡隔壁，勞登郡發生的事情，很快就有可能在費爾法克斯郡重演——我當然有一種唇亡齒寒之感。這兩郡是美國家庭平均收入最高、平均受教育程度最高的郡——可見，飽暖之人不僅思淫慾，飽暖之人還要推行種種極左政策、走向自我毀滅。

這樣做的結果，必然誘發一系列駭人聽聞的性侵罪。二〇二一年五月二十八日，一名女生在其就讀的勞登郡學區石橋高中遭遇一個穿裙子的男生性侵——校方同意此類自我認定爲女性的生理男性使用女生廁所，犯罪就在女生廁所中施施然地發生。

六月二十二日，在該學區的董事會會議上，受害者的父親斯考特・史密斯（Scott Smith）指出，有一名名穿著裙子的男學生，在學校廁所裡強姦他九年級的女兒，他憤怒地指責學校縱容並掩蓋此一惡性犯罪。學區總監斯考特・齊格勒（Scott Ziegler）對此矢口否認。左翼激進女權活動人士傑基・施沃姆（Jackie Schworm）竟稱受害者在被性侵一事上說謊——這種「進步人士」已然比納粹還要專橫獨斷，不惜對受害者進行第二次傷害，她羞辱了「女權」這個名詞。在左派的「進步議程」中，女性原本是弱勢和需要保護的群體，但當被他們定位爲更弱勢和更需要保護的「跨性別者」出現後，「跨性別者」的權益立即高於女性，即便「跨性別者」性侵女性，亦被視爲「跨性別者」對「兩性固化社會」的「合理反抗」，而枉顧被侵犯女性的基本人權。愛女心切、悲憤交加的史密斯與之發生激烈爭吵，校方報警，史密斯被警方逮捕、帶上手銬、拖離會場。會場一片混亂，會議匆匆結束。

極左派控制的全國校董會協會隨即宣稱，包括此前多次發生的家長抗議活動威脅到教職員工的生命安全，是「國內恐怖主義」，要求司法部提供聯邦執法。拜登的司法部長賈蘭德（Merrick Garland）責成司法部和聯邦調查局以涉嫌「國內恐怖主義」的罪名調查家長的抗議行爲——美國公民的憲法權利居然被妖魔化爲「國內恐怖主義」，美國難道是民主黨一黨獨裁的國家嗎？

多行不義必自斃。在該學區悄悄將有性侵嫌疑的異裝男生轉到另一所高中後不久，該男生再次猥褻另一女生。經警方調查取證，查明了案情，嫌犯被捕，被指控犯有兩項強制雞姦罪、一項肛門雞姦罪及一項強行口交罪。根據法官布魯克斯（Pamela L. Brooks）裁定，有足夠的證據可以確認這名十五歲跨性別青少年犯下性侵罪行。

如果不是學區刻意隱瞞眞相、優待罪犯，他的第二次犯罪行爲根本不可能發生。這是這個左派肆虐的時代最大的荒謬：一個人只要聲稱他有特別的性別認同，立刻就有了金剛不壞之軀，享有《動物農莊》中那種比別人更平等的「平等」，甚至犯罪的自由與特權。

家長們對此忍無可忍——哪個家長願意將女兒送到色魔肆虐且保護色魔的學校去讀書，最後成爲無辜受害者？家長們自發組織各種抗議活動並反擊全國校董會協會和司法部的非法打壓。當若干細節被曝光之後，全國校董會協會承認，他們向司法部發去的那封信件是少數成員擅自炮製的，並未經過該機構官方的核准。於是，尷尬的司法部像變色龍一樣宣布取消相關調查。共和黨參議員霍利譴責司法部長不稱職，呼籲其辭職。再後來，媒體更披露，此事是拜登的司法部高級官員在背後策畫和唆使的，其目的就是讓家長乖乖放棄對孩子的教育權。

家長無權決定孩子在學校學什麼嗎？

與家長和公民為敵的司法部長是不會辭職的，但家長們可以用選票來表達他們的意願。我的第三次投票，也是第一次以學生家長的身分投票——這次投票，是奪回家長的教育權和家長對公立學校監督權的一次戰鬥。

楊金批評民主黨政府被「左翼進步自由派」綁架，耗費太多政治精力打所謂的「文化戰爭」。他也是為人父母，有四個孩子，他對我這樣的家長的憂慮和憤怒感同身受。他對選民做出的重要承諾之一，就是禁止中小學教育課綱中出現「批判性種族理論」——這種論述無助於族群包容與理解，反而用馬克思主義階級鬥爭模式撕裂社會，將教育資源用來向孩子們灌輸「自我懷疑論」與「仇美論」。這種情況再也不能繼續，維吉尼亞的學校不能「教我們的孩子帶著有色眼鏡看待一切」。楊金強調，家長應該有權利參與對爭議課綱的討論及否決。

企圖回鍋再當州長的民主黨候選人麥考里夫，護航現行政策，他本來就是深層政府的組成部分——他曾是柯林頓和希拉蕊競選團隊的主要籌款人。他在辯論直播中脫口表示：「（在批判性種族理論課綱爭議中）家長無權參與或干涉課程設計。」他攻擊家長是種族主義者，攻擊共和黨故意製造家長與老師和學校的對立。他矢口否認民主黨在維吉尼亞的學校中教授「批判性種族理論」，但他的對手很快找出讓他瞠目結舌的證據來：維吉尼亞教育部的官網上明確寫著他們要在學校推廣此類課程。

將教育權從父母那裡拿走，由政府主導——這種表達，跟希特勒如出一轍：納粹的目標就是將下一代培養成「希特勒的孩子」，父母無權參與和干預政府的教育計畫，父母必須將孩子的教育權移交給納粹，讓沒有孩子的希特勒成為所有孩子的「父母」。然後，希特勒就能將這些被洗腦的孩子作為戰爭機器送上戰場。

「批評性種族理論」的爭議，引爆憤怒的家長們投票的激情。此次維吉尼亞州以州長選舉為主的地方選舉，竟然催出了三百三十萬人投票的歷史最高紀錄，選民投票數比上次州長選舉多出百分之二十七。經濟問題被選民排在第一位，教育問題排在第二位。選舉結果顯示，百分之五十七的白人女性支持楊金，百分之五十四的郊區選民支持楊金。作為該爭議的發生地和最前線的勞登郡，在二〇二〇年的總統大選中，拜登領先川普高達三十五個百分點，而此次楊金僅落後麥考里夫十個百分點，短短一年間，共和黨人趕上了二十五個百分點。就整個維吉尼亞而言，上次拜登領先川普十個百分點，這次楊金反過來領先麥考里夫兩個百分點（我非常懷疑民主黨在選舉過程中作弊，楊金實際上應當贏得更多選票）。

凌晨一點多，楊金宣布勝選。這是自從二〇〇九年以來，共和黨人首次在維吉尼亞州州長大選中獲勝，這也是近年來逐漸轉由淺藍州變為深藍州的維吉尼亞翻紅的轉折點。楊金告訴支持者，自己的勝選是「決定性的時刻」，「我們一起改變了州的走向，朋友們，我們會在第一天就開始轉變。」他強調說，「讓我們感謝上帝，我們的勝利來自於上帝」（民主黨人是恥於談及上帝之名的）。他告訴選民：「我們將擁抱我們的父母，而不是忽視他們。」他承諾，他將重建維吉尼亞卓越的教育系統，並傾聽父母的意見，讓父母參與改革進程，讓孩子在學校中接受挑戰、學會思考、夢想騰飛。他也意識到這場勝利不僅僅屬於維吉尼亞：「美國正在關注維吉尼亞，而且美國也需要我們爲他們投票。」

左派媒體不報導的眞相：副州長希爾斯是非裔、州檢察長邁爾斯是拉丁裔

與楊金同時當選的副州長德爾·溫瑟姆·希爾斯（Del. Winsome Sears）是維吉尼亞州第一位非裔女性副州長——我投了她一票。作爲海軍陸戰隊的老兵，即便退役後，希爾斯常常手持半自動步槍練習射擊，善戰者，方能保衛自己和保衛國家。其政見包含學校選擇權、增加教師與警察的薪資、廢除不必要的法規、工作權保障政策、墮胎禁令，並支持退伍軍人。這些政見大都跟楊金類似，甚至更加保守。我從來不以膚色來評判人，我只用左右來區分人。操弄「批判性種族理論」的，往往是那些以煽動仇恨爲業的左派。

獲勝當晚，希爾斯發表了一篇以愛國爲主題、激情澎湃的演講。她回顧父親帶一家人在上世紀六十年代移民美國的故事，「當我加入海軍陸戰隊時，我還是一個牙買加人。但是這個國家爲我做了這麼多，我願意爲這個國家而死。」聽到此處，我不禁熱淚盈眶。

希爾斯亦提及其族裔和膚色：「或許你注意到了，我是黑人。我一生都是黑人。但膚色不足以定義我生命的價值。」生命的價值乃是完成「上帝交託之事」。諷刺的是，按照左派理論，希爾斯既是非裔，又是女性，是絕對的「政治正確」身分，她的「黑」是純正的黑，比拜登的副手賀錦麗的半黑半不黑更純正，卻因爲她是共和黨，左派主流媒體對她的事蹟不予報導。這種遭遇，非裔保守主義經濟學家索維爾早就遇到過：「我實在不能理解，那些認爲各行各業都該有少數族裔代表的人，卻爲保守主義運動也有黑人代表而煩惱。」

我將希爾斯視爲我親愛的同胞，儘管她是非裔美國人、或黑人；而我是亞裔美國人、或黃種人（在我看來，膚色只是描述一種客觀事實，我不覺得有什麼歧視之意，若誰說我是黃種人，我一點也不生氣），但我們同爲美國人、同樣愛國、也同樣敬畏上帝，所以我們彼此相愛。反之，我不願被稱爲中國人（包括「華裔」之類、似是而非的概念），而那些膚色跟我一樣、價值觀上卻親共反美的美國華裔人士，包括那些加入「黑命貴」渾水摸魚的傢伙，永遠是我的敵人。

共和黨的州檢察長候選人傑森・邁爾斯（Jason Miyares）也擊敗民主黨對手、現任州檢察長賀林（Mark Herring）。賀林認爲，州檢察長是維吉尼亞民眾的律師，對犯罪分子應當從寬，他還捲入假釋罪犯的醜聞——這種對罪犯的仁慈，是犯罪率飆升的重要原因。檢察長不是犯罪分子的律師，而是犯罪分子的天敵和剋星。與之相反，邁爾斯是古巴難民後裔，在古巴深受卡斯楚政權之害，痛恨社會主義政策，他熱愛美國的民主和自由，認爲州檢察長是本州最高執法官，主張嚴厲打擊罪犯活動、警察加強保護學校等公共場所。

此次選舉，共和黨還奪回州眾議院的控制權，增加了七個議席，共和黨擁有五十一個議席，民主黨只剩四十九席。這場選戰，共和黨完勝，我投票支持的三位候選人，全都當選。

維吉尼亞發生的事情，會在全國上演

拜登說「我們會贏」，然而，選舉結果對拜登狠狠打臉。民主黨在維吉尼亞的挫敗，是受拜登腐敗執政無能之拖累。阿富汗災難性的撤軍、飛漲的物價、不得人心的左派議程、邊境失控導致非法移民大肆闖入美國、政府利用疫情對公民自由權利的種種限制……不僅是維吉尼亞選民的觀察和感受，也是大部分美國選民的觀察和感受。左派媒體哀歎說，維州的選舉是「拜登政權的第一次『選戰小考』，結果看來是不及格的」。根據美聯社民調，美國民眾對拜登經濟政策的支持率從二〇二一年三月的六成，下跌到十月的四成；美國全國廣播公司（NBC）民調顯示，有近百分之六十的受訪者對拜登的經濟政策持負面看法。還有民調顯示，百分之五十四的民眾不認可拜登的施政表現，另有百分之七十一的民眾認爲美國「走錯了路」。

此前，拜登的副手賀錦麗在一次爲麥考里夫站台助選的場合公開聲稱：「維吉尼亞會發生什麼，將很大程度上決定二〇二二年、二〇二四年以及之後會發生什麼。」她說的基本上都是謊話，這大概是她說的唯一一句眞話。拜登欽定的民主黨全國委員會主席哈里森（Jaime Harrison）承認，維州的選舉結果對民主黨來說意味著「世界末日」。民主黨人在維州遭到戲劇化的「逆轉敗」，將是民主黨人在全國崩潰的開始。民主黨上上下下已陷入一片恐慌之中。

共和黨州領導委員會（RSLC）主席李・鄧肯（Lee Duncan）表示，州一級選舉的勝利「進一步證明，民主黨控制的華盛頓正在推動的極左主義政策，正在使他們聲稱爲之奮鬥的選區遠離他們。」這個事實是在提醒美國的政客們：「美國的所有政治遊說團體都已受夠了左翼的社會和文化極端主義。」

維吉尼亞是一場全國性運動的起點，由於公立學校向孩子灌輸批判種族理論，家長們感到憤怒，他們在維吉尼亞發起一場全國性的運動。評論人士指出：「維吉尼亞領導了全國，邁出了拒絕左派文化和經濟議程關鍵性的第一步。當家長們看到，政策會如何傷害他們的孩子和社區時，他們會立即採取行動，我們在維吉尼亞州親眼目睹了這種情況。全國各地的民選官員都應該注意：所有政治派別的美國人都受夠了左派的極端主義，他們也投了同樣的票。批判種族理論是一個決定性的問題。選舉結果表明，民主黨的所謂『覺醒政治』（Woke Politics）已經趕走了搖擺不定的選民。」

從某種意義上說，這些選舉也是川普與反對者之間的「加時賽」，是選民對二〇二〇年那場被盜竊的總統大選之再評判。拜登和歐巴馬多次出馬賣力地爲麥考里夫助選，麥考里夫甚至將楊金稱爲格倫·川普金（Glenn Trumpkin），卻未能點燃親民主黨選民的熱情。左媒旗艦《紐約時報》罕有地承認：「繼續猛攻『無形化』的前總統川普，已不再是能讓民主黨『保證取票』的救援戰術了。」民主黨最大挫敗在於郊區選民支持度下降，投票結果顯示民主黨原本憑藉的「反川能量」熱情已退，基本盤支持者變得冷漠，民主黨選舉顧問塞納（Dan Sena）指出：「民主黨必須嚴肅檢討如何面對挺川派論述。」多個激進左派團體在麥考里夫敗選後發表公開信譴責他說，他在選舉中只知道攻擊川普，而提不出吸引選民的政見來。民主黨的內訌已經開始了。

哀怨的民主黨左派只說對了一個事實：多次得到川普讚賞和支持的楊金，就是維吉尼亞的川普——楊金公開宣稱，他與川普心靈相通，是川普啓發了他參選。維吉尼亞選民選出了「州長川普」。儘管共和黨當權派千方百計否認這一事實，比如小布希的重要智囊和撰稿人卡爾·羅夫在一篇評論文章中說，此次共和黨的勝利與川普無關。但在第一線競選的每個共和黨人都深知，如果他們公開反對川普和川普主義，就必定遭到選民唾棄。川普的影響力不僅止於共和黨黨內和共和黨的選民，在二〇二二年的期中選舉和二〇二四年的總統大選中，川普如同巨人般的存在，仍然是誰也無法忽視、也無人能企及的關鍵力量。

楊金的勝利，是美國的勝利，是清教秩序的勝利，是家長的勝利。畢竟，學校是用家長即納稅人的錢開設的，而不是政府無中生有創造出來的。家長即納稅人當然有權決定自己的孩子在學校中學些什麼，而政府絕對不能利用學校來將孩子塑造成政府希望的樣子，正如楊金在就職演說中所說：

我們將從決定未來的課堂開始，讓維吉尼亞的孩子們爲將來的職業或大學生涯做好準備。我們將把政治從課堂中移除，重新把重點放在基本的數學、科學和閱讀上。我們將教我們所有的歷史，不管是好的和壞的……需要明確的是，維吉尼亞的精神不是由政府來決定什麼對我們是最好的，而是遵從人民的意願，捍衛和保護憲法所確立的權利，政府和民選領導人將爲「我們人民」而努力。

為什麼要反對左派將學校當做洗腦工具？

「批判性種族理論」不是追求平等，而是製造仇恨

二〇二一年十一月美國部分區域的地方選舉結束後，當人們對共和黨人楊金贏回維吉尼亞州感到興奮之時，那些在自己的學區和社區內與左派暴政和「批判性種族理論」、「多元性別理論」戰鬥的美國家長們，也在多地的學校董事會競選中獲勝。

「一七七六項目政治行動委員會」是一個由保守派家長和活動人士組成的社團，這個社團的宗旨是：「我們將支持那些反對在學校中推行批判性種族理論和激進的一六一九項目校董會候選人。這是讓家長而不是工會來決定學校課程的努力。」這個組織的領導者瑞安・詹姆斯・格德斯基（Ryan James Girdusky）宣布了保守派家長在全國各地的選舉中節節勝利的消息：在維吉尼亞，家長們支持的候選人贏得了三個校董席位；在科羅拉多，家長們完全囊括了道格拉斯縣的校董席位，也囊括了埃爾帕索縣第二十選區、第四十九選區及第五十一選區的校董席位；在堪薩斯，藍色的約翰遜縣，家長們支持的候選人贏得了三個校董會席位；在新澤西櫻桃山，家長們支持的候選人贏得了學校董事會席位；在賓夕法尼亞，藍色的蒙哥

馬利縣，家長們支持的三位候選人當選了學校董事會成員，在蒙哥馬利縣的帕橋曼學校董事會的選舉中，反對「批判性種族理論」的候選人獲得壓倒性勝利；在明尼蘇達道格拉斯縣，家長們支持的候選人在亞歷山大學校董事會的選舉中獲勝，在深藍的亨內平縣，家長們支持的候選人贏得了一個學校董事會席位。由此可見，美國基本的民情秩序並未潰散，人們不會容忍美國變成左派肆虐的無依之地。

「批判性種族理論」和「多元性別理論」都是馬克思主義的變種。馬克思主義的階級鬥爭學說，在中產階級強大、私有產權得到保障、階級鬥爭基礎薄弱的美國沒有市場，於是，馬克思主義者們就以「種族」和「性別」來取代「階級」，挑動社會矛盾和仇恨，顛覆美國的清教秩序和自由傳統。

「批判性種族理論」由哈佛大學非裔法學教授 Derrick Bell 首先提出，支持這一理論的左翼學者在一九八九年舉辦第一個批判性種族理論會議，爲其正式定名。這一理論核心是：美國的法律和制度的本質是種族主義，是要維持白人與非白人（特別是黑人）之間政治、社會和經濟不平等的一套系統制度，讓白人一直處於支配地位；在美國，種族不是自然、生物學意義上的，而是一種文化性的發明，即一種社會結構的類別，用於壓迫和剝削有色人種。

一套從馬克思主義演化出來的哲學論述，在美國社會本來難有市場。因此，左派用美好的詞彙加以包裝：透過公平（equity）、社會正義（social justice）和文化回應教學（culturally responsive teaching）等美好的概念來傳遞「批判性種族理論」。他們透過各種培訓方案、人力資源課程、公共政策和學校課程等方式進入各政府機關和學校系統，慢慢成爲一種被廣泛接受的意識型態。

「批判性種族理論」的目標，不是追求金恩博士所倡導的平等，而是少數族裔（非裔，偶爾包括拉丁裔，絕不包括亞裔）的特權，以及某種扭曲的平均主義。在這場「文化戰爭」中，亞裔成爲無辜的受害者：雖然亞裔並未參與歷史上白人對黑人的迫害（如奴隸制度和種族隔離），甚至亞裔曾經是受害者（如排華法案和排華運動、二戰中美國政府對日裔美國人的集中監禁等），但是，由於亞裔關注教育、勤奮努力，在諸多名校和高科技公司的比例遠遠高於亞裔在美國人口中所占比例，所以極左派打著「批判性種族理論」的旗號，在大學、一流高中的錄取中，或設置種族配額，或取消入學考試（特別是數學考試），他們的目標首先對準亞裔（降低亞裔學生的錄取名額），而非白人。在矽谷若干高科技公司和大學的招聘過程中，亞裔男子和白人男子同屬不受歡迎的類別。極左派不滿足於把白人貼上有特權族裔（White Privilege）的標籤，在二〇一九年五月紐約市教育廳舉辦的一個講座中，亞裔已被貼上「享有白人特權」的標籤。亞裔不但在就學、就業方面早被悄悄地擠出少數族裔的行列，最近在華盛頓州的一個學區以及馬里蘭大學的招生手冊上，亞裔被明確地和白人並列在一起，不再屬於有色人種。

「公平學習」的第一步就是取消數學？

「批判性種族理論」聲稱，爲了批判與消除白人優越主義，必須進行「公平學習」教學和「重新描述美國歷史」，不只歷史、公民、社會文化等課程，甚至數學和科學課程也都要運用這套理論來教學。

加州大學體系、波士頓學區、維吉尼亞的湯瑪斯・傑佛遜高中（Thomas Jefferson High School，多年來排名全美第一的公立高中）、舊金山的 Lowell High School 等知名高中紛紛取消入學考試，就是以實現「種族均等」爲目的。

數學是人類對客觀世界運行規律的總結，數學之美在於其公正性和客觀性，數學本身沒有偏見，不會因爲你的膚色不同而得出不同結果。然而，若按左派的論述，以後的數學考試，老師不能問一加一等於幾，只能問「您『覺得』等於幾？」以及「您是什麼種族？」如果某少數族裔答「一加一等於三」，老師必須評注說：「非常具有獨創性、革命性和批判性，滿分。」在《一九八四》中，老大哥致力於訓練公民相信二加二等於五。在經歷酷刑折磨之後，反抗者溫斯頓・史密斯徹底投降，同意二加二等於五是「眞理」。這一幕堂而皇之地在美國的校園上演了。

「公平數學」是由加州教育組織團體合作所推動的計畫，呼籲教育者反思自己的偏見，推翻白人優越主義的集體方法。「比爾及梅琳達蓋茲基金會」贊助一百萬美元支持推動這項計畫（可笑的是，該基金會的出資者和命名者，這對在公眾面前無比恩愛的夫妻突然宣布離婚，比爾蓋茲爆出與色魔愛潑斯坦有密切來往、多次參加後者主辦的性派對之醜聞）。這套教學指南表示，認爲數學是純粹的客觀概念是明確的錯誤。指南教導教師辨識和挑戰那些用來維護資本主義、帝國主義和種族主義觀點的數學方法。

二〇二一年二月十三日，奧勒岡州教育部推出一份給教師的教學指導，鼓勵中學教師報名參加「民族數學」（ethnomathematics）培訓，使用的教材就是「公平數學教學途徑」。該文件認爲「準確的數學是白人至上文化」，「集中精力獲得正確答案」及「要求學生展示作業」是種族主義「滲透數學課堂」。教學指導企圖以「民族數學」即多元文化的數學教育來取而代之，「促進對文化的理解和對數學的理解，進而欣賞文化與數學間的連結，並非建立在排除或憎惡某一種文化價值和思想邏輯的思維上」，由此形成「公平數學」。

「公平數學教學途徑」計畫的創始地是加州。當加州民主黨政府和教育董事會企圖推廣這一計畫時，遭到家長和專業人士的激烈反對。七百二十八位現任和前任加州數學、科學、工程和技術領域的專業人士，以及創投資本家、教育專家和企業高級主管連署發布一封公開信表達反對意見。共開信指出：把政治和社會正義納入數學課程將會對學生和社會造成損害，當學校無法好好教導學生時，受害最深的永遠是最貧困和最脆弱族群的孩子。把數學去數學化，背離了久經考驗、可靠和高效率的數學方法，而要試圖在不健全的意識形態基礎上建立一個沒有數學的勇敢新世界，公平、正義、平等就會是個不存在的希望。一個眞正的公平和正義的擁護者會希望加州所有孩子學習眞正的數學，而非轉移注意力至「環境和社會正義」。

公開信指出：故意阻礙學生的智力成長，強迫他們在沒有挑戰的課堂上浪費時間，是不道德和愚蠢的。想要向上移動的人，不應該因爲害怕認識到天賦差異的存在而退縮，天賦的差異就是每個人在努力奮進過程中的現實。若眞要推廣鼓勵欣賞多元文化與價值，就不該建立在踐踏批鬥一個文化的基礎上，讓一種仇恨情緒操縱自己去盲目地喜愛或憎惡。在盲目裡，數學不再是數學，漠視能力差異的需求，要如何能有個正義的結果呢？

在反對聲浪之下，加州教育當局暫時退卻，宣布延後到二〇二二年夏再考慮實施「公平數學教學途徑」計畫。這場文化戰爭並未結束。

「多元性別理論」就是要破壞傳統的婚姻和家庭

「多元性別理論」也在公立學校大行其道。教育家、作家亞歷克斯・紐曼（Alex Newman）在《教育者的罪行：烏托邦是如何利用公立學校摧毀美國兒童》一書中指出：在公立學校，對越來越小的兒童進行極端性教育和LGBTQ+的灌輸，已遍及全美。其眞正目標是不是「平權」，而是摧毀作爲文明基礎的核心家庭，破壞社會的基石，自由、家庭和文明都成了攻擊目標。左派孜孜不倦於毀滅信仰、毀滅常識、毀滅人性。

在許多州和地區，早在幼稚園階段，孩子們被灌輸同性戀、性別流動是「基本人權」。左派組織「計畫生育協會」的性教育文件，公開建議教導十歲及以下的孩子們的性活動可以成爲「商業性工作」的一部分，他們「有權利決定何時發生性行爲」。該文件鼓勵對十歲以下的兒童進行同性戀、手淫、性別流動等方面的教育，並告訴女孩們有「權利」將未出生的孩子流產掉。從幼稚園或小學一、二年級開始，孩子們就被告知，女孩可以有男性的生殖器，反之亦然。從加州到佛羅里達州，很多學區都在使用「性別過渡計畫」，幫助學生「過渡」到新的性別，甚至不需要父母的同意。

美國兒科醫師協會認爲，左派宣揚讓兒童相信用化學和手術方法冒充異性是「正常」或「健康」的做法，其實是「虐待兒童」，但公立學校仍不遺餘力地灌輸這些邪惡觀念。作家Abigail Shrier經過長期的調查，出書揭露一些跨性別團體操縱兒童，讓他們不經父母同意而動手術改變性別。書裡提到，近幾年自稱「跨性別」的兒童數量激增，尤其是聲稱自己是男孩的女孩人數急劇增加，這是激進左派老師人爲操縱的結果。

加州斯普雷凱爾斯一位名叫Jessica Konen的媽媽遇到了一件讓她震驚的事情：六年級的女兒突然說，自己是雙性戀，而且更願意當男生。這位媽媽經過一番調查發現，女兒的兩名老師Lori Caldiera和Kelly Baraki長期操縱只有十一歲的女兒，對女兒進行洗腦，在不通知家長的情況下，爲孩子進行造成性別認知混亂的心理諮商，使女兒一度改變其性別認知，造成嚴重的情緒困擾。這兩名老師在學校創辦所謂的「平等俱樂部」，後改名爲UBU（You Be You，即「做你自己」）。她們監控孩子的Google、聊天記錄和電子郵件，課堂上也會注意觀察學生，然後挑選一些學生參加俱樂部，向這些學生宣揚LGBTQ+的概念，例如同性戀、雙性戀、跨性別、性別不確定等，以及如何表達這些身分。

Jessica Konen將這兩名老師以及所在的斯普雷凱爾斯學區告上法庭。她譴責兩名老師的做法「令人作嘔」——她們在午餐時間段舉行的俱樂部活動上，不記錄出勤，以此隱瞞學生們參加過活動，甚至指導學生束胸、抑制乳房發育。這位媽媽告訴法官：「我愛我的女兒，她應該得到正義。」這兩名老師已被停職。法庭如何裁決，人們拭目以待。

左派的做法已經造成嚴重後果。據美國人口普查局的最新統計，由已婚夫婦及十八歲以下子女組成的「核心家庭」只占全美住戶總數的四成，與此同時，單身家庭高達三千七百萬，占家庭住戶的百分之二十八，與一九六〇年的百分之十三相比，增加了一倍多。家庭結構的變化，對社會風氣、文化意識、經濟發展影響深遠。

按傳統的社會學理論，核心家庭是整個社會穩定的基石，有著壓艙石的作用。隨著核心家庭的減少，同居、頂客族以及單親家庭、單身家庭則大幅度增加，離婚、再婚、非婚生孩等社會現象也屢見不鮮，成爲新常態。這是美國最大的社會危機之一，這也是左派摧毀美國的「便宜法門」。

我家兒子上小學三年級時，學校居然開設預防愛滋病的課程。幸虧那時學校對家長還有一點尊重，發信徵求家長的意見。如果家長不同意，學校允許孩子不必上這門課。兒子放學後告訴我，家長不同意上這門課的學生，一個班上只有三個人（大部分家長更願意隨大流），他和其他兩位同學被安排到學校圖書館看書自習。

社會主義最終必然走向暴政

十年前，我們全家逃離中國，原因之一就是不能忍受孩子受到中共的黨化洗腦教育。然而，我萬萬沒有想到，到了美國，孩子在學校卻被另一種形式的左派思想所毒害。我幾乎每天都要跟孩子討論老師在學校講授的內容，推薦孩子讀一些經典著作，幫助孩子免受邪惡思想的腐蝕。

兒子說，歷史老師在課堂上講，拜登政府下令，從此以後不要使用哥倫布日的說法，要用原住民日的新說法，這是爲了恢復「歷史正義」。但我仔細查看聯邦政府的公告，是說哥倫布日和原住民日兩種稱呼同時並用。看來，學校將左派政府的左派文告再加以極端化處理，變成了「唯左獨尊」。如果左派眞的尊重原住民，可以另外設立一個原住民日，而不必用原住民日消滅哥倫布日。但左派偏偏就要這樣做，他們的目的不是顯示對原住民的尊重，而是要扭曲、抹煞歷史眞相。

兒子告訴我，科學老師在課堂上講，這個月是拉丁裔月，每個學生要列出一位拉丁裔科學家和拉丁裔推動的科學成就——這種教育方式何其荒謬，科學本無國界和族裔，不能在某項科學成就面前冠以族裔之名。然而，在「批判性種族理論」之下，連科學也要分成白人的科學和少數族裔的科學了。這不就與納粹的「日耳曼人的數學」、「日耳曼人的物理學」異曲同工嗎？

兒子告訴我，老師說某一天是專門爲「LGBTQ+」人群設立的節日，所有不是「LGBTQ+」的人都虧欠了「LGBTQ+」群體，不管有沒有迫害或歧視過他們，都應當向他們道歉——這才奇怪，他們不是說要「平權」嗎？爲什麼他們要強迫跟他們不一樣的人向他們道歉呢？這樣他們不就成了特權階級？

兒子說，學校取消若干數學考試，老師向學生承諾，只要完成作業，起點的分數就是及格，不會有人不及格，即便學生的答案全都錯了。老師說，若給某個學生不及格的成績，就會傷害這個學生。爲了不傷害學生脆弱的心理，扭曲眞實的成績和事實是理所當然的。

兒子說，老師在課堂上放映一段非裔社會活動家的影片，她聲稱，監獄中有七成罪犯是非裔，這是對非裔的種族歧視。她又說，人沒有權力殺死另一個人，所以應當取消死刑。這是典型歐巴馬的理論，其實很容易反駁：一個人是否被判有罪、是否應當坐牢，由法律說了算，由法庭、法官和陪審團說了算，而不是根據其膚色做出判決。至於死刑，不是人剝奪人的生命，而是維護法治的尊嚴和給予受害者及其家人一個公平正義的結果。若廢除死刑，就是縱容犯罪和對受害者的第二次傷害。

兒子說，他科學課的同桌是一位黑人女孩，是他們學校的學生會主席。楊金當選維吉尼亞州州長、維州翻紅的次日，這個女孩告訴他，選舉結果讓她傷心得哭了。兒子很聰明，沒有告訴她，我們全家爲了慶祝楊金當選，高高興興地出去吃了一頓大餐。

兒子還告訴我，此次維吉尼亞州長選舉，兒子所在的卡森中學也進行了學生的模擬選舉（十八歲以下的孩子沒有投票權）。兒子投了楊金一票，最後結果現實，楊金在全校只得到百分之二十六的選票，這個數字比楊金在整個費爾法克斯郡獲得的百分之三十五的選票還要低。可見，孩子們被左派教育洗腦到怎樣的程度。

左派以公平正義之名，實施仇恨教育。評論家威德堡（Andrea Widburg）指出，左派從不塑造人，「他們總是透過愚弄所有人來創造『平等』」。左派用精心包裝的極左意識形態，毀壞教學體系，使美國喪失國際競爭力。非裔經濟學家索維爾亦指出：「那些希望掏空我們的腰包並想駕馭我們的人，發現了一條神奇的公式：慫恿我們嫉妒他人或對他人憤怒，這樣，我們就會不斷地上繳我們的金錢和自由。」

作爲家長，我們不能容忍左派將美國的公立學校當做洗腦教育的工具，一旦他們對年輕一代洗腦成功，美國就會走向委內瑞拉，社會主義將會大行其道。我們應當牢記川普總統在邁阿密的一場演講中的忠告：

社會主義承諾給你繁榮，實際給你的卻是貧困。社會主義承諾給你要團結，實際給你的卻是分裂與仇恨。社會主義承諾給你更美好的未來，但總是回到最黑暗的過去。社會主義就是人類的悲哀，臭名昭著的意識形態，不問歷史，不講人性！這就是社會主義最終導致暴政，事實也是如此！社會主義宣稱多樣性，事實上他們要的是絕對的順從。社會主義不講公平和正義，也不是爲了解救貧困，社會主義只關心一件事——統治階級的權威，他們獲得的權力越多，就越渴望得到更多的權力。他們控制醫療保險、交通、金融、能源、教育，他們要控制任何東西和所有東西。他們用權力來決定誰輸誰贏、誰上誰下、誰眞誰假，甚至叫誰生、叫誰死！

我怎樣幫兒子擺脫左派思想灌輸？

美國總統大選前夕，兒子的學校（初中）也進行網上模擬投票，讓孩子們提前學習如何行使投票這一公民權利。老師說，在投票前夕向同學們提供一些背景材料，以便讓大家更多了解兩位總統候選人的政見，爲了避免偏頗，專門挑選一篇《華盛頓郵報》寫給中學生閱讀、羅列雙方政見的文章。

兒子跟我一樣，從小就喜歡逆向思維，常常跟老師提出不同意見。兒子在電腦上閱讀那篇《華盛頓郵報》的文章之後，立即上網搜索《華盛頓郵報》的政治立場，發現在過去半個世紀以來，《華盛頓郵報》在每一次總統大選中都支持民主黨候選人，從來沒有支持過共和黨候選人。於是，兒子就反問老師說，《華盛頓郵報》是支持民主黨的，您提供的這篇文章並不是中立的立場。老師啞口無言。

我們居住在維吉尼亞一個深藍郡，我可以預料到眞實投票和孩子們模擬投票的結果是怎樣的。但我告訴兒子說，不要管別人怎麼說，你一定堅持自己的理念，即便是少數派，也要堅持到底。盡信書，不如無書；全都相信老師，你就成了傻瓜。你要先盡可能多搜集各種資料，再對這些資料做出對比和分析，最後再做出自己的判斷。

於是，就那篇老師提供的《華盛頓郵報》的文章，我跟兒子做了一場詳細的討論。我想，每一個家長都可以幫助孩子擺脫學校的左派洗腦教育，只要你努力去做，而不是讓孩子完全成爲學校案板上的魚肉。

在此次大選期間，若干在常春藤名校唸書的華人第二代，被左派洗腦成父母的「敵人」，其中有不少孩子從小在教會長大，是受過洗的基督徒，到了大學以後，很快就「以福音爲恥」，徹底放棄基督信仰，轉而擁抱左派意識形態。他們從孩童時代開始擁有的信仰，並未成爲抵禦左派思想的中流砥柱。實際上，他們信仰只是父母的信仰，而非他們本人眞實的信仰，去教會只是被父母帶去，然後行禮如儀。

另一方面，在很多華裔家庭中，父母雖是多年的基督徒，在信仰上卻有嚴重缺陷。作爲第一代移民的父母，出於本能和常識（比如贊同小政府和低稅收），選擇支持川普、支持共和黨，這種支持並非由基督信仰衍生出來的一整套保守主義的觀念秩序所決定。所以，當子女由左派意識形態「全副武裝」之後，父母無法說服子女。經濟學家和政治哲學家米塞斯說過，人類一切的分歧都是觀念的分歧，只有觀念才能戰勝觀念。所以，第一代華人特別是華人基督徒，必須建構起基於清教徒傳統的保守主義政治哲學，並將此一觀念秩序傳承給下一代。

於是，我挑選出幾個議題來跟兒子逐一討論。

免除大學學費的承諾是畫餅充飢

《華盛頓郵報》的文章指出，近年來大學學費猛漲讓很多學生及其家庭難以承受，很多大學生畢業之後多年都無法還清學貸。拜登提出，他要提出政策，讓凡是家庭年收入在十二萬五千美元以下的學生均免除學費。川普在這方面並未作出任何具體承諾。看到這樣的介紹，孩子們會認爲拜登是「苦民之所苦」的好領導人。民主黨多次提出免費上大學的政策，此政策深受大學生的歡迎。

就我家的情形來說，我家的家庭年收入在拜登提出的數字以下；就全美而言，幾乎八成美國家庭的年收入都在這個數字以下。看來，大部分美國人都是該政策的受益者，我們因此就要投票給拜登嗎？

在兒子很小的時候，我就告訴他，天下從來沒有免費午餐，若有人說要給你免費午餐吃，在吃之前你一定要好好想想：或者這份免費午餐中早就被下了蒙汗藥，或者你吃了之後會收到一張天價帳單。我讓兒子從小就明白一個常識：除了上帝的恩典是白白賜給的，其他你得到的每一件東西，都必須靠勞動來獲取。所以，兒子一看拜登的這個似乎美不勝收的政見，並沒有照單全收、三呼萬歲，而是反問說：如果一戶人家收入是十二萬四千九百九十九美元，當然他們家的孩子就不必繳學費了，但如果另一家的收入剛好十二萬五千元，這家人的收入只比前一家多兩元，卻要繳數萬美金學費，這公平嗎？這很不公平啊。看來，兒子比拜登更具生活常識，他知道政府的政策不能靠領導者在地下室中異想天開。左派最喜歡沉迷在烏托邦想像之中，如果說右派是用常識治國，那麼左派就是用想像來治國——後者只能帶來巨大的災難。

我向兒子解釋說，首先，這個全國一刀切、免除學費的家庭收入數字毫無道理可言。美國各地的經濟發展水平相差很大：在紐約和加州，十二點五萬的收入只能算是窮人；但在中部和南部很多地方，這個收入是中產階級上層。其次，若是八成學生都免除學費，公立大學的一大項收入就沒有了，只能全部依靠政府資助，政府投入大學的預算必然呈倍數增長。第三，拜登不是比爾蓋茲那樣富可敵國的富豪，他不是拿出自己的錢出來補貼學生，他所謂的免費，必然帶來巨大的財政窟窿，只能通過加稅來填補，而每次加稅，受害最深的都是中產階級。結果，學生免除的學費，政府又透過加稅從學生的家庭撈回去，甚至撈取更多，反過來，政府還要求學生對其感恩戴德，這就是「竊鉤者誅，竊國者侯」的道理。兒子聽到這裡，連連點頭稱是。

左派的教育改革是要毀掉下一代的國家認同

《華盛頓郵報》的文章說，拜登主張進行大幅教育改革，包括教授更多美國歷史的陰暗面，關於種族歧視、性別歧視的歷史，培養學生的批判性。而川普主張恢復美國歷史的偉大敘事，特別強調加強國父們建國歷史的教育。

我告訴兒子，表面上看，拜登似乎要學生「更全面」地認識美國歷史，其實背後隱藏著左派的邪惡用心：推行仇恨美國的教育，摧毀年輕一代的國家認同。我介紹兒子閱讀二〇二〇年十月二十四日《紐約郵報》專欄作家麥可・古德溫（Michael Goodwin）寫的一篇題爲〈二〇二〇年大選，支持川普的理由〉的文章。該文章指出，左派策動的「黑命貴」運動，破壞哥倫布、華盛頓、林肯以及黑人和白人廢奴主義先驅的雕塑，揭示了一種決心，即抹去美國的建國理想，用社會主義和身分政治取代個人自由。《紐約時報》錯誤百出的「一六一九計畫」，儘管遭到歷史學家的嚴厲斥責，但仍被許多學校採用——它就是要顛覆美國是清教徒創建的偉大國家的歷史事實。這篇文章指出，拜登的公共生涯近五十年，與他的黨內激進派一致，堅持認爲「系統性的種族主義」玷汙了國家，尤其是執法部門。

我對兒子說，一個仇恨美國的政客居然投身美國總統大選，這是一件相當奇怪的事情。拜登的副手賀錦麗在德州舉辦造勢集會時，現場連一面美國國旗都沒有，可見他們對美國國旗及背後的美國精神的厭惡和仇恨到了何種程度。比起美國來，他們似乎更熱愛中國，他們到中國可以像台灣的政客韓國瑜那樣「發大財」。

與之相反，川普是眞誠的愛國者，他對美國的愛跟我們對美國的愛別無二致。川普總統曾經在社交媒體上宣布：「在未來四年中，我們將停止對我們學生的激進灌輸，並恢復我們學校的愛國教育。我們將教我們的孩子愛我們的國家，尊重我們的歷史，並永遠尊重我們偉大的美國國旗。」自從我們抵達美國之後，家門口永遠掛著一面美國國旗，這面國旗所代表的自由與秩序是我們所愛的，也是我們要去捍衛的。我告訴兒子，爸爸媽媽不是「生而為美國人」，而是「用腳投票」，移民到美國成為美國人，但是，我們比很多生而為美國人的美國人更加珍惜美國人的身分，這是我們僅次於基督徒第二重要的身分。

拜登眞的照顧少數族裔嗎？

《華盛頓郵報》的文章說，拜登承諾給予非裔美國人、拉丁裔美國人、亞裔美國人和印地安原住民更多的照顧；川普則是白人至上主義者，常常發表歧視性言論。作為少數族裔，我們該相信拜登的承諾嗎？

我告訴兒子，拜登說他要關照少數族裔，這根本就是謊言——他作副總統的八年，美國少數族裔的情形有何改善？我又說，我非常不喜歡「照顧」這個說法，少數族裔歧視並不需要更多的優惠政策，我們需要的是平等的競爭環境——這是美國的偉大之處，每一個新移民，無論其種族、性別及來自何方，他（她）都可以在這個國家透過努力奮鬥，實現其偉大或平凡的美國夢。我對兒子說，爸爸媽媽當初毅然離開中國，就是因為無法忍受中國的專制和不平等。如果美國變成中國那樣充滿不平等的國家，我們來美國還有什麼意義呢？

拜登等民主黨激進派就是要將美國變成一個社會主義國家乃至共產黨國家，如中國、古巴、委內瑞拉那樣。在教育領域，直接關係到亞裔孩子就學權的更變已經發生：我家附近、全國排名第一的公立高中湯瑪斯·傑佛遜高中，北維州數郡的學生都可以報考，通常是在三千多名有資格報名的學生中，透過兩輪考試錄取五百名學生，亞裔學生比例最高時達七成。二〇二一年，左派掌權的費爾法克斯郡學區宣布取消數學入學考試，透過種種幕後操作，將亞裔學生比例壓低到五成，同時將非裔和拉丁裔學生比例提高一倍以上。這種改變招生規則，對亞裔的逆向種族歧視，就這樣堂而皇之地實施了。美國價值的核心，是規則的平等，而非結果的平等。然而，民主黨人不願接受結果的不平等，並未經過當地居民的公投，強行更改競爭規則，人爲製造族群多元和諧之假相。被犧牲的是亞裔學生的就學權。

那麼，川普眞如文章所說，是種族主義者嗎？我讓兒子自己去查詢川普在該問題上的言行資料。川普在與拜登的最後一場辯論中說，他是最沒有種族歧視思想的人，在其商業生涯中，錄用了很多少數族裔雇員，其中有若干人出任公司高級主管。他對雇員唯才是用，不在意族裔身分。在川普的總統任期內，被監禁的非裔美國人的人數下降到三十年來的最低水平。美國勞工部的數據顯示，在美國受疫情打擊之前，非裔美國人、拉丁裔美國人、亞裔美國人、女性、退伍軍人和身心障礙人士的就業率都達到美國有記錄以來的最高點。一個領導人說他關心少數族裔和弱勢群體，不是給他們多少福利，而是為他們創造更多工作機會。

禁止開採石油就是重視環保嗎？

《華盛頓郵報》的文章說，拜登重視環保議題，致力於改變全球氣候暖化的趨勢，他將支持綠色能源，加強太陽能與風能，限制頁岩油產業的發展。拜登還計畫投入巨資，將大量建築改造成綠能建築。川普則支持傳統的石油產業，不相信全球暖化，輕視環保議題。這種對比之下，拜登何其高大全，川普則是為了賺錢不惜毀壞地球的壞人。

環保在當今世界是一個天然政治正確的議題，所以才會產生宛如文革中打死老師的女紅衛兵，瑞典環保少女那樣的怪胎。兒子上小學時，受課堂教育的影響，一度對地球暖化憂心忡忡，有一次課外活動還專門寫了篇防止氣候暖化的小論文，特別製作點心出售，將掙到的幾十美元捐贈給防止地球暖化的組織。後來，我教他上網搜索到綠色和平組織等環保團體的諸多黑幕，包括跟中國的各種合作、幫助中國洗白全球第一汙染大國的頭銜等等，兒子這才恍然大悟。

我將阿拉斯加州長對拜登的反駁找出來給兒子看：能源自足對美國經濟和國家安全至關重要，而且美國在開採石油天然氣時採用最高的環保標準。如果美國不開採自己的能源，改為購買其他國家的能源，首先不得不受制於人，乃至讓外交政策受嚴重制約。其次，美國購買俄羅斯、中東地區的能源，那些國家在開採時並不重視環保，這些能源還要耗費很大一部分能源來完成國際運輸。所以，就整個地球的全局觀點來看，本來是能源儲藏豐富的國家，偏要去購買別國能源，所造成的環境危害更大。

而所謂的「綠色新政」，是由持激進的共產主義和伊斯蘭主義觀點的新進民主黨眾議員提出的，他們是民主黨內的極左派，卻成功綁架並改造了整個民主黨，讓民主黨的能源政策急劇左傾。原本是中間派的拜登，接納了桑德斯、華倫等人的左派觀念之後，也隨之左轉，開口閉口就是「綠色新政」那一套。後來，拜登發現異想天開的「綠色新政」將危害到數百萬美國人的生計，遂在最後一場辯論中改口說他並不支持「綠色新政」，他並不反對石油天然氣產業，他是新舊能源並重。誰知，川普立即打臉，揭露他的網站上有明確支持「綠色新政」的內容——連自己說過的話都不記得，這種人能當總統嗎？

反之，川普重視環保議題，並採取腳踏實地的方法來保護環境。在聯大的發言中，川普承諾致力保存「威嚴上帝的創造物和世界的自然美景」，並宣布美國將加入「植樹一兆棵」（One Trillion Trees）計畫。他批評某些極端主義環保人士的「地球滅亡論」，指出此刻不是悲觀的時刻，而是樂觀的時刻，恐懼和質疑不是好的思維過程，呼籲抵制「不時出現的末日預言家和他們的災厄預測」，直指這些人是「昨日愚蠢算命術士的繼承人」，這些「危言聳聽分子」曾預測世界將面臨人口爆炸危機、大糧荒和原油枯竭，目的是要掌握絕對權力，支配、改變和控制日常生活方方面面。川普強調，絕不讓「極端社會主義分子」摧毀經濟、破壞國家和剷除自由。

歐巴馬醫保讓所有人受益嗎？

《華盛頓郵報》的文章說，拜登承諾捍衛歐巴馬醫保，歐巴馬醫保讓數千萬原來沒有醫保的民眾終於獲得了政府提供的平價醫保。反之，川普則致力於推翻歐巴馬醫保，讓這些低收入的美國人重新陷入沒有錢看病的窘境。

眞是如此嗎？我告訴兒子，我們家的眞實情況可以作爲一個例子，來驗證歐巴馬醫保是否眞有民主黨宣揚的那樣美好：我們二〇一二年來到美國，那時歐巴馬的醫保已大規模展開，對美國原有的醫保體制帶來巨大衝擊。短短數年間，我們家的醫保費用猛增一倍多，我們購買的還是最便宜的保險。我對兒子說，爸爸媽媽是自雇者，必須自己付費承受昂貴的醫保負擔，歐巴馬醫保沒有讓我們受益，而讓我們付出更多錢、得到的卻是越來越差的醫保，同時可以選擇投保的公司越來越少。

歐巴馬醫保的致命問題是：它將本來應當由自由市場決定的保險業，改由政府控制，由此形成某種形式的壟斷，而政府強制全民必須購買醫療保險，等於是強迫你購買可能根本不需要的消費品。在其看似天衣無縫的計畫中，處處漏洞百出：比如，保費的標準，只看收入，不看資產，我們身邊有一些新移民，他們將中國的財富轉移到美國，購買多棟房產，銀行也有大量存款，可謂坐擁金山銀山，偏偏就是「沒工作」，所以可以享受免費的歐巴馬醫保，從政府那裡得到大筆補助。他們一分錢都不花，享受到的醫保待遇比我們花上千元的還要好。另外，還有一些特定人群根本不在意保費的猛漲，比如福利待遇良好的大公司雇員以及政府公務員。反之，像我們這樣辛勤工作的中產階級，卻不幸淪爲歐巴馬醫保政策的犧牲品。

兒子跟我一樣，相信市場，而不相信政府。凡是政府越俎代庖的事情，一定會演變成壞事。川普相信自由市場經濟能達成最好的資源配置，他非常痛恨表面上看爲了消滅社會不公卻造成更大不公的歐巴馬醫保。但在其第一個任期，因爲共和黨內部出現叛徒（如麥凱恩等當權派），川普廢除歐巴馬醫保的努力，被國會攔阻而未能成功。但川普隨後採取了「切香腸」策略，將歐巴馬醫保計畫中的若干關鍵條款加以廢除（比如強制所有人購買醫保）。同時，川普用行政命令強迫大藥廠和中間商大幅降低藥價，有些常用藥品降價高達七成以上。那些大藥廠對川普恨之入骨，跟民主黨勾結起來，砸很多錢做廣告，在主流媒體和社交媒體上攻擊川普。但受益的病人和民眾不相信那些抹黑的廣告。

川普又通過行政命令，要求醫院必須明碼標價，將醫療費用清楚告訴病人，結束了醫院長期對病人的任意宰割。

川普還簽署了保障病人嘗試新藥權利的法案，比如，癌末病患可自願參加新藥治療。以前藥廠不喜歡給重病患者試藥，怕紀錄不好看，川普認爲，人都要死了，有權試一試新藥的效果。該法案卡了幾十年，在川普任內才順利通過。與華而不實的歐巴馬醫保相比，川普的這些努力才是眞正造福民眾和病人。

經過對這些大小政策的細緻解說和討論，我們父子的意見達成一致。我不是亞裔家庭中常見的那種威權主義色彩的父親，強迫孩子接受自己的某些觀念——在資訊自由、網路時代的美國，即便想這樣做也是行不通的；而且，若是被父母強迫灌輸的觀念，孩子上大學以後一定會毫不猶豫地拋棄。我願意跟孩子平等探討，啓發他主動查考資料進而展開獨立思考，讓他的信仰拓展成一整套廣闊而深刻的觀念秩序，並最終「因眞理，得自由」。

誰是比狼更凶狠的豬：跟兒子一起讀《動物農莊》

我生長在偏遠的成都郊區小鎮，在少年時代，有幸遇到思想解放的一九八〇年代，讀到了劉賓雁、麥天樞、蘇曉康、劉曉波等很多人的著作，西方文學方面也讀了雨果、托爾斯泰、米爾頓等人的經典著作。等到上了北大中文系，才讀到哈維爾、昆德拉、卡繆和歐威爾的作品，尤其對《動物農莊》和《一九八四》愛不釋手。

我與《動物農莊》相遇太晚，而且，我讀的雖然是翻譯大師董樂山譯的中文版，但翻譯的過程永遠都是一個喪失的過程，讀譯著無論如何都趕不上讀原著。是故，當兒子上八年級時，我隆重推薦他閱讀英文原版的《動物農莊》——英文是兒子的母語，以他早熟的心智，應當可以讀懂這本書，我常常在他面前講述共產黨和左派的邪惡，他早已心有戚戚焉。我告訴兒子，如果要知道共產黨有多麼壞，不用讀索忍尼辛厚厚三大卷的《古拉格群島》，只用讀這本薄薄的《動物農莊》就夠了。

歐威爾給本書取的副題是「童話故事」，這是一個障眼法。其實，它不是一個童話故事，而是一個關於幻滅、政治暴力、理想與背叛的成人故事。可惜，《動物農莊》出版之後，很多書店店員不能理解作者的本意，如同他們將波西格的《禪與摩托車維修藝術》放到實用技術類別一樣，將《動物農莊》放到童話故事的架子上——歐威爾忙著去一間又一間的書店，將其從兒童讀物搬到成人讀物那邊。

兒子在學校的英文閱讀和英文寫作老師都是左派，推薦給兒子讀的大都是偏向左派的書籍。我的英文不好，沒有能力教兒子英文，但我可以推薦他讀一些非左派的書和反對左派的書，《動物農莊》就是這樣一本「以一當百」的好書。

兒子從學校圖書館借來一本《動物農莊》——跟《一九八四》合在一起的厚厚一本，正好讀完《動物農莊》就讀《一九八四》。兒子讀完後告訴我，他覺得《動物農莊》比《一九八四》更有趣，我也是一樣的看法，真是父子所見略同。

兒子一邊讀，我一邊向他介紹《動物農莊》的出版背景。

《動物農莊》是歐威爾寫作生涯的轉折之作，他由這本書躋身偉大作家之行列。該書完稿時，正是在史達林格勒保衛戰之後和諾曼第登陸之前，當時俄國是西方的盟友，共同對抗納粹，這本書的觀點與當時的政治氣候反其道而行。但歐威爾認爲，不能等戰爭結束才說出眞相，揭露蘇聯蛻化本質的最佳時機，是在俄國人最受歡迎之時。

歐威爾爲其擇善固執付出了沉重代價：書稿完成後，他在英國尋求出版，先後被五家出版社退稿。此前爲歐威爾出版過多本著作的出版商戈蘭茨說：「當我們在和俄羅斯並肩作戰時，出版這麼一本猛烈攻擊俄國的作品，怎麼都說不過去。」另一家出版社的老闆拿不準該不該出版此書，就送給英國情報部門的一名高級官員審讀。這名官員讀了書稿後，建議出版社「以愛國爲重」，不要出版這本會影響英國與蘇聯關係的書。歐威爾對這種非正式的審查感到非常憤怒，他說審查是「不收賄賂，不恐嚇，不罰款——只是點點頭、眨眨眼，就完成了審查」。情急之下，他一度嘗試自費出版，無奈囊中羞澀，一位朋友借給他兩百英鎊以支持出版計畫。最後，他好不容易找到一家願意出版此書的小出版社。結果，《動物農莊》一炮而紅，這家出版社不僅賺到大錢，還在出版界聲名鵲起。

這本書在美國出版也遇到很大困難。據說，當時存在一個陰謀，目的是阻止此書的出版，「約十八到二十個出版社，幾乎是所有最重要的出版社，全都拒絕出這本我們這個時代最優秀的反蘇諷刺作品。考慮到其洞察性、可讀性、暢銷性和民主觀點，這麼多次拒稿的動機，最有可能的情況是有人對出版界成功地進行了滲透。」這不是陰謀論，這是事實。

在英國，歐威爾拿到的預付版稅只有區區一百英鎊。左派獨大的評論界對此書多爲負面評價，對於那些自以爲是、閉門造車的評論家，歐威爾毫不客氣地反擊說，他們是「勉勉強強的豬玀……沒有一個人說它是一本寫得漂亮的書」。

我告訴兒子，我們今天所處的時代氛圍，跟歐威爾當年差不多——當年西方對蘇聯實施綏靖主義外交，今天則是對中國實施有過之而無不及的綏靖主義外交。我所寫批判共產黨和左派的書，只有台灣一地可出版，而且「知音少，弦斷有誰聽」，很難成爲暢銷書。劉曉波被中共迫害致死，西方的反應很小——跟當年曼德拉得到的關注不可同日而語。即便如此，我願意以歐威爾爲師，堅持走反共、反左這條少有人走的路。

兒子問，書中最壞的動物爲什麼是豬呢？我告訴兒子，歐威爾總體來說喜歡動物，但討厭豬。歐威爾說過：「牠們是最令人討厭、最具破壞性的牲畜，一定要讓牠們哪兒都不能接近，因爲牠們很有力氣而且狡猾。」在聖經中，豬是一種十分骯髒的動物。在《動物農莊》的序言中，歐威爾直截了當地說，那些豬就像英國廣播公司（ＢＢＣ）的官僚，「每天必須把大量精力花在神神祕祕的事情上，被稱爲『檔案』、『報告』、『摘要』及『備忘錄』等」。歐威爾在ＢＢＣ當過評論員，他對這個政府辦的巨無霸式媒體中的官僚主義深惡痛絕。多年以後，ＢＢＣ總部大樓迎來歐威爾的一尊塑像——但與此同時，ＢＢＣ中文部（其他部門亦如此）卻充斥著一群與中共大外宣遙相呼應的馬屁精。可笑的是，有一位台灣評論人在批評台灣的公共電視時，卻將ＢＢＣ當做學習的標竿。

兒子又說，小說中給他留下最深刻印象的是公馬拳擊手。拳擊手很笨，只能記住四個字母，連七誡都記不全，但他忠誠到了愚忠的地步。他任勞任怨、一絲不苟，將「我要更加努力地工作」和「拿破崙同志永遠正確」作爲口頭禪。然而，爲動物農莊鞠躬盡瘁、死而後已的拳擊手，在病倒之後，結局卻是被賣給屠夫殺掉。

我告訴兒子，馬的形象是歐威爾寫這本書靈感火花的來源，他曾說：「我看到一個十歲左右的小男孩順著一條小路趕一架很大的馬車，那匹馬一想轉彎，他就用鞭子抽。我突然想到，萬一這種牲畜意識到自身的力量，我們將無力制服它們。」但在實際生活中，很少有馬敢於反抗主人的。毛澤東時代的中國，很多被毛澤東迫害致死的人，死前還在高呼：「毛主席萬歲！」在今天的中國，幾乎人人都是拳擊手，人還不如馬。中國政府以防疫爲名，隨心所欲將上千萬人口的城市武漢、西安封城數十日，不管市民有沒有吃的喝的。老人心臟病發，得不到救治，死在家中；孕婦要生孩子，醫院不接收，孩子難產死去；還有年輕女子不能進自己的家，困在車中數日，餓凍而死。中國不就是一個大型的動物農莊嗎？

中國媒體人江雪在《長安十日》一文中寫到，在二〇二二年的第一天，她隨手點開一部影片，卻看到在距離她住處不遠的南窯頭社區，一個外出買饅頭回來的小夥子，在社區門口被防疫人員圍著毆打。「畫面上，白花花的饅頭灑了一地，我彷彿聽到自己心碎的聲音。打人的人，面對自己的同類，這寒風裡買回一點食物的人，怎麼能下得了手？是哪怕最微小的權力，也會讓人變異嗎？是在有權者眼裡，暴力才是成本最小的解決方式嗎？」這一場景，比《動物農莊》中的畫面還要觸目驚心。

閱讀能夠讓人自由，這是我不斷跟兒子分享的一個主題。在《動物農莊》中，聰明狡詐的豬每天都花很多時間閱讀，從書中尋找統治術；狗知道怎麼閱讀，但不想閱讀。我告訴兒子，不願閱讀的狗，就像今天大部分的中國人，他們很容易學會翻牆技術，卻沒有翻牆的欲望，他們覺得當井底之蛙、波瀾不驚、衣食無憂，就很好了。我又告訴兒子，香港正在被中共變成一個現實版的「動物農莊」，我的書在香港的公共圖書館中被下架，說是危害國家安全，當共產黨決定你可以讀什麼書、不可以讀什麼書時，你的境遇就跟《動物農莊》中動物差不多了。

兒子很聰明，當他讀到新的統治者「拿破崙」制定的「農莊憲章」第一條「所有動物一律平等，但是有些動物比其他動物更為平等」時，立即就聯想到正在美國肆虐的「黑命貴」運動——「黑命貴」的意思，不就是「所有的種族一律平等，但是有些種族（黑人）比其他動物更為平等」嗎？我告訴兒子，真正追求種族平等的非裔經濟學家和公共知識分子索維爾說過：「『民權』過去指對所有人一視同仁。但現在一些人習慣了特殊待遇，以至於平等對待被視為歧視。」

我問兒子，你最早是從哪裡知道「平等」這個概念的？對美國歷史興趣盎然、除了課堂上學的內容、自己還讀了很多美國史的兒子，不假思索地回答說，當然是傑佛遜在《獨立宣言》中寫的「人人因被造而平等」。我說，你說得對，人不是生而平等，而是因被上帝所造，具有上帝的氣息和形象而平等，這種平等是人格尊嚴和自由意義上的平等。而人自高自大，反抗上帝，自以為是上帝，就是人類不平等的根源，正如米爾頓在《失樂園》中描述的那個細節——夏娃對毒蛇下了一個自毀性的命令：「令我更為平等，或許再加／某一時並非不可取之／勝他一籌。」這句話也是歐威爾靈感的來源。

兒子又問，豬帶領動物們趕走虐待他們的主人瓊斯後，制訂了一系列讓大家歡欣鼓舞的新政，賦予所有動物以前沒有的權利。但是，很快，這個豬政權就將動物們的權利悄然取消，豬成了新的、更殘暴的統治者。比如，豬根本不用勞動，他們的主要工作是負責指揮及監督其他動物。而且，豬不遵守且篡改了此前制定的法律和規章。那麼，其他動物為什麼不反抗呢？

我告訴兒子，豬時代剛開始不久，豬領導就把「吃蘋果」變成他們的特權。他們告訴其他動物，為了執行監管大家的指責，自己不得不勉為其難地吃蘋果以獲得必須的營養，說到底還是為了更好地為大家服務。歐威爾在日記中寫道，他認為這一幕是「故事的轉捩點」，「豬霸佔蘋果時，其他的動物要是勇敢地反抗就沒事了。」但是，其他動物沒有反抗，於是枷鎖就愈來愈沉重地套在他們的脖子上，他們後來再要想反抗已悔之晚矣。被奪走雞蛋的母雞們想反抗，卻被斷絕了飼料供應，最後只好屈服。在此過程中，有九隻雞被餓死。毛澤東在反右運動中曾威脅知識分子說，不聽話，就「不給飯吃」，這跟豬領袖「拿破崙」的做法一模一樣。

兒子又問我，歐威爾為什麼將獨裁的豬領袖命名為「拿破崙」？我嘗試著回答這個有趣的問題：在蘇聯勢力如日中天的情形之下，若歐威爾直接將獨裁豬命名為「史達林」，這本書大概沒有一個出版社敢出版——即便使用「拿破崙」的名字，這本書出版後，歐威爾仍然遭遇死亡威脅，特別買了一把手槍自衛。以「拿破崙」命名，會惹得法國人不高興，而當時剛被盟軍從納粹統治下解放的法國，似乎沒有權力對一名英國作家的幽默說三道四。後來，法國出版法文版時，爲避免產生對他們偉大皇帝的冒犯，那頭豬的名字「拿破崙」被悄悄改爲「凱撒」。

歐威爾用「拿破崙」這個典故，不是隨手拈來。他對拿破崙有相當負面的看法——拿破崙是近代最早的極權主義者和種族主義者，也是希特勒和史達林的祖師爺。歐威爾發現，法國大革命是俄國十月革命之先聲，兩者有神祕的精神連結。作爲英國知識分子，他不可能沒有讀過柏克所寫的《法國革命論》。對於法國大革命的危害，除了柏克之外，沒有誰比法國思想家托克維爾的認識更深刻——法國人是才下了一半樓梯，就從窗口跳出去，以便更快地落地：

法國革命似乎不僅想要改造法蘭西，還想將全人類推倒重來。革命喚起了原本不會產生的最激烈政治革命。革命激發傳道改宗活動，產生佈道宣傳活動，由此具有半宗教特徵，見者無不駭怪。或者不如說，革命變成了一種新宗教。確實，這種宗教不完整。它沒有上帝、祭拜或來世，卻仍然將它的士兵、使徒、殉道者遍布大地。

法國大革命之後的每一次暴力革命，都走向其初衷的反面。每次左派革命的勝利者都被權力腐蝕，並不可避免地建立起自己的暴政，這一觀點早在一九一一年，就由約瑟夫・康拉德在《在西方的注視下》中一針見血地表達出來：「按良心辦事，講求公正、高尚、人道主義和忠心耿耿性格的人，無私而且聰明的人可能發起一場運動——但運動會撇下他們，他們不會是一場革命的領導者，而是其受害者，心生厭惡，理想受到諷刺——這就是革命成功的定義。」

我又告訴兒子，歐威爾寫《動物農莊》時，所用素材大都來自蘇聯，那時中共還沒有統治全中國。但書中的種種情節，後來都驚人地在中國發生了。書中的獨裁豬「拿破崙」，活脫脫就是今天中國的獨裁者習近平，與之相比，虎狼的凶殘簡直就是仁慈。可見，偉大的作品，不僅具有超前性和預言性，更有普世性。

我也跟兒子說，《動物農莊》所影射的，不僅僅是獨裁專制國家。作爲美國公民，我們如果不時時刻刻守護自由、爲自由而戰，美國亦有淪爲《動物農莊》的危險。以兒子現在的年齡和知識儲備，或許讀不懂喬伊斯的《尤利西斯》，但我將《尤利西斯》中一個與《動物農莊》相映成趣的細節講給他聽——主人翁布盧姆在酒吧慷慨激昂宣布其社會改造計畫：

我主張整頓本市的風紀，推行簡明淺顯的《十誡》。讓新世界取代舊的。猶太教徒、伊斯蘭教徒與異教徒聯合起來。每一個大自然之子都將領到三英畝土地和一頭母牛。豪華的靈車。強制萬民從事體力勞動。所有的公園統統晝夜向公眾開放。電動洗碗機。一切肺病、精神病、戰爭與行乞必須立即絕跡。普遍大赦。每週舉行一次准許戴假面具的狂歡會。一律發獎金。推行世界語以促進普天之下的博愛。再也不要酒吧間食客和以治療水腫病爲幌子來行騙的傢伙們的那種愛國主義了。自由貨幣，豁免房地租，自由戀愛以及自由世俗國家中的一切自由世俗教會。混合人種和混合通婚。

對此，書中另一位人物奧馬登·伯克一語道破天機：「一個自由雞窩裡的自由狐狸。」左派要當的是狐狸而不是雞，左派的自由乃是吃雞的自由。

這些方案中的一部分，今天美國的民主黨激進派正在大規模實施。對照拜登的大重建方案，對照極左派議員的綠色新政等計畫，不得不承認歐威爾、喬伊斯驚人的預見性。學校是左派企圖改頭換面的一個重要領域。兒子對公立學校正在上演的「文化革命」知道得清清楚楚。我們去幾所美國的頂級大學訪問時，看到了新設置的無性別公廁，也看到學生活動中心中專門闢出一間「黑命貴」團體的專用會議室（其他族裔的學生不得入內）——這難道不是對金恩博士不同族裔和膚色的孩子們一起牽手、載歌載舞的夢想之褻瀆與顛覆嗎？我跟兒子不約而同地想起了《動物農莊》的最後一幕：豬在屋內與有生意來往的人類夥伴一起打牌喝酒；農場的其他動物站在屋外，透過窗戶往裡看。「外頭的動物看看豬又看看人，看看人又看看豬，接著又看看豬再看看人，眼前已是豬人難辨。」

美國的某些地方，已經淪爲《動物農莊》或《一九八四》。病毒成爲左派官僚剝奪公民基本自由和憲法權利的最好藉口和幫凶。從二〇二二年一月十五日開始，華盛頓特區要求到餐廳、健身房、音樂場所和劇院等場所的人必須提供疫苗接種證明。早在前一年的十二月，當市長穆麗爾·鮑澤（Muriel Bowser）首次宣布這項命令時，一名記者問她，她是否擔心政府越權和「老大哥打擾你的生活」？這位左派黑人市長回答說：「我不會輕率地做出任何決定，因爲我不想老大哥打擾我的生活，我喜歡自己做決定。但我也認識到，當你在應對一場全球疫情時，正是政府需要爲整個社會做出一些決定的時候。」獨裁者登上歷史舞台的時候，總是用華麗美好的語言包裝他們的獨裁手段。

在今天的中國，不需要讀《動物農莊》，中國的實際生活已經比《動物農莊》中的描述糟糕得多，中國的獨裁政權已經強大到一點都不擔心《動物農莊》會引發民眾的反抗，任由各種不同版本的《動物農莊》在中國出版。

在今天的美國，尤其需要閱讀《動物農莊》，因爲美國只是一隻腳陷入這片沼澤地，還有辦法掙脫出來——那就是回到美國的建國根基，回到憲法和《獨立宣言》。

怎樣為孩子挑選一所好高中？

美國的中小學教育大致分爲三種：公立學校、私立學校和在家教育，九成以上的孩子都在公立學校上學。在大部分地方，私立學校的教學素質高於公立學校，但私立學校往往收費昂貴，非一般薪水階級所能負擔。而不同地區的公立學校，水準則有天壤之別，某些好學區的公立學校絲毫不比私立學校遜色，甚至有過之而無不及；有些壞學區的公立學校則是「沒有春天的放牛班」，是未來罪犯的養成所。

有一位剛剛從中國逃亡出來的維權律師要在大華府地區安家，我問他有沒有研究過孩子學區的問題，他說：「在美國，哪個學校都比中國好！」我趕緊對他說：「話雖如此，但在美國，是不是好學區，眞的對孩子的成長很重要！」

美國公立學校提供的基礎教育，一般稱爲「K－12」，指從學前班（六歲孩子上的kindergarten）到十二年級，一共十三年的免費義務教育。公立學校的招生通常遵循就近入學原則（極少數特殊學校透過考試選拔學生），大多數情況下，你住在哪個學區，你的孩子就可以去上這個學區裡離住家最近的那所公立學校讀書。

在美國，不像某些亞洲國家，存在天價學區房現象，但好的學區內的房子也會相對緊俏和昂貴，一般會比旁邊非好學區的房子貴百分之二十左右。重視孩子教育的父母，會不惜多付出一筆購房費用，購買好學區的房子；或者到好學區租房子住——家長通常只需要提供房子的稅單或租約或水費、電費、天然氣費帳單，就能讓孩子在對應的學校入學。在各大房地產網站上，只要輸入一棟房子的地址，就能查到這棟房子所對應的小學、初中和高中，一切資訊都是公開透明的。

美國是地方自治的國家，並沒有中國人所理解的那種高度集權中央政府，所謂聯邦政府，主要處理國防、外交和總體的公共政策，大部分事務都由地方政府負責。地方政府向居民提供教育、消防、警察和固體垃圾處理等服務，與居民的生活更加息息相關，所以地方政府官員的選舉，投票率高於總統選舉和州長選舉。

學區是地方政府形式的一種，在二十世紀年代初期，美國有近十三萬個學區，但在左派思想和聯邦擴張的影響下，近百年來學校體制的變革一直以合併學區、集中資源爲方向。到了一九六二年，學區減少到原來的四分之一，然後繼續減少，如今全美大約只剩下一萬多個學區。學區大小不等，最大的學區如紐約、洛杉磯和芝加哥等，管轄數百所學校及數十萬名學生。由此造成的結果是，學區內的家長和公民控制和影響學校的能力不斷顯著下降。雖然學區董事會仍然是普選產生的，但學區的規模妨礙了家長對那些將要競選公職者政策偏好的了解。而且，那些服務於較大學區的校董事會裡的公民，也被一個巨大體系運作中極其複雜的問題所淹沒。總體來看，過去幾十年裡，公立學校的績效水平一直在下降，標準測試的分值在下降，教學標準的鬆散以及極端的紀律問題大量湧現。

與很多亞洲國家各種資源（包括優質的教育資源）全都集中在中心城市相反，在美國，隨著大城市市中心的衰敗和中產階級移居城郊，最好的公立學校通常位於城市郊區或較小的城市，最差的學校則位於較大的中心城市。一份民調顯示，較大中心城市的居民中有更多人相信他們的公立學校已經遭到破壞並正在繼續惡化，而較少的人認為正在得到改善。較小中心城市的居民相信他們的學校已經遭到破壞，但有相當大比例的人對未來的改善持樂觀態度。城區外的郊區和鄉村的居民通常都對其公立學校的質量上升趨勢更加樂觀。

美國教育權大都屬於州郡政府及學區所有，聯邦政府教育部的權力十分有限——歐巴馬政府曾經制訂所謂的「統一核心教育標準」，企圖進一步將教育權收歸聯邦政府控制，卻加劇了教育狀況的惡化，且受到各州及地方政府強烈反對。在此背景下，聯邦政府沒有對全國學校的優劣做出統一的評估，也沒有制定一個衡量教學水準的全國標準，所以此類評估通常由民間機構來進行。諸如 GreatSchools 等組織透過對大量數據的搜集和整理，為全國的學校評分，他們的評估成為家長在為孩子挑選學校時的重要參考資料。比如，我們在選房子時，先從房地產網站中確定某一棟房子所在的學區，再看它對應的小學、初中和高中，然後再查看這些學校的評分等資料。以 GreatShcools 網站而論，評分在七分及七分以上的學校都是不錯的選擇。但是，近年來，在「政治正確」的影響下，相關的評分愈來愈偏離學校的眞實情況，會對家長產生極大誤導（下文會有詳細分析），這就需要家長參考更多的資料和數據來形成自己的判斷。

我們家買第一棟房子和挑選學校時，因剛到美國，缺乏經驗，主要參考 GreatSchools 等組織對學校的評分。我們買的房子在一個新開發區域，學校是新建的，在硬體方面得分很高——校舍是新的環保建築、體育館和室外的足球場很大，電腦和圖書館也都是新的，這幾項評分很高。但學校的師資較弱，西班牙裔學生比例偏高（通常而言，大多數西裔家庭不太重視教育，西裔學生成績偏低）。兒子上小學三年級時，有一次回家告訴我們，在校車上有很多西裔學生講髒話，且傳看色情圖片。我們意識到問題有些嚴重，有了搬家的念頭。

兒子還抱怨說，爲了照顧程度較差的學生，老師在課堂上講的內容太簡單，他全都會了，根本不想聽——兒子在三歲時就學會了一百以內的加減乘除，到了三年級，學校卻還在講這些東西。我想起自己的中小學時代也是如此無聊，大部分課堂上都在偷偷讀武俠小說，讀完了古龍金庸的上百本武俠小說。美國很多公立學校爲學有餘力的孩子提供超前課程，但我們所在的威廉王子郡學區卻不提供此類課程——這種超前課程，即 GT 課程（Gift and Talented），也就是所謂的資優班、天才班、快班。我們毗鄰的費爾法克斯郡學區，有提供類似的超前課程，且分爲兩種：一種是教授比普通班級高一年級內容的榮譽課程（Honors

Courses），另一種是教授高兩個年級內容且注重培養學生思辨性和創造性的高級學習項目（AAP Program）。

等兒子上完三年級，我們利用在暑假賣房買房並搬家，搬到二十公里之外的費郡核心區，讓兒子有機會在費郡學區上AAP課程。該課程要求申請者的成績是全A，兒子的申請迅速通過。費郡的AAP課程，不是分散在每個學校，而是設立專門的課程中心，將若干個學校的優秀學生集中在某一所較好的學校，進行集中教學。兒子從五年級開始，轉入他的第三所小學AAP課程中心，然後升中學時也自動銜接設置有該課程的中學。

費郡的AAP課程，在二十多年前剛設立時，門檻非常高，只選取百分之一的學生，基本上被亞裔和白人學生所壟斷。左派批評說，該項目在種族上不夠多元，使得優質的教育資源被特定種族所佔據，所以後來就不斷擴招，從百分之一增加到百分之五，再增加到百分之十五，至今已擴招到百分之二十五左右。但即便如此，西班牙裔和非裔學生能入選的仍然很少。兒子說，他們的AAP班上，一個班二十五人，亞裔超過六成（其中印度裔又佔一大半），其餘爲五、六個白人，以及西裔和非裔各有兩、三人。

我們這次搬家的原因，有如孟母三遷，以挑選好的高中爲依據，因爲高中的教學水準直接決定孩子可以考上什麼大學。那麼，如何判斷哪所高中比較好呢？爲公眾免費提供學校相關資訊的公司（網站）有數十家之多，其中有三家較有公信力。家長在挑選學校時，可綜合它們的數據，然後自己做出判斷。

我家兒子中學畢業後可能會上的學區高中是奧克頓高中（Oakton High）。如果他沒有被湯瑪斯·傑佛遜科技高中（這所美國排名第一的公立高中，開放給北維州六個學區的中學畢業生，實行跨學區的考試選拔）錄取，依照住家對應的學校，他會直升這所學校。這是我們當初買房時考慮的一個重要因素。

奧克頓高中的情況，可以在多家民間網站上查詢，這些網站提供的數據比費郡學區官網上的更爲詳細——這再次說明了一個顚撲不破的眞理：民間機構做事總是比政府機構做得好。因爲前者面臨市場壓力，必須全力以赴，才能得到市場的認可而生存下來；而後者是鐵飯碗，沒有壓力，也缺乏工作激情和熱情。

從幾家私人公司的網站上的資料可以看到：奧克頓高中包括九至十二年級這四個年級，一共有兩千七百四十三名學生，學生與老師之比爲十七比一，全職教師有一百五十九人。學生的種族比例爲：白人百分之四十五，亞裔百分之三十二，西裔百分之十一，非裔百分之五，兩種及以上混血百分之六。以學生所在家庭的經濟收入來看，貧困家庭的學生爲百分之十一（可領取免費午餐）。政府耗費在每個學生身上的資金爲每年七千六百二十二美金。

可供家長參考和研究的第一個網站是Niche，它對一所學校的綜合評分會根據幾個不同面向來綜合評分，不同類型的學校所選取的面向會不一樣，比重也有所差異。以公立高中而論，它是如此評比的：學術成績（佔百分之六十）、文化多樣性（佔百分之十）、家長評價（佔百分之十）、師資力量（佔百分之十）、課外活動（佔百分之二點五）、健康安全（佔百分之二點五）、基礎設施（佔百分之二點五）、運動（佔百分之二點五）。它的一個特色是將家長評價納入評估體系，而且基本上都是孩子上過這所學校的家長主觀評分，這個項目具有重要的參考價值。

在Niche網站上，奧克頓高中的學術、師資、多樣性、大學預科課程等四項的評分都是A+，社團及活動、健康及安全兩項是B+。其主要排名大致是：師資方面，在維吉尼亞三百二十六所高中當中排名第四；提供大學預科課程方面，在維吉尼亞三百二十所高中當中排名第五；公立學校綜合水平方面，在維吉尼亞三百二十八所高中當中排名第七。

第二個網站是US News，它的數據來源更加客觀，基本上以學生成績爲主，對於關注升學率和分數考試的家長來說，參考價值較高。而且，它對高中的評分以及相關資訊更全面和詳實。

在US News網站上，奧克頓高中的排名大致是：在維吉尼亞州排名第八，在大華府地區（包括華盛頓特區、馬里蘭南部的幾個郡和維吉尼亞北部的幾個郡）排名第十三，在全國排名第三百二十八。其中，表現最好的一項是其提供大學課程的廣度指數，在全州排名第四，在全國排名第一百六十二。

第三個網站是GreatSchools，它是被家長參考最多的網站，它只針對公立學校進行評分。此前，GreatSchools的評分標準比較單一，即以學術成績作爲關鍵的評分標準，所以比較準確，亦有一定的權威性。但後來，因爲左派意識形態影響，左派將學生的學習成績與種族和階級掛鉤，認爲這個標準背後有種族歧視和階級歧視之嫌。在此壓力之下，GreatSchools大幅修改其評分標準，除了學術成績之外，納入更多評分面向，包括學生的族裔、家庭收入、性別及身心障礙學生照顧等。GreatSchools官網公布的評價面向主要包括四個方面：學生進步評級，主要是考量學校提高學生成績的數據；大學準備評級，包括大學升學率、SAT/ACT成績、AP考試通過率等；公平性評級，主要評估學校中弱勢學生的表現（以及學校對他們的照顧和幫助），例如低收入學生、少數族裔和身心障礙學生得到的幫助等；考試分數評級，主要評估學校整體的學術表現。至於每個面向的比重，GreatSchools會根據不同學校的數據質量情況來確定。

在二〇一八年大幅修改評分標準後（特別是增加所謂「公平性」這一項目之比重），很多原來的好學校大幅降分，原來十分、九分的學校降到八到六分；反之，很多原來表現平平的學校，因爲某些指標符合左派的喜好，其評分大大提升。比如，評分標準中有一項要求一所學校中優秀學生與落後學生的差異不要太大，差異大就會影響評分。這個標準非常奇葩：學生的智商和努力本來就有很大差異，表現在學習成績上當然會有很大差異，難道學校必須人爲將程度好的學生成績壓低、同時將程度差的學生成績拉高嗎？這種刻意製造出來的平等和平均，根本就是僞平等和僞平均，難道不是對天才和優秀人才的打壓和扼殺？

在 GreatSchools 網站上，奧克頓高中評分的變化，就是典型的左派「政治正確」犧牲品。奧克頓高中原來得分是九分，在二〇一八年之後突然降低到六分。在網站上這所學校的幾項重要評分結果是：考試成績七分，大學預備九分，平等兩分。很明顯，這所高中的綜合評分是被「平等」這一項大大拖累（而原來的評分標準中根本就沒有這個荒謬的項目）。

在「平等」這一項中，該網站認爲，奧克頓高中對弱勢學生的幫助低於全州平均水平，學生成績差別很大，大部分低收入家庭的孩子成績相對較差。其中，一項數據顯示，非低收入家庭的孩子有百分之九十八都選修大學預備課程，而低收入家庭的孩子只有百分之二十八選修此類課程。在種族上，非裔學生的休學率爲百分之四，西裔爲百分之二，白人和亞裔都只有百分之一左右。

其實，所謂的「平等」（族裔、階級、性別等），不可能要求學校這個單一的機構來解決，這是一個複雜的社會問題，也跟不同族裔和階級的文化傳統息息相關。比如，亞裔之所以被譽爲模範族裔，主要原因就是亞裔家庭普遍重視孩子的教育，相信可以透過教育改變命運，很多亞裔第二代都受過優良的高等教育，從而擁有比父母更高的社會地位和生活水準。所以，那些在經濟地位上處於劣勢的亞裔家庭，即便省吃儉用也要到好的學區居住、讓孩子上好的公立學校，在課餘花錢讓孩子上各種才藝班和補習班。而非裔和西裔家庭相對輕視孩子的教育，在孩子教育上的投入相對較少。兩種文化傳統自然造成孩子學習成績的差異，這種差異並非由種族歧視所造成的。左派爲了將該問題化約爲種族歧視，反過來對亞裔實施「逆向種族歧視」——他們完全漠視亞裔家庭在孩子教育上的投入和亞裔孩子在學習上的加倍努力，卻將亞裔在教育上的成功歸咎於亞裔搭上作爲「特權種族」的白人「順風車」，這種看法以及由此制訂的一系列教育、招生政策，對亞裔極度不公平。

以 GreatSchools 網站上根據新標準得出的評分而論，總分的參考意義已然不大，它嚴重脫離了學校的實際狀況。只剩下單項分數，如學術成績、升學率、大學預備課程等具有實質性參考價值，而扭曲事實的「平等」這一項幾乎可忽略不計。比如，奧克頓高中的評分，近年來由九分降到六分，但這所學校的教學素質比大多數七分和八分的學校更高。奧克頓高中因其在幫助學生入學並在大學取得成功方面的記錄而獲得「大學成功獎」之金獎，在二〇二〇年和二〇二一年連續兩年獲得「大學成功獎」。

整體而言，北維州學區的教育領域嚴重左傾，「批判性種族理論」大行其道，即便共和黨州長楊金勝選且誓言禁止在公立學校講授「批判性種族理論」等升級版的馬克思主義，但冰凍三尺非一日之寒，要改變此種情形，靠一個法令不可能實現。老師的觀念已固化，要改變很難。

在此情形之下，作爲家長，不僅僅要爲孩子挑選一所教學素質好、學習風氣好的學校，更不能以爲孩子在一所升學率高、很多畢業生被名校錄取的好學校就讀就萬事大吉；家長需要親自參與孩子的學習過程，與孩子親密溝通，將正確的價值觀根植在孩子心中。這才是負責任的家長做法。

兒子是怎樣考上全美排名第一的公立高中的？

二〇二二年五月二十日下午六點，兒子收到了全美排名第一的公立高中湯瑪斯·傑佛遜科技高中（TJ）的錄取通知書（電郵）。我們家所在學區的奧克頓高中相當不錯，但需要經過考試才能進入的TJ更是一所超級明星中學——雷根總統曾到訪這所以國父傑佛遜命名的中學，並對其讚譽有加。

今年，北維州一百二十五所中學的兩千五百四十四名畢業生申請該校並參加入學考試。申請人必須具備以下條件：從一年級到八年級各科成績在三點五分以上、修完至少超前一年的核心課程，或在每所學校綜合成績進入前百分之一點五。有資格的報考者已是百裡挑一，最終錄取率更僅有百分之十七。

兒子成了TJ的新鮮人，我和妻子跟他一樣高興。在美國生活十年，最大的成就，不是我寫了五十多本書，而是每天陪伴兒子自由地成長。在此過程中，並非我單向度地教育兒子（我完全不贊同「虎媽」蔡美兒的教育方式，儘管她本人是耶魯法學院教授，她的兩個女兒都考上名校，但後來他們家庭破裂，她本人因種種不當言行被校方停課），而是與孩子一起學習怎樣成爲健康、明亮、快樂的美國人，不斷去除自己在中國積累的各種文化和思想毒素。

十年前，我與妻子下定決心離開中國，固然有政治原因，孩子的教育也是重要因素。就孩子的教育而言，中國與美國宛如天壤之別。在北京，我們家住在東五環外萬科青青家園，社區內有一家三流小學——呼家樓中心小學萬科青青分校，即便有北京戶口，仍需提前幾年報名等候位置。附近的初中和高中都很差。以我們家的經濟狀況來看，根本拿不出鉅款繳納上重點中學的「擇校費」，或購買海淀區天價學區房，我更不可能找到什麼「關係」或有權力的人士幫忙。

到美國後，我們定居在文化和教育資源優越的北維州（大華府地區），孩子上免費、優質的公立小學和中學。他上中學以後，作爲文科生的我和妻子都無力在學業上幫助他——我們的英文水平不足以指導他的英文閱讀和寫作，只能大而化之地提供一些閱讀和寫作原則，向他推薦一些經典名著；數學和科學方面，他的超前課程已學到微積分和幾何，這些內容我在高考之後早已忘得精光，有一次，兒子問我一道數學題，我幾個小時都做不出來，眞是慚愧。兒子完全靠自己的努力和實力，進了超前班，並名列前茅，然後順利考上ＴＪ。我們不用花一分錢，不用向任何人低三下四、點頭哈腰，孩子就能脫穎而出、實現美國夢。

ＴＪ多年來蟬聯全美排名第一之殊榮。二〇二二年四月二十五日，美國權威媒體《美國新聞與世界報導》公布最新的二〇二二年全美最佳高中排名，該排名數據包括美國五十州共約兩萬四千所公立高中。ＴＪ再次拿下第一。

這所排名全美第一的高中，究竟有多麼厲害？若用華人喜歡參考的升學率來看，二〇二〇年的三百八十名畢業生中，三十八人考取常春藤名校，一百四十四人考取前三十名的名校，兩百四十三人考取排名前五十的名校，還有多人進入牛津、劍橋等外國名校。

這所高中眞正厲害的地方還不在這裡，而在於其特殊的教育方法和課程設置。兒子剛收到被錄取的電郵，學校就發來課程介紹。ＴＪ的課程全都是自行研發的，沒有所謂的課綱和課本，其課程側重科學、數學和技術的多層級、多類型，用跨學科的方法最大限度地發揮每個學生的智力、技術和情感潛力。其中，六大核心課程爲：科學和技術、數學與計算機科學、人文科學、世界語言（第二語言）、藝術、健康與體育。兒子必修的九年級新生課程包括：生物學、英語、設計和技術、健康與體育、世界語言（第二語言）、數學。選修課則有：新聞、攝影、表演藝術（音樂和戲劇）、古代和古典文明、計算機科學等，還可選修一門付費的在線課程。

ＴＪ的教師很多都具有名校的雙博士學位，有豐富的教育經驗，教學的核心在於「解決問題」，特別是解決那些眞實存在於現實世界的問題。每節課九十分鐘，鼓勵採取小組合作學習以促進學生間的有效合作，團隊合作不僅是學習成功的關鍵，也是將來學生步人社會後事業成功的關鍵。

ＴＪ的辦學制度有兩大特色，即實驗室研究和導師制。ＴＪ擁有十三個專業化的科學研究實驗室，包括：天文學與天文物理、自動化與機器人、生物技術和生命科學、化學分析、通訊系統、計算機輔助設計、計算機系統、能源系統、微電子學、神經系統科學、海洋學與地球系統、光學與現代物理、原型與工程材料等。九年級從生物學開始，隨後是化學、物理和地理，每門課程都要結合大量實驗室教學。

導師制是ＴＪ獨有的指導學生開展科學研究之制度，學生在開展科技課題研究時，可選擇校外機構的專業人士作導師，或參加校外機構的研究項目。校方與社會各界（工商界、大學、政府機構）廣泛合作，向ＴＪ提供導師的單位包括聯邦食品與藥物管理局、國防分析研究所、喬治城大學醫學中心、國家癌症研究所等。在導師指導下，學生可獲得實際的研究經歷和經驗，透過運用其創造性的思考能力解決現實問題，逐漸成長爲守信、自信、有堅強意志並充滿創造力的卓越人才。

ＴＪ以科技爲特色，卻並不偏廢人文教育，強調科技與人文相結合。人文學科和美術課程是ＴＪ的強項，其人文課程包括人文學科、世界語言、藝術。僅世界語言就可提供學生選修七門外語課程，即漢語、法語、德語、日語、拉丁語、俄語和西班牙語，透過幫助學生掌握語言技能，進而理解世界各種不同的文化信仰和價值觀。

與ＴＪ的教育相比，我回顧自己的高中時代，學到有價值的知識少得可憐，九成以上時間和精力都用於應付「千軍萬馬過獨木橋」的高考，我購買上百套北京海淀區名校及湖北黃岡中學的模擬題，答題最後成了一種條件反射，看到題目就能出現答案。這種題海戰術和填鴨式教育，在中國延續數千年，於今爲烈。上海市浦東教育發展研究院前院長程紅兵在親臨ＴＪ考察後感嘆說：「當我們的優秀學生在拼命做題的時候，他們在動手做實驗；當我們的精英高中學生仍然在爲分數、高考拼搏的時候，他們在做科學研究課題；當我們的英才少年在搞奧林匹克競賽的時候，他們在研究攻克癌症，在製造火箭，在開發新能源，在做火星探測器。這些年來，我們的重點高中也搞課題，但那多半是點綴；我們也搞研究性學習，但那多半是紙上談兵；我們的學生也會寫科學研究論文，但時常是老師幫忙，甚至是父母代勞；我們有些高中也有一些像模像樣的所謂實驗設施，但那多半是博物館型的，觀摩的意義大於動手的意義……」幸運的是，我家兒子再也不能在中國接受地獄般的高中教育和高考的折磨了。

不過，美國的教育界也面臨著另一種挑戰。兒子今年考上ＴＪ，比起前些年來，尤爲不易。在「黑命貴」浪潮下，美國社會尤其是教育界急劇左轉，從菁英高中到頂級大學的新生錄取中，對亞裔學生（尤其是亞裔男生）的「逆向種族歧視」愈演愈烈。從二〇二一年開始，費郡公校（FCPS）教育委員會決定以新的「綜合評估」方式招收新生，取消第一輪的數學考試。有教育官員和議員認爲，考數學是對非裔的「種族歧視」。（若用同樣的思路，籃球比賽是也對亞裔的「種族歧視」，所以美國的學校是不是應當禁止打籃球呢？）在新錄取機制下，錄取的亞裔學生占比從百分之七十三降至百分之五十四，非裔從百分之一升至百分之七，西語裔從百分之三增至百分之十一，白人學生的比例也上升五個百分點。這是ＴＪ自一九八五年成立以來，最爲激進的招生改革，此前爲了達成所謂種族多元化，校方已經進行了八次所謂的招生改革，但都收效甚微。

這是違反美國憲法、赤裸裸的「逆向種族歧視」——亞裔不屬於左派喜歡的「少數族裔」，甚至被從「少數族裔」中除名，被列入隨附於白人的「既得利益族裔」。所以，左派策動的所謂追求平等的改革和新政，就拿亞裔開刀，犧牲亞裔的基本人權。

亞裔學生家長奮起維護權益。實際上，亞裔並不追求作爲「少數族裔」的特殊地位、特殊待遇、政策傾斜和保護，亞裔所捍衛的，乃是美國憲法承諾和規定的種族平等——不是結果的平等，而是規則的平等。亞裔家長們成立了「家長捍衛教育組織」（Parents Defending Education），創會副主席是前《華爾街日報》記者、印度裔的阿斯拉・諾曼尼（Asra Nomani），她的兒子是ＴＪ三年級的學生，她在接受媒體訪問時指出，她無法接受費郡學區和ＴＪ領導層對亞裔學生和家庭明目張膽的歧視和攻擊。

二〇二〇年六月，校長安・博尼塔提布斯（Ann Bonitatibus）給家長和學生發了一封電郵，說在喬治・佛洛伊德（George Floyd）事件之後，ＴＪ需要停止亞裔所享有的「特權」。阿斯拉・諾曼尼和其他家長讀到這封信後，感到十分震驚。她說：「我們來自三十多個國家，大部分都是移民家庭，都是一些非常了不起的家庭，為了來到美國，承受了很多艱辛。我們孩子在TJ讀書，這不等於我們是社會上高高在上的特權類別。我們都是普通人，想讓孩子們健康地生活、成長，透過努力獲得成功。她這樣說等於在我們心臟上插了一刀。」有調查顯示，這些亞裔家庭並不比其他族裔家庭富有，只是他們更願意省吃儉用，將最多的家庭資源用在孩子的教育上，這本來是作為「模範族裔」的亞裔一個優點，如今卻成為一種「原罪」。

TJ的學生中亞裔學生佔多數，是亞裔學生透過努力奮鬥、勤奮學習獲得的結果，多勞者多得、一分付出一分收穫，不正是美國價值的體現嗎？比如，我家的孩子，假期有一半的時間用於進修寫作和數學課程，並在圖書館中廣泛閱讀。我們的家境雖非貧困家庭，亦只是中產階級下層，並不富裕，但我們願意節省娛樂和度假費用，花在孩子的教育上。

然而，那些奉行「批判性種族理論」的左派卻認為，亞裔家庭有錢讓孩子上課外班、購買書籍，本身就是對非裔和西語裔貧困家庭的「不公平」，所以要改變基於成績、不分種族的入學考試辦法，按照「配額制」來達到其預期的「種族再平衡」。這跟歐巴馬的思路一致——歐巴馬說過，常春藤名校學生的種族比例應當與該種族在全國總人口中的比例一致。比如，亞裔在總人口中佔百分之七，在哈佛的亞裔學生就應當控制在百分之七，而不是如今的百分之二十。反之，監獄中各族裔的比例也應當如此，非裔在美國僅有百分之十三，但在監獄中卻超過一半，所以應當人爲地將此比例降低嗎？這才是不加掩飾的種族主義。

進步派口口聲聲高尙的進步理念，骨子裡卻透過膚色評判人，用阿斯拉·諾曼尼的話來說就是，「你不能一方面推動多元化，同時卻以非人性化手段去對待那麼多人」，在此思路之下，「亞裔什麼都不是，不屬於他們喜歡的少數族裔。這就是那些教育官僚想要強加給人們的種族多樣性和包容性的新東西。」

TJ的這種做法，早已在哈佛大學等名校中實施。此前，非營利組織「學生公平錄取組織」（SFFA）將哈佛大學等名校告上法庭。該組織指出，有大量證據表明，哈佛大學搞種族平衡（Diversity，又稱種族多元化，很多美國大學收生時都希望保持各族裔的新生比率）。招生部更看重的是種族，而不是學生的實際水平。一名亞裔學生若有百分之二十五的錄取機率，但如果他是白人，錄取機率就會是百分之三十五；如果他是西班牙裔，錄取機率就會變成百分之七十五；如果他是非裔，就有百分之九十五的可能性被錄取。該組織指出，即使亞裔的入學考試分數較高，但他們在品格方面被普遍給予較低評價，以此減低他們獲得錄取的機會。

二〇二一年，TJ荒腔走板的「招生方法改革」實施之後，由亞裔家長組成的「TJ聯盟」（Coalition TJ）將費郡公校教育委員會告上法庭。

耐人尋味的是，「TJ聯盟」創始成員、退役海軍軍官哈里·傑克遜（Harry Jackson）

是一位非裔家長，他的孩子是二〇二〇年被錄取的六名非裔學生中的一員。傑克遜對《華盛頓郵報》表示，招生的改變是明顯的「偏見和種族主義」——他說，這些努力讓他覺得自己彷彿生活在上世紀五〇年代的南方。「他們沒有做任何提升黑人和拉美裔社區的事情」，傑克遜在談到學校董事會時說，「他們只是在拖垮亞洲社區」。

傑克遜去年在《華盛頓郵報》上撰文陳述，自己爲何反對這種表面上看能增加非裔學生的招生改革。他強調，他希望看到學校有更多的非裔和西語裔學生，但前提是學生們需要在學業上達標，而不是得到照顧。傑克遜的父親是賓夕法尼亞大學法學院第一批黑人畢業生之一，而他本人曾就讀於美國海軍學院，他強調，他們沒有走捷徑，沒有得到任何特殊照顧，必須努力工作才能獲得這些機會，而現在ＴＪ降低標準，給人的感覺是在「默認他們認爲黑人和拉美裔學生不具備競爭力」——這才是一種深層的種族歧視。

在傑克遜看來，校方應該解決在培養貧困學生方面眞正存在的問題，那就是學生們踏上學習征程之初的差距：「更有可能的是，小學教育沒有讓他們準備好應對像ＴＪ這樣嚴苛的環境。」

在一次學區教育委員會就此召開的會議上，學生家長憤怒地譴責教育官僚。一位華裔家長高聲斥責說：「當年我曾經在中國北京的天安門廣場，冒著生命危險追求公平正義，然後我來到美國，希望我的孩子能夠享有美國憲法保障的公平正義，但你們的做法踐踏了這些偉大的美國價值，也毀滅了我們的美國夢。」教育官僚們無言以對，落荒而逃。

就在法律戰進行過程中，兒子的備考和考試也在進行。二〇二二年一月底，兒子參加了校方組織的線上考試，今年的考試比去年略有調整，雖沒有第一輪的數學考試，但在三小時左右的考試中，包括寫作三篇自我介紹的論文以及一篇科學論文，這還是有一定的難度。校方表示，結果將於三月底出爐。

二月，聯邦法官希爾頓（Claude Hilton）對該案做出裁決，認定ＴＪ的新招生政策歧視亞裔，違反憲法，須立即終止。判決書指出，ＴＪ高中的招生改革旨在增加非裔和西語裔學生，屬於非法的「族裔平衡」（racial balancing），此外將入學考試和申請費取消，轉而用「不透明」的方式將學生的家庭收入、英語會話水平等納入招生標準也不公平，因此該錄取制度必須終止。ＴＪ高中應重回不考慮族裔（race-blind）的招生方式。該裁決對亞裔社區而言是一大勝利。

然而，費郡公校教育委員會主席佩卡斯基（Stella Pekarsky）透過聲明表示，終止現行的招生制度將「給正在申請ＴＪ高中的學生帶來很大壓力和不確定性」，大約有兩千五百名學生申請二〇二二年入學（即二〇二六年畢業生），這些學生都已進入篩選系統，「終止招生制度將嚴重影響明年的入學工作，此外也將打亂學生選課、教學安排、課程設計等」，因此要求法院暫緩執行該項判決。希爾頓法官拒絕了這項請求。

於是，費郡公校稱「該裁決結果沒有法律支持」，將會尋找一切可能的方案上訴，力圖確保新的招生機制能繼續運行。

雙方的法律攻防戰步步驚心。今年已完成的考試是否作廢，會安排重新考試（增加難度更高的數學考試）嗎？結果懸而未決，此種情形史上未見，每天都在煎熬著包括我們在內的兩千多個考生及其家庭的心。

三月三十一日，校方預設公布錄取結果那天，聯邦第四巡迴上訴法院的三名法官以二比一的結果判決，在上訴待決期間，費郡公校教委得暫時繼續今年招生的請求滿足法律規定且合理，費郡公校系統仍可沿用新政策招生，避免正在進行的招生工作陷入混亂、甚至影響教學。法官海登斯（Toby Heytens）在判決書中表示，他「嚴重懷疑」希爾頓的裁決，不認爲TJ高中改革後的招生政策存在歧視的目的，「在我看來，上訴人費郡公校教委很可能成功。」而另一位法官魯辛（Allison Jones Rushing）則在反對意見書中說，在上訴待決期間擱置希爾頓的裁決「不符合公共利益」，臨時終止招生政策帶來的影響「根本不能與侵犯公眾的憲法權益相提並論，且每個人最終都無法從有歧視目的的招生政策中受益，即使是暫時在申請中受挫的學生及其家人也不例外。」

提告方「TJ聯盟」表示，聯邦上訴法官的裁決犯了「重大錯誤」，「如果該裁決成立，全美第一名的公立高中將以歧視性的招生方式錄取第二批學生。」「TJ聯盟」隨即向最高法院提交緊急申請，要求推翻聯邦上訴法院的裁決，讓費郡公校教委立即終止「綜合評估」的招生方式。

四月十二日，維州新當選的共和黨檢察長傑森・邁爾斯（Jason Miyares）與另外十五州的共和黨檢察長，針對TJ招生新規一案，向最高法院提交「法庭之友摘要」（amicus brief），稱該校新錄取措施歧視亞裔，「有太多維州民眾受到不公平對待，不是因行爲，而是因他們的身分受到歧視」，此一招生政策具有「州府認證的偏見」，與維州捍衛公平自由的主張相悖。「法庭之友」又稱爲「法院之友」，專指不屬訴訟任何一方而主動或應法庭邀請就案件提供意見或協助的人，他們可能是出於自願或回應訴訟雙方當事人請求，向法庭提出相關資訊或法律解釋，以協助訴訟進行，或讓法官更了解爭議所在。

四月二十五日，最高法院允許TJ續用新錄取方式招生，駁回亞裔家長阻止新招生措施的訴求，法院沒有給出解釋，也未推翻此前聯邦法官希爾頓的判決。大法官阿利托（Samuel Alito）、戈薩奇（Neil Gorsuch）、湯瑪斯（Clarence Thomas）提出異議，表示他們會批准家長們的要求。在此一判決中，這三位少數派大法官才是捍衛憲法、捍衛人權和平等的眞正保守派，其他三名所謂的保守派卻站在左派一邊，投出令人遺憾的一票。

由此，法律訴訟走到了盡頭。但「TJ聯盟」表示，最高法院的裁決會導致「費郡公校系統繼續以非法、違憲、歧視亞裔的錄取方式招生」，該聯盟也聲明「這場爲正義的鬥爭沒有結束」且亞裔社區「完全不會退縮」——幾個月後的哈佛大學等名校招生案，將是另一個影響更為深遠的戰場。

法律訴訟的最終結果，對亞裔相當不利。就在法律訴訟的硝煙中，今年ＴＪ的錄取延誤了兩個月後終於出爐。雖然兒子的數學優勢未能發揮作用（他在課外所接受的數學訓練已超前三個年級，還在全國數學競賽中獲得榮譽獎狀），且亞裔學生的錄取總額被大大壓縮，但兒子最後還是被錄取了。

兒子之所以在如此艱困的背景下依然脫穎而出，首先是他的平時成績相當優秀，他在小學和中學八年的核心課程都是滿分或接近滿分，這跟他從小培養起來的良好學習習慣是分不開的。他善於安排學習時間和學習內容，考試前早已熟悉掌握所學內容，從不因考試而驚慌失措、顧此失彼。

其次，兒子在小學五年級就申請了費郡學區的ＡＡＰ課程，我們家附近幾所中學上此類課程的學生，都集中在卡森中學（Carson Middle，以海洋生物學家、《寂靜的春天》的作者瑞秋·卡森的名字命名）。所以，兒子沒有去我們家住址所對應的富蘭克林中學，而去了卡森中學。卡森中學集中了多所中學的頂尖學生，被稱為是ＴＪ預備學校（ＴＪ則被稱為常春藤名校的預備學校）。每年卡森中學畢業生（幾乎全部都是修ＡＡＰ課程的學生）有四十至五十人考上ＴＪ。

其次，兒子的科學論文，尤其是三篇自我介紹的短文，水準遠超同年齡學生，一定能讓閱卷老師耳目一新。一般亞裔的孩子，數學和科學都不錯，但英文閱讀和寫作都不突出。我們家從小注重培養孩子的讀書興趣，我通常不會強迫孩子讀什麼書，他按照其天性和喜好出發讀書，我只是偶爾從旁建議和協助。比如，兒子一度喜歡讀偵探小說，喜歡當下流行暢銷書，我在交談中告訴他，偵探小說中也有經典，阿嘉莎·克莉絲蒂的系列非常厲害，他聽了後就去圖書館借一本試試看，然後就愛上了這位作家，一口氣讀完二十多本。後來，我推薦兒子讀劉曉波的英文著作、我的《劉曉波傳》英文版，以及歐威爾的《動物農莊》和《一九八四》。這一次的考試中，兒子將劉曉波和歐威爾都寫在文章中，必定讓閱卷老師刮目相看。

我們全家一起慶祝這個好消息。我對兒子說，美國不是天堂，美國社會存在著種種嚴重的社會問題，比如TJ招生中明顯對亞裔學生的歧視。我們會一直跟這種不公平的制度抗爭，但在大環境一時無法加以改變的情況下，我們只能先在力所能及的範圍內，讓自己做到最好，成為最優秀的人，即便左派的「改革」和「新規定」傷害到超過百分之五十的人，但若你能成為前百分之十的最頂尖的那群人，仍可確保自己取得成功。

附錄

余杰：作為抵抗時間的思想家

——盧斯達訪談余杰

喜歡他或討厭他，要用三言兩語描述余杰，並不容易。余杰現在是美國人；他出生於四川；他曾經有北京戶籍，讀書活動的地方都在北京一帶。他經常異議中國，但對中國文化沒有任何溫情敬意。他沒興趣爭奪「眞愛國」的定義，也沒救國夢，因爲他根本不愛「中國」。他反對中國體制，卻不瓦解所有宏大敘事，他的宏大敘事，乃經典西方文明和美式保守主義。

他認爲中國文化沒有希望，世界的存亡在於經典西方文化能否復興。

作爲保守派的余杰

近年余杰的保守派色彩越發濃烈，歌頌盎格魯撒克遜（Anglo-Saxon）文化，強烈反對近代的自由派和左派。雖然中國流亡者很多，但他們去國後都呈現某種共性，余杰卻一向反對大一統，對「民主中國」願景無感，二〇一九年更出版了一本《香港獨立》。不論喜歡他還是討厭他，余杰在一眾流亡者之中，擁有非常獨特的思想品味。

余杰一九七三年出生，他初中畢業那年北京發生了六四事件，之後他考入北京大學，畢業後再攻讀文學碩士，論文研究刊行於澳門的《知新報》。一九九八年，出版隨筆集《冰與火》，尖銳批判中國文化、教育體系和政治問題，在年輕人之間引起旋風。當年那個寫作能量充沛的年輕人，被中宣部點名批評，一畢業就失業，被迫告別待遇優厚的體制，轉為獨立作家，為兩岸三地各種中文媒體撰稿，自給自足。

後來，余杰受洗成為基督徒，大力關注中國國內人權問題，寫作的「公共性質」越來越強。余杰在一個偶然的機會認識了大他十八歲的劉曉波，成為至交。除了寫作，他獲邀在港台等地的學府講學。余杰和一些中國知識分子在新世紀之初，曾經進行一系列「玩命呼籲」，例如「呼籲迅速遷移毛澤東屍體和畫像」（二〇〇三）、譴責法國政府遊說歐盟取消對華武器禁運（二〇〇五）等等。

二〇〇六年，余杰與王怡及李柏光接受時任美國總統喬治布希接待，談論中國的宗教自由問題。兩年後，余杰參與了劉曉波發起的「零八憲章」。劉曉波因此被捕入獄，余杰也受到軟禁、綁架和酷刑折磨，在中國再也待不下去，最終流亡美國。他在日後的寫作仍不時回憶與國家機器交手的過程，十分驚心動魄。

余杰流亡美國至今已約十年，二〇一八年入籍美國，近年他表示自己種族上是蒙古人、區域文化上認同四川（蜀國），國民身分則是美國人。是後來經歷了身分認同的轉變和確立，還是在身處中國時，已經對自己身分認同有不同想法？

作爲四川人的余杰

余杰：「我在《我是右派，我是獨派》一書中曾寫道，我一出生就理所當然地以四川人爲榮，我的四川人認同遠比中國人認同強烈。在十八歲考上北京大學之前，我沒有走出過四川盆地，一直覺得『天府之國』是世界上最好的地方。

「此後我在北京一直生活了十九年，幾經周折擁有『北京戶口』，也在北京買了房子，但從不認爲自己是名副其實的『北京人』，也學不會捲舌的北京話，更未對北京有強烈的地理認同感。北京於我，是陌生的他鄉，我不喜歡『帝都』氛圍——在北京，評估人的價值，以你離紫禁城和中南海的距離爲標尺。

「反之，四川處於『帝國的邊緣』，四川人『處江湖之遠』，『帝力於我何有哉』，自由自在，無拘無束。四川人似乎天生有『反骨』——我也不例外。小時候，常常想，四川具備自給自足、豐饒優越的地理條件，也有自成一體、源遠流長的文化傳統，爲什麼不能獨立成一國呢？歷史上，四川發展最好的時候，都是獨立或半獨立狀態。爲什麼四川非得被遙遠的北京當著奴隸一般驅使呢？四川獨立，在面積和人口上與德國差不多。大一統帶給四川的，不是幸福，不是『大國崛起』的驕傲，而是鋪天蓋地的災難、蠻橫無理的掠奪，以及對自然環境的毀滅性破壞，比如，北京將我們四川特有的熊貓當做統戰工具，送給各國，有經過四川人的同意嗎？四川人有權在這個問題上發言嗎……所以，在我成為一名政治異議人士之前，我就不是大中華主義者，從來就對大一統反感。我有四川人的認同，沒有中國人的認同，中國對我來說就是一個模糊遙遠的概念。」

作為基督徒的余杰

基督教信仰對余杰的意識形態影響有多大？自我評價來說，基督教對余杰的主要影響是？

余杰：「二〇〇三年，我在北京的一個家庭教會中受洗成為基督徒，如果沒有基督信仰，我不可能在暴政的迫害下堅持下來。基督信仰讓我有了永生的盼望，從而超越世間的榮辱成敗。基督信仰也帶給我一整套的觀念秩序，即建立在加爾文神學之上的政治哲學。

「很多華人牧師和基督徒（包括港台）的信仰被儒家化或民間宗教化，喪失了基督信仰的實質。在我看來，基督信仰既提供了個人生命層面的救贖，也提供了國族乃至文明層面建構的思想，英美等現代國家都是奠基於宗教改革之後的神學之上。所以，未來華人教會的復興，也必然跟諸夏新國族的建構息息相關。

「近年來我最重要的著作是《大光：宗教改革、觀念對決和國族興衰》三部曲。過去，有人評論我的作品多批判少建設，說我什麼都罵，但對中國未來提不出出路來。但我在《大光》三部曲中提出了建設性、前瞻性的展望，是沿著一九八〇年代的《河殤》往前走了一大步。在本書中，我從三個方面論述基督信仰與政治理念之關係：首先，清教徒清新剛健、敬虔奮發的生活方式、觀念秩序及精神和心靈秩序，對婚姻、家庭及社區等小共同體的建構產生了點石成金般的轉化作用；其次，宗教改革的先驅們基於對上帝所造之人罪性的認識，設計出權力分割與制衡的教會組織架構，現代民族國家的立憲共和政體即由此複製而來；第三，宗教改革中誕生了博大精深的加爾文神學及政治哲學，由此衍生的英美保守主義政治哲學，至今仍是維持美國及英語國家強大的『定海神針』。」

余杰的處女作《火與冰》影響了很多中國人以及知識分子，他也曾經提倡中國要政改，但後來中國政治似乎與改革派願景越走越遠，有沒有曾經覺得絕望？理想主義面對現實輾壓的時候，如何在心理上調適自己？

余杰：「我記得劉曉波曾經跟我說，我們抗爭是爲了愛與正義的緣故，而不是爲了享受抗爭的果實。他談及蘇聯時代的很多異議人士，他們並未熬過蘇共統治的時代，並未看到蘇聯的解體，但他們無怨無悔。我非常認同這一點，即便今天中國離民主之路漸行漸遠，甚至可能一路走到黑，但我仍然堅持自己的選擇，做自己認爲對的事情，螞蟻雖小，也不必害怕大象之大。」

如果說有一個巨大的轉折時刻，對余杰來說，生命的轉折時刻是甚麼時候，發生了甚麼事？

余杰：「我因爲公開捍衛言論自由和宗教信仰自由、與劉曉波一起從事人權活動、點名批評最高統治者，成爲當權者的眼中釘。二〇一〇年十二月九日，就在劉曉波的諾貝爾和平獎頒獎典禮當天，我被祕密警察從家中綁架到北京郊外的一處黑監獄，被施加酷刑數小時至昏死。

「在我失去知覺前夕，我默默祈禱：『主啊，我不知道祢的心意，祢若讓我殉道，死在這裡，我也願意。』我突然感到上帝那雙溫暖的大手穩穩地托著我，我清晰地聽到上帝對我說了兩句話，一句是『那殺身體不能殺靈魂的，不要怕他』；另一句是『就是你的頭髮，也都被數過了』。於是，我在一種平安的心境中陷入昏迷。後來，我被送到醫院搶救，醫生經過一晝夜的搶救，讓我脫離死亡的陰影。我甦醒過來後，醫生告訴我，如果遲送到一個小時，就沒有辦法搶救了。上帝沒有讓我成爲殉道者，上帝讓我活下來。

「此前跟中共的祕密警察交道，大致有一個彼此認可的底線，但這一次，底線蕩然無存，基本的生命安全失去了保障，我才開始考慮離開中國。當我被釋放並在一年多之後攜全家離開中國後，我常常思考這個問題：上帝爲什麼讓我活下來？

「我想到了當年在納粹德國對英國發動瘋狂空襲時，作家C·S·路易斯應邀到牛津大學的一個學生團契所分享的一段信仰見證。當時，很多大學生都去參軍了，每天都有陣亡者的通知書寄回校園。那些沒有通過體檢、未能入伍參軍的同學如此追問說，在這個時候躲在防空洞裡讀書，還有甚麼意義呢？

「這時，路易斯語重心長地對他們說，這場仗早晚會過去，希特勒注定會失敗，但當倫敦上空納粹的飛機消失後，另一場屬靈的大戰即將來到——馬克思的聲音、佛洛伊德的聲音，各種世俗的思想和價値都將蜂湧而至。那時，誰可以升空，去參與這場屬靈的『不列顛空戰』呢？路易斯說，這就是上帝讓你們活下來的原因。我突然領悟到：這也是上帝讓我活下來的原因，上帝讓我繼續爲眞理和自由而寫作。那一刻，我就決定離開中國，赴美定居。從此以後，活著的不再是我。在李登輝的生命歷程中，也有這一種『非我』的轉折點。出生入死之後，不再有任何意識形態能束縛和控制我，我徹底從中國、中華民國等觀念中脫穎而出，得到了眞正的自由。」

被誤解的劉曉波

說到這裡，其實劉曉波也頗多批判西方及中國的自由左派。我們時常將諾貝爾和平獎得主想像成善頌善禱的聖人，但其實劉曉波寫起來，也好狠。他如此談到西方在戰後左派，描述價值和傳統的「不列顛空戰」造成的滿目瘡痍：

「西方左派帶有強烈青春騷動期的盲目性，對叛逆和標新立異懷有近於病態的偏好，常常僅僅是爲反叛而反叛、爲標新而立異，離家出走、四處流浪、校園造反、先鋒藝術、搖滾樂、同性戀、毒品、群居、亂交、不刮腋毛、列寧毛澤東格瓦拉的像章等……是他們藉助於對反叛的炫耀和對立異的招搖，在多元化的自由社會中吸引輿論注意力的標誌，很容易在理論上陷於絕對相對主義，在行動上走向極端主義，在道德上淪爲現實國際政治秩序中的僞善者，起碼是不自覺的僞善者。

「他們想扮演預言新制度的先知、落後國家的代言人和國際正義的主持者，卻往往在實際上變成理論巫師、抒情觀光客和邪惡同謀，最典型的經驗例證，莫過於左派們主動介入國際政治而表現出的貧乏、弱智和不誠實。當他們爲蘇聯的紅色帝國辯護和遮醜之時，當他們把毛澤東、格瓦拉作爲偶像崇拜之時，當他們讚美農業集體化和文化大革命之時，當他們爲霍梅尼的伊斯蘭革命而歡呼雀躍之時，特別當他們爲恐怖主義做道義辯護之時，他們的姿態、吶喊、理論和價值觀必然被獨裁制度所利用，爲野蠻的獨裁制度攻擊文明的自由制度，提供了保護弱者和提倡文化多元的藉口。」（節錄自劉曉波〈馬克思左派與九一一〉）

余杰覺得世界有誤解劉曉波的思想嗎？例如海外自由派華人普遍會將劉曉波視爲中國良心，事實上他是否可被稱爲具備愛國／中國情懷？

余杰：「其實，不僅大部分中國人誤解劉曉波，即便諾貝爾和平獎評委們也誤解劉曉波——如果他們眞了解劉曉波，未必會給他這個獎。劉曉波是美國語境下的右派，他對與中共暗送秋波的歐洲左派深惡痛絕。劉曉波當然不是中國的良心，他是中國及中國文化尖銳而徹底的批判者，從魯迅以來，沒有人比他更深刻。我爲劉曉波編輯文集，單單是批判大一統的文字就集結成一本《統一還是奴役》。而大部分所謂海外民運，基本上是反共不反中（特別是不反對中國文化，包括大一統）。從劉曉波的『三百年殖民地』之說就可以看出，他從來不愛國，他愛的是自由。哪裡有自由，哪裡就是祖國。當然，他有好幾次機會可以離開中國而沒有離開，不是因爲他愛國，而是他感到作爲六四屠殺的倖存者，他對天安門死難者、對天安門母親有愧疚，他有一種殉道的激情與使命。」

余杰反對左派，以右派自居。然而右派在中國和西方，都是被汙名化的。特別是左派思想藉由傳媒、學院、娛樂攻占了大部分人的心靈。在這個世界中，余杰有沒有感到壓力，或者感到孤獨？現在的西方是否重蹈覆轍，類似中國在二十世紀被左翼思想攻占？

余杰：「前輩作家王鼎鈞說過，他的母親小時候就教導他讀聖經，以及一些聖經中沒有的、生活中的常識，比如『人多的地方不去』，我從小也是如此，不愛熱鬧，喜歡一個人讀書、寫作、思考，以孤獨爲樂。所以，作爲右派，我走在這條少有人走的路上，並不覺得需要掌聲與喝彩。右派就是個人主義者，就是對自己的選擇負責。

「在中文世界，右派被妖魔化，脫離了其原來的含義。比如，在毛澤東時代的反右運動中，所謂的右派其實大部分是左派，對共產黨是『第二種忠誠』；在香港，右派被視爲代表大資本家的利益；在台灣，右派則是指向國民黨。我想，必須對右派或保守主義正本清源。比如，右派的幾個關鍵要素是：小政府、個人主義、自由市場經濟、在地認同等。美國可以說是西方世界最右的國家，但從二〇二〇年左派、民主黨在大選中舞弊、竊取權力，導致憲政危機以來，左翼思想已經甚囂塵上，德國學者桑巴特所論述的『美國沒有社會主義』似乎被推翻了。」

美國最危險的敵人

余杰到美國生活多年之後，觀察到美國在政治上、思想上現在出了甚麼問題？川普被判定敗選之後，余杰有沒有感到失望？英美式保守主義在世界的前途如何？

余杰：「二〇二〇年的總統大選，我是第一次作爲美國公民投票。當時興高采烈，因爲這是我平生第一次投票選總統。但十一月以來，我看到美國的亂局，非常痛心和失望。這是政黨（民主黨及共和黨當權派）、國會、法院（尤其是最高法院）、大學、媒體、華爾街及矽谷巨頭、好萊塢……全面的敗壞。美國最危險的敵人是誰？當年，蘇俄比納粹德國更危險，如今，中共又比蘇俄更危險，但它們都是外部的敵人。美國最危險的敵人在其內部：『黑命貴』運動（Black Lives Matter）否定『所有人的命都貴』，且剝奪後者的言論自由，儼然就是打著反法西斯旗號的超級法西斯；《紐約時報》及學術界全力推廣「一六一九計畫」，以此重寫美國歷史、佔領大中小學課堂，顚覆清教徒移民、五月花號公約、獨立宣言和美國建國者們信仰和價値。極左民主黨官員用社會主義的大政府政策取代自由資本主義制度，將加州變成了南非，將紐約變成了委內瑞拉。我住在華府郊區，眼睜睜地看到民主黨人在國會山莊前面豎起了一道『柏林圍牆』，民意機關辦公地將民眾當做防範的敵人……我爲之憂心忡忡，難道美國失去了其德性、傳統、信仰、戰鬥精神和觀念秩序？

「如果沒有信仰，當然會失望乃至絕望。但作爲基督徒，我深信上帝的護佑沒有離開美國，上帝讓我們生活在這個充滿黑暗與邪惡的世界上，就是讓我們爭戰並且得勝。我最近在寫《大光》三部曲的續集《西方左禍與自由危機》及《美國大敗局》，不僅要重寫中國近現代史，也要重寫西方近現代史，梳理百年來左派意識形態的來龍去脈，探究美國爲何一步步走到了今天，以此警醒更多讀者。比如，如何評價兩次世界大戰？我認爲兩次世界大戰中，以英美爲核心的民主陣營並未勝利，反倒失敗了，因爲第一次世界大戰導致俄國發生十月革命、布爾什維克黨人掌權；第二次世界大戰導致中共擊敗國民黨，建立比蘇聯更原教旨主義的共產極權政府，貽害一直持續到今天。這些歷史都要重新發掘和闡釋。正是在危機中，我更看到上帝讓我在這個時代的使命，不是坐享其成，而是與惡作戰。我對美國當然有擔憂，但我並不想某些人哀歎的那樣：美國這個燈塔國已經熄滅了，美國已經完蛋了。美國的憲政和信仰的支柱是鬆動了、搖晃了，但尚未坍塌，我們有責任將它重新堅固起來。我看到川普贏得了七千四百萬票，每一票都是眞眞切切的，他是歷史上得票最多的爭取連任總統和共和黨總統。這些選民就是美國保守派的基本盤，他們將守護和捍衛美國價值。」

我從不相信香港會民主回歸

余杰亦十分關注香港，香港對余杰來說有特殊的意義或影響嗎？香港局勢正不斷向下，香港人面對空前壓迫應如何自處？特區政府最近對香港政治運動人士的高調審判，余杰作爲「過來人」，認爲是出於甚麼原因？

余杰：「我的少年時代是看香港的影視長大的，從小學和中學時候看《霍元甲》、《萬水千山總是情》、《射鵰英雄傳》、《上海灘》開始，再到後來徐克的武俠和周星馳的喜劇（儘管很多香港明星後來都因爲要到中國開拓市場而墮落了），香港爲我提供了一扇走向『資產階級自由化』的文化窗戶。像歌手艾敬所唱，七〇年代出生的中國孩子大都有一個香港夢。

後來，我的很多文章和著作在香港發表和出版，所以我對香港心存感激之心。我在遭到中國迫害時，也有很多香港朋友聲援我。

「從二〇〇三年至二〇一〇年，我到過香港十多次，有時停留一個月，對香港還是有一些了解。但從我逃離中國之後，即無法再入境香港，看到香港近年來被中國拖入『第四世界』的原始社會，深感痛心疾首。很多我在香港見過面或有交往的朋友，如戴耀廷、何俊仁、黎智英紛紛入獄，香港沉淪之快，確實可怕。其實，從一開始起，我就不相信民主回歸、一國兩制等說法。此前，我與香港泛民的代表人物交談，比如司徒華還在世的時候，我當然感激他和支聯會對六四的支持，但我也告訴他，要破除對中國這個幽靈的癡迷，這是香港泛民的一大問題。但那時，香港基本上沒有幾個人持港獨立場。香港人對祖國的情懷，就如同一九四五年的台灣人一樣，歡迎『光復』，兩年前後卻迎來二二八屠殺。歷史總是驚人地相似。然而，遺憾的是，當年泛民左派極少有人對自己的錯誤做出反省（據我有限的閱讀，大約只看到李怡先生有深刻的自我反省）。很多人仍然在譴責所謂的激進派壞事、沒有『見好就收』，眞是莫名其妙。

「特區政府不過是北京的牽線皮影，一切唯北京馬首是瞻。中共在二〇〇八年北京奧運會之後，即由韜光養晦轉向大國崛起、重建天下帝國主義，就連美國也要掀翻在地，取代美國在戰後建立的政治經濟秩序，當然也要強行將香港深圳化。香港的抗爭者必須看到這樣一個大背景，才能制訂有效的抗爭策略。在武漢肺炎席捲全球之後，中共和習近平更是自信滿滿，認爲中國極權專制模式打敗了西方民主自由模式，下一步的香港政策還會更加暴虐，這一點香港人一定要有思想準備。

「那麼，出路何在？我不是國師，不能替香港人回答。我只是從旁給一點小小的建議：這場鬥爭將是長期的，如同柏林圍牆下的鬥爭一樣。千萬不要孤注一擲、做無畏的犧牲，先保存自己，才談得上持久戰。大規模的街頭抗議已經失敗了，現在就要進入思想文化啓蒙的階段，通過各種方式，解構大中華膠和左膠的思想觀念，推廣右派和獨派思想，這才是對中共的暴政釜底抽薪。未來，這些思想文化終將開花結果，香港人終將有自己決定自己命運的那一天。即便未來中國走向民主化，香港也要追求獨立。我寫過一本討論香港的書，名字就叫《香港獨立》，希望有更多香港讀者看到這本書。」

人權和私有產權概念來自基督教文明

余杰在中國的時候已經反對國學、中國傳統思想回歸的趨勢，現在中國仍然正在復興他猛烈批判的舊傳統，余杰認爲西方文化比東方優越嗎？如是，它優越的地方在哪裡？

余杰：「西方與東方的差異，是文明與野蠻的差異。西方的優越在於有基督眞理的光照。首先，宗教改革中誕生了博大精深的加爾文神學，其『人論』的核心是『人乃全然敗壞的罪人』，由此衍生出保守主義政治哲學，其核心是權力必須分割和制衡，在此基礎上產生共和制和聯邦制的現代政治模式。

「其次，清教徒強調人皆有其從上帝而來的呼召（天職），視勞動爲榮神益人，由此樹立新的工作倫理，進而產生科學研究的求眞意志和重視工商業的資本主義精神。第三，清教徒深刻闡釋了人是上帝所造、具有上帝的形象和榮耀，每個人在上帝眼中都是獨一無二的，同時，『拿伯的葡萄園誰也不能奪去』，基督教文明率先確立私有產權不可侵犯的原則，故而人的自由、權利、尊嚴及財產權不可被任何人間統治者輕視乃至剝奪，近代人權觀念和民主制度由此奠定。

「相比之下，中國的儒法互補、佛道奧援的文化，強調『人之初，性本善』，對人的本性缺乏深刻認識，因此在政治哲學層面就是淺薄的明君賢相崇拜、個人獨裁、偶像崇拜，綿延至今；其次，由於儒家『四體不勤，五穀不分』，打壓商業貿易、航海冒險、科學研究，使得中國錯過了現代化機遇；第三，中國文化從未確立人權觀念，在『君君臣臣父父子子』的倫理關係中，人沒有主體性和獨立意志，人如同被集體催眠的奴隸。習近平復興中國傳統文化，不過是要維持中國人的奴隸狀態罷了。」

外界看余杰的著作和文章，通常的印象和描述都是激進、尖銳，雖然已到中年，卻沒有熄火，還越燒越旺，如何保持思想的「徹底性」？特別是余杰以「解構中國」爲己任，很多中國人因此視他爲眼中釘，有人曾經勸說余杰妥協嗎？要解構的東西實際上是甚麼？中國有需要重建的東西嗎？

余杰：「我一點也不激進，很多批評我的人用的詞是『偏激』，我說出的只是一些在西方的常識而已。到美國之後，很多時候我跟我的兒子一起學習，我覺得他在課堂上學到的東西，是很多中國的所謂大知識分子、大師一輩子都沒有學到的。

「至於如何保持思想的徹底性，我的經驗是，首先是保持自己的身分和經濟的獨立性。我從北大碩士畢業後，一畢業就失業，中宣部長下令所有研究機構和媒體都不准聘用我，所以我開始了自由撰稿人的生涯，以寫作爲職業，也靠稿費養家餬口。到美國之後，我從未參與任何一個所謂的民運組織或團體，也不依附任何學院或機構，這樣，我始終保持獨立性。這家媒體不發我的文章，我就投給另一家；這家出版社不出版我的書，我就給另一個出版社。我就能保證『我手寫我心』，沒有任何政府、組織和群體可以要求我該寫什麼、不該寫什麼。我進而擁有了鄭南榕所說的『百分之百的言論自由』，作爲一個寫作者，這是最幸福的狀態。

「當然，不斷有人勸我妥協，中共方面有人帶話說，可以出重金收購你的某一部書稿，也有前輩勸告說，你不要點名某某人，但我一概回絕。我的飯碗在我自己手中，我也不會看誰的臉色。我可以透過寫作養活自己和家人，儘管不能大富大貴，但至少衣食無憂，我也沒有對金錢和名聲的渴望，所謂無欲則剛。

「中華傳統無法實現現代轉化，中國人要成爲正常人、健康人、自由人，必須拋棄沉重的傳統。這就是我努力解構的對象。而中國需要引進和重建的是基督教文明及其觀念秩序。」

大部分中國人確實擁護中共

近來美國政府有聲音說過，要分開中國人和中國政府，余杰認爲這個看法符合中國的現實情況嗎？自由世界的對中政策會走往甚麼方向？

余杰：「這是前任國務卿蓬佩奧的中國問題顧問余茂春教授的論點，從策略上看是可行的，利於孤立中共，對其實施精準打擊。但我認爲，在思想史和心靈史的層面，中國人和中共是分不開的。得民心者得天下，中共確實得到大部分中國人的支持和擁護，即便現在中國開放大選，習近平一定當選。我跟余茂春討論過，我認爲他在美國政府制訂對話政策時提出將中國人和共產黨分開是一個妙計，但我是站在魯迅、劉曉波這樣個體知識分子的角度來思考，我不用顧及政策和實踐層面，所以我更接近思想史家張灝所說，發掘中國文化中的『幽暗意識』。

「去年以來，中共成功將病毒氾濫的危機轉化爲極權控制的良機，將其統治打造成比

『一九八四』還要牢固的『鐵桶的江山』。如今，中國民眾一出門就要掃『健康碼』，還要核查身分證。而健康碼從中央到地方名目繁多，數不勝數，人走到哪裡，就查到哪裡，層層加碼，重複檢查，勞民傷財。然而，大部分普通民眾毫無怨言，很多人認爲政府嚴格管理是好事，對照西方各國疫情氾濫，中國是防疫措施最成功的國家，由此充分顯示出中共統治模式的優越性，而這一切都要歸功於共產黨和習近平。

余杰透露：「據我家鄉的親友告知，很多鄉村的民眾在家中自發掛起習近平像。在這場疫情中，中國人『活著就是一切』的人生哲學展現得淋漓盡致，即便中共將百姓當做『牲畜蓄之』，人們也安之若素。

「自由世界應當像當年對付蘇聯那樣，採取強化版喬治·肯楠（George Kennan）的遏制政策，將中國從全球市場中踢出去。中國經濟的崩潰才能帶來政治的瓦解。但經過過去三十年反民主自由的全球化，中國以數以億計奴隸勞工的『低人權優勢』和對環境、資源竭澤而漁的開發利用，以及其控制的巨大消費市場，已然牢牢鎖定西方，要想脫鉤，相當困難。而且，西方現在缺少邱吉爾式的高瞻遠矚政治家，川普被左派推翻之後，似乎看不到有人能對抗習近平。

「所以，短期之內，我是悲觀的；但長期而言，我是樂觀的——因爲在歷史上，沒有任何一個暴政能長治久安……我期盼著中國解體、香港獨立的那一天早日到來，我一定再來香港訪問。」

抵抗時間的人

在云云思想家和作者之中，余杰只有一個。在你的圈子裡，總有一些少數人在抵抗時間，無論世界怎樣轉變，他們都相信並踐行自己的信念。或許有爭議，或許會得罪人，但他們一往無前。余杰就是這樣的人。他像一個不苟言笑、過度認眞，甚至有點孤僻的美國中西部鎮長，在年輕和世俗人眼中，他的信念太過 old school（老派）；以名利場的標準，他放棄豐厚的黨國資源，以身犯險，說話勇敢，成了名不求大富大貴，他的軌跡太過「浪費」；余杰在北大求學，卻也不依照中國士大夫的傳統，學成了卻不求官求權，他太過難以馴服。

余杰的世界是一條樸素的清溪，管他冬夏與春秋，於熱鬧的世俗之外自在安樂。盧梭說：「人生而自由，但無不在枷鎖之中。」世界是枷鎖纏繞的不自由地，但可能是因爲極少數人始終相信有永恆、有善惡，得以居於世界，也超脫世界——余杰於是得到了自由。

盧斯達：香港人，本名劉耀文，一九九〇年出生。香港本土主義者、作家，評論人，關注中國殖民主義、近距離觀察香港主體性發展、本土派和獨派的形成，撰寫政治評論網誌《無待堂》。

Touch 系列 22

此心安處：美國十年

作　　者：余杰
社　　長：鄭超睿
發 行 人：鄭惠文
編　　輯：洪懿諄
排　　版：旭豐數位排版有限公司

出版發行：主流出版有限公司 Lordway Publishing Co. Ltd.
出 版 部：臺北市南京東路五段 389 巷 5 弄 5 號 1 樓
電　　話：(02) 2766-5440
傳　　眞：(02) 2761-3113
電子信箱：lord.way@msa.hinet.net
劃撥帳號：50027271
網　　址：www.lordway.com.tw

經　　銷：
紅螞蟻圖書有限公司
臺北市內湖區舊宗路二段 121 巷 19 號
電話：(02) 2795-3656　　傳眞：(02) 2795-4100

華宣出版有限公司
新北市中和區連城路 236 號 3 樓
電話：(02) 8228-1318　　傳眞：(02) 2221-9445

初版 1 刷：2022 年 12 月
書號：L2301
ISBN：978-626-96350-6-1（平裝）
Printed in Taiwan

國家圖書館出版品預行編目資料

此心安處 : 美國十年 / 余杰著 . -- 初版 . -- 臺北市 :
主流出版有限公司 , 2022.12

面 ;　公分 . --（Touch 系列 ; 22）

ISBN 978-626-96350-6-1（平裝）

1. 余杰　2. 傳記　3. 言論集

785.28　　111022087